Zu diesem Buch

Früh und komplex traumatisierte Menschen fühlen sich häufig in viel stärkerem Maße als andere Menschen als »multiple« Persönlichkeiten. Ihr Selbst zerfällt – bewusst oder unbewusst – in die unterschiedlichsten Teilpersönlichkeiten. Täterintrojekte stehen neben dem verletzten kleinen Kind, Helferpersönlichkeiten koexistieren mit Opferanteilen. Wie diese Spaltung zustande kommt, wie sie funktioniert und wie mit den Persönlichkeitsanteilen gearbeitet werden kann, zeigt der Autor in diesem Buch. Die Ego-State-Theorie nach Helen und John Watkins bietet hierzu die konzeptuelle Grundlage. Am Ende einer gut durchgeführten Traumatherapie mit Ego-State-Ansatz kann ein besser integriertes, und damit gestärktes, Selbst stehen, das schlimme Erfahrungen aus der Vergangenheit lebensgeschichtlich einordnen kann.

Dr. med. Jochen Peichl war Oberarzt an der Klinik für Psychotherapie und Psychosomatik am Klinikum Nürnberg; Weiterbildung u. a. in Traumazentrierter Psychotherapie und Ego-State-Therapie; aktuelle Arbeitsschwerpunkte: Borderline-Störungen, Trauma-assoziierte und dissoziative Störungen.

Alle Bücher aus der Reihe »Leben Lernen« finden sich unter
www.klett-cotta.de/lebenlernen

Jochen Peichl

Innere Kinder, Täter, Helfer & Co

Ego-State-Therapie des traumatisierten Selbst

Klett-Cotta

Leben Lernen

Klett-Cotta
www.klett-cotta.de
© 2007 by J. G. Cotta'sche Buchhandlung
Nachfolger GmbH, gegr. 1659, Stuttgart
Alle Rechte vorbehalten
Printed in Germany
Umschlag: Roland Sazinger
Unter Verwendung eines Fotos von © Stephan von Mikusch / fotolia.com
Gesetzt aus der Minion Pro von Kösel Media GmbH, Krugzell
Gedruckt und gebunden von Pustet, Regensburg
ISBN 978-3-608-89166-9

Jubiläumsausgabe, 2015

Bibliografische Information der Deutschen Nationalbibliothek
Die Deutsche Nationalbibliothek verzeichnet diese Publikation in der
Deutschen Nationalbibliografie; detaillierte bibliografische Daten
sind im Internet über <http://dnb.d-nb.de> abrufbar.

Inhalt

Einleitung: Wohin geht die Reise? 9

1. **Was Menschen Menschen antun können** 17

2. **Das ödipale Dilemma** 25
2.1 Ein eindrucksvolles Beispiel: Kernberg spricht mit einer Patientin 25
2.2 Unklare Begriffe 29

3. **Die Selbst-Familie oder der Ego-State-Ansatz nach Watkins** 37
3.1 Das multidimensionale Selbst 37
3.2 Spurensuche 39
3.3 Über Freud hinaus: Paul Federn und Edoardo Weiss 41
3.4 Ego-State-Theorie: John and Helen Watkins 44
3.5 Wie entstehen Ego-States? 48
3.6 Die Vorteile der Ego-State-Therapie 54

4. **Die Innenwelt der Ego-States** 60
4.1 Der sogenannte Normalfall 60
4.2 Ego-States – der Versuch einer funktionalen Beschreibung . 62
4.3 Unterschiedliche Kategorien von Ego-States 65
    4.3.1 Ego-States, die der Anpassung dienen 65
    4.3.2 Introjekte 67
    4.3.3 Traumabezogene Ego-States 69

5.	Dissoziation und Multiple Persönlichkeit	75
5.1	Dissoziation	76
5.2	Die Kaskade der Stressbewältigung	78
5.3	Dissoziation, Traumaerfahrung und die Folgen	82
5.4	Dissoziative Identitätsstörung: ein kurzer Abriss	84
	5.4.1 Ist die Dissoziation eine Krankheit?	87
	5.4.2 Zum Verständnis der einzelnen Teile des Selbst	90
6.	Die traumatisierte Selbstfamilie der Borderline-Patienten	95
6.1	Borderline-Störung: was man davon wissen sollte	96
6.2	Jeffrey Young: Kategorien der Ego-States bei den Borderline-Patienten	98
6.3	Elizabeth Howell: eine spezielle psychische Organisation der Ego-States bei Borderline-Patienten	103
6.4	Hypoarousal/Hyperarousal und die Opfer/masochistisch- und Täter/hasserfüllt-States bei Borderline-Patienten	105
7.	Die Bildung und Funktion traumabasierter Ego-States	109
7.1	Die Identifikation mit dem Täter oder die Entstehung traumabezogener Ego-States	112
7.2	Über Täter- und Opferintrojekte	113
7.3	Die desorganisierte Bindung	117
7.4	Die Strukturelle Dissoziation nach Ellert Nijenhuis	122
	7.4.1 Der emotionale Persönlichkeitsanteil: EP	125
	7.4.2 Der »anscheinend normale« Teil der Persönlichkeit	126
	7.4.3 Die Dimensionen der Strukturellen Dissoziation	128
	7.4.4 Das Handlungssystem, die masochistische und sadistische Abwehr	129
7.5	Die inneren Verfolger: Fremdkörper im Selbst oder innere Helfer?	134

7.5.1	Der innere Verfolger, Typ 1: das radikale Helfer-Ego-State	137
7.5.2	Der innere Verfolger, Typ 2: das Täterintrojekt (täteridentifiziert)	139
7.5.3	Der innere Verfolger, Typ 3: aggressive Ego-States	140
7.5.4	Der innere Verfolger, Typ 4: Mittäterintrojekte (täterloyal)	142
7.6	Die Schutzfunktion der Täterintrojekte nutzen	143

8. Der sadistische und der nicht sadistische Täter ... 145

8.1 Die Verhaltensstrategie nicht sadistischer Täter 146
8.2 Die Verhaltensstrategie sadistischer Täter 149
8.3 Die Entstehung unterschiedlicher Opfer- und Täterintrojekte 154

    8.3.1 Ego-State-Bildung bei nicht sadistischem Missbrauch 155
    8.3.2 Ego-State-Bildung bei sadistischem Missbrauch 156

9. Die Praxis der Ego-State-Therapie: die Grundprinzipien von Brücke, Verschiebung und innerem Dialog ... 159

10. Die Behandlungstechnik der Ego-State-Therapie bei traumabasierten Störungen ... 168

10.1 Grundlegende Techniken der Ego-State-Therapie 169
    10.1.1 Nicht hypnotische Techniken................... 172
    10.1.2 Hypnotische Methoden des Zugangs 174
10.2 Kontaktaufnahme mit Ego-States 176
    10.2.1 Ins System hineinsprechen..................... 176
    10.2.2 Einen Ego-State herausrufen 178
10.3 Die Planung der Behandlung traumabasierter Störungen nach dem SARI-Modell................................ 179

      10.3.1 Die Phase der Sicherheit und Stabilisierung 181
      10.3.2 Schaffung eines Zugangs zum Traumamaterial und
            den damit verbundenen Ressourcen............... 191
      10.3.3 Die Auflösung der traumatischen Erfahrungen 200
10.4 Integration der Traumaerfahrung in den Selbst- und
     Weltentwurf 208

**11. Spezielle Techniken der Ego-State-Therapie:
Umgang mit Quälgeistern, inneren Verfolgern
und Täterintrojekten** 215

11.1 Schurkenschrumpfen 215
11.2 Innere Stimmen und die Bearbeitung ich-syntoner
     Über-Ich-Botschaften 218
11.3 Traumatische Introjekte: täteridentifizierte oder
     täterloyale Ego-States 220
      11.3.1 Umgang mit täteridentifizierten Ego-States 223
      11.3.2 Arbeit mit täterloyalen Introjekten................ 225
      11.3.3 Umgang mit aggressiven Reaktionen auf das Trauma 228

12. Ausblick: meine Ego-State-Philosophie 230

Anhang 1–4 233
Literatur... 238

»Jeder von uns ist mehrere, ist viele, ist ein Übermaß an Selbsten.
Deshalb ist, wer seine Umgebung verachtet,
nicht derselbe, der sich an ihr erfreut oder unter ihr leidet.
In der weitläufigen Kolonie unseres Seins
gibt es Leute von verschiedenster Art,
die auf unterschiedliche Weise denken und fühlen.«
Fernando Pessoa, 1932
aus: Das Buch der Unruhe. Fischer Taschenbuch Verlag 2006

Einleitung

Wohin geht die Reise?

In einem nagelneuen Reiseführer über Deutschland, einer Art Überlebenshandbuch für unser Land in Zeiten der Fußballweltmeisterschaft, welches in New York bei Barnes & Nobels stapelweise herumlag, konnte man lesen: »Seien Sie nicht überrascht, dass der Deutsche sich nicht so kleidet, wie Sie es vielleicht erwarten, Lederhosen und Hüte mit Gamsbart werden Sie im Alltag kaum finden – Deutsche ziehen sich einfach nicht oft wie Deutsche an.« Dieses Leseerlebnis über *den* Deutschen, der sich weigert, deutsch zu sein, fiel mir assoziativ ein, als ich darüber nachdachte, was eigentlich *das* Trauma, *der* Traumapatient und *die* Traumafolgestörung sind, von denen hier in diesem Buch die Rede sein soll. Das Mindeste, was man für einen komplexen Sachverhalt tun kann, ist, ihn differenziert zu betrachten – und zu sagen, was und wen man genau meint, wenn man etwas meint.

Dieses Buch entstand im Erfahrungsfeld klinischer Arbeit, und sein Inhalt verdankt sich denen, die mir von ihrem Leid, von frischen und vernarbten Verwundungen berichteten und mich teilhaben ließen an den Anstrengungen, weiter zu leben oder überhaupt zu überleben. Somit war der Einfall mit dem Überlebenshandbuch gar nicht so falsch.

Besonderes Augenmerk habe ich in diesem Buch auf die Therapie von Patienten mit komplexer Posttraumatischer Belastungsstörung gelegt, aber auch auf den therapeutischen Umgang mit Patienten, die bisher provisorisch unter die Kategorie »Nicht Näher Bezeichnete Dissoziative Störungen« subsumiert wurden. Damit Sie als Leser genauer einschätzen können, für welche Gruppe von Patienten ich die Anwendung der Ego-State-Methode als hilfreich empfinde, möchte ich diese Patienten und ihre Kartierung in der Diagnosenlandschaft näher beschreiben. Viele Ideen und Techniken der Behandlung, die ich vorstelle, werden seit Jahren erfolgreich bei der Therapie der dissoziativen Identitätsstörung (DIS) – vormals Multiple Persönlichkeit – eingesetzt. Obwohl dieses Buch nicht als Anleitung zur Therapie von DIS-Patienten geschrieben wurde, soll diese Patientengruppe als extreme Ausformung eines diagnostischen Spektrums gesehen werden, dessen anderer Pol die »Alltagsneurose« von uns Normalos darstellt. Das Organisationsprinzip dieses Spektrums ist die Dissoziation, und angelehnt an Ross (1989) stelle ich mir das Kontinuum mehr oder weniger klar gegliedert so vor:

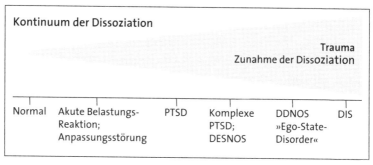

Abbildung 1: Dissoziationskontinuum und diagnostische Zuordnung

Die Idee des multidimensionalen Selbst, wie es die Ego-State-Theorie nach John und Helen Watkins uns anbietet, soll über das gesamte Spektrum gelten, und deshalb halte ich diesen Therapieansatz auch für geeignet, unser Denken und Tun im gesamten Bereich der Psychotherapie nachhaltig zu beeinflussen.

Für welche Patienten ist dieser Ansatz besonders geeignet?
Im klinischen und ambulanten Bereich treffen wir auf Menschen, die unter den Symptomen der klassischen Posttraumatischen Belastungs-

störung (PTBS) leiden (plötzlich einschießende, quälende Erinnerungen an das Trauma, Symptome der Übererregung und Gefühle des Betäubtseins), daneben auf Patienten, die nach chronischer Traumatisierung, zumeist in der frühen und/oder späten Kindheit, unter einer komplexen Form der PTBS leiden, die im amerikanischen Sprachgebrauch als »DESNOS« – »Disorder of Extrem Stress Not Otherwise Specified« bezeichnet wird[1]. Es ist mittlerweile sehr wahrscheinlich, dass für Patienten dieser Gruppe, in der nächsten Fassung DSM-IV, eine eigene Diagnose-Kategorie geschaffen wird, nämlich die »komplexe Posttraumatische Belastungsstörung«.

Welche Patienten sind in dieser diagnostischen Schnittmenge zu erwarten?
Als komplexe PTBS bezeichnen wir ein psychisches Krankheitsbild, das sich infolge schwerer, oft anhaltender Traumatisierung (z. B. Misshandlungen oder sexueller Missbrauch, physischer und/oder emotionaler Vernachlässigung in der Kindheit, existenzbedrohende Lebensereignisse) entwickeln kann. Es entsteht entweder in zeitlicher Nähe zur erfolgten Traumatisierung oder aber in zeitlicher Verzögerung nach Monaten und Jahrzehnten. Im Unterschied zur PTBS ist es durch ein breites Spektrum kognitiver, affektiver und psychosozialer Symptombildungen gekennzeichnet, die über einen längeren Zeitraum persistieren. Der Begriff komplexe PTBS wurde erstmals von Judy Herman (1994) in der anglo-amerikanischen Literatur beschrieben und wird zunehmend in deutschsprachigen Publikationen benutzt, um traumaassoziierte Borderline-Störungen zu beschreiben. Der dieser Krankheitsentität verwandte Begriff im ICD-10 ist die »Andauernde Persönlichkeitsveränderung nach Extrembelastung« F62.0, eine Kategorie, die wegen der ICD-Definition der Art des erlittenen Traumas (KZ-Aufenthalt, Folter usw.) nur für wenige Patienten geeignet erscheint. Zur Symptomatik der komplexen PTBS siehe Tabelle 0-1 auf S. 12.

Wie wir sehen, zeigen die Symptome der DESNOS vielfältige Überschneidungen zur Borderline-Persönlichkeitsstörung (BPS) und zu dissoziativen Störungen, ohne mit ihnen identisch zu sein. Da ich die

---

[1] Ich verwende die Begriffe DESNOS und DDNOS aus dem DSM-IV im englischen Original.

1. Störungen der Affekt- und Impulsregulation:
   a. Umgang mit Wut und Ärger
   b. Suizidalität
   c. Autodestruktives Verhalten
   d. Störung der Sexualität
   e. Exzessives Risikoverhalten
2. Veränderung des Bewusstseins
   a. Amnesien
   b. Dissoziative Episoden
   c. Depersonalisation
3. Veränderung der Selbstwahrnehmung
   a. Ineffektivität
   b. Schuldgefühle
   c. Scham
   d. Isolation
4. Beziehungsregulation
   a. Problem zu vertrauen
   b. Reviktimisierung
   c. Viktimisierung anderer Personen
5. Somatisierung
   a. Chronische Schmerzstörung
   b. Konversionsprobleme
   c. Somatisierungsstörungen
6. Veränderung der Weltsicht
   a. Verzweiflung und Hoffnungslosigkeit
   b. Verlust von »basic beliefs«

Tabelle 1: Die Symptomatik der komplexen PTBS

Traumagenese nur für einen Teil der BPS für relevant halte – ein anderer Teil der Varianz wird durch konstitutionelle Faktoren bestimmt –, verwende ich DESNOS nur synonym für die Kategorie der BPS, deren Ätiopathologie auf traumatische Erfahrungen der frühen und späteren Kindheit oder Adoleszenz basiert.

Eine weitere bedeutende Diagnosegruppe, der ich im klinischen Alltag begegnet bin und mit der ich erfolgreich mit dem Ego-State-Modell gearbeitet habe, sind Menschen mit der Diagnose »Nicht Näher Bezeichnete Dissoziative Störung«, im DSM-IV als DDNOS bezeichnet (**D**issocitive **D**isorder **N**ot **O**therwise **S**pecified).

Diese Kategorie ist für Störungen konzipiert, deren Hauptsymptomatologie aus dem Bereich chronischer dissoziativer Störungen stammt

(d. h. eine Unterbrechung an integrativen Funktionen des Bewusstseins, des Gedächtnisses, der Identität oder der Wahrnehmung der Umwelt), die aber die vollständigen Kriterien irgendeiner der dissoziativen Störungen nicht erfüllen. Typische Beispiele laut DSM-IV für diese »Sammelgruppe« sind Fälle, die der dissoziativen Identitätsstörungen sehr ähnlich sind, aber keine eindeutig abgrenzbaren Identitätszustände zeigen (Typ 1 a) oder eine Amnesie für wichtige persönliche Informationen fehlt (Typ 1 b). Der Vollständigkeit halber nenne ich noch Fälle von Derealisation ohne gleichzeitige Depersonalisation (Typ 2), Zustände nach massiven Zwangsmaßnahmen wie Gehirnwäsche, Indoktrination usw. (Typ 3) und dissoziative Trancezustände (Typ 4). Für uns relevant sind Patienten aus dem dissoziativen Symptomspektrum Typ 1 a und 1 b.

Die klinische Erfahrung zeigt, dass es sinnvoll ist, in dieser DDNOS-Gruppe zwei phänomenologisch beschreib- und unterscheidbare Lebensbiografien und innerpsychische Funktionsmechanismen von Patienten zu unterscheiden.

Die **erste** Gruppe hat Michaela Huber mit ihrem »Korken-auf-der-Flasche«-Modell beschrieben (2003a, S. 124 ff.). Es sind überwiegend Patientinnen, die bislang im Alltag (Beruf, Familie, Freizeit) gut »funktionierten«, die uns berichten, dass sie kaum Erinnerungen an die Kindheit hätten, und wenn, dann wäre »eigentlich alles o. k.«. Der Zusammenbruch einer Patientin vor ein paar Wochen nach dem Tod der Mutter sei »eigentlich völlig unerklärlich«, aber es sei schon komisch, dass die Kindheit ihr wie ein »leerer Raum« erscheine und sie innerlich keinen Bezug zu sich und den Menschen damals bekomme. Häufig finden sich in diesen Biografien sehr dramatische und traumatische Erfahrungen in der Frühzeit der Entwicklung (Verlusterlebnisse, frühe Heim- und/oder Krankenhausaufenthalte, Gewalterfahrungen usw.), für die Amnesie besteht. Die Erinnerung beginnt ab dem Moment, wo die traumatische Entwicklung endet und ein neuer Lebensabschnitt beginnt. Klassisch ist z. B. der Fall jener Patientin, bei der ihre Mutter im elften Lebensjahr der Patientin es endlich schafft, sich von dem alkoholkranken gewalttätigen Ehemann zu trennen und ein liebevoller Stiefvater eine zweite Entwicklungschance bietet. Die sich jetzt ausbildende kompetente Alltagspersönlichkeit sitzt symbolisch wie der Korken auf der Flasche, und die bösen Geister von früher bleiben darin gefangen – bis zu dem Moment, wo die Patientin durch den Tod der

Mutter erschüttert wird und der Korken aus der Flasche fliegt, schreibt Michaela Huber. Dieses Vergessen der traumatischen Erfahrungen ist nicht durch Verdrängung im psychoanalytischen Sinne entstanden, sondern durch Dissoziation, und deshalb ist die Annahme einer chronischen Dissoziation auch gerechtfertigt. Diagnostiziert werden bei diesen Patienten aber fälschlicherweise neurotische Störungen, Anpassungsstörungen, pathologische Trauerreaktion, da man als Erstuntersucher von den konfliktpathologischen Elementen einer reiferen Ich-Struktur ohne »Frühstörungsanteil« und der Alltagskompetenz der Patientin überzeugt ist.

Eine **zweite,** klinisch relevante Gruppe unter dem Dach der DDNOS-Kategorie beschreibt Menschen, für die sich die anglo-amerikanische Diagnose »Ego State Disorder« (ESD) zunehmend einbürgert. Auch diese Gruppe ist ebenso wie die oben beschriebene noch nicht wissenschaftlich exakt definiert, es gibt aber erste Anhaltspunkte. Hilfreich dabei sind die Vorschläge von Paul Dell (2001), zur Vereinfachung das dissoziative Spektrum in einfache und komplexe dissoziative Störungen einzuteilen, das Erstere wäre durch *teilabgespaltene* Selbstzustände (DDNOS Typ 1) charakterisiert, das Zweite durch *vollabgespaltene* Selbstzustände (DIS) (Zusammenfassung bei Ursula Gast 2004a, S. 34 ff.).

Wenn Sie in der Praxis auf eine ausführliche Diagnostik, z. B. mit den SKID-D (Strukturiertes Klinisches Interview für Dissoziative Störungen), verzichten wollen, dann möchte ich Ihnen dennoch einen Kurztest von Alan Marshall empfehlen, den ich im Internet gefunden und ins Deutsche übersetzt habe. Dieser Fragebogen ist nicht standardisiert und befindet sich im Anhang dieses Buches (Anhang 1[2]).

Eine Patientin mit der Diagnose ESD zeigt zwar unterscheidbare Ego-States, mit mehr oder weniger filigraner Ausgestaltung der einzelnen Selbst-Anteile (Alter, Name, Entwicklungsgeschichte und Funktionen), aber die Person ist insoweit integriert, dass die States zueinander nicht amnestisch sind, sie als nicht getrennt von der eigenen Person erlebt werden und ein Switchen zwischen den States sich nicht markant inszeniert – ganz im Gegensatz zur dissoziativen Identitätsstörung.

---

[2] Alle Tests und Arbeitsblätter dieses Buches können Sie in Originalgröße von meiner Homepage http.//www.Jochen-Peichl.de herunterladen.

Bei diesem Krankheitsbild sind ganze Abschnitte der Persönlichkeit in Ego-States aufgespalten, und es kommt in einigen Bereichen zu Teilabspaltungen, die durch die Alltagsperson kaum noch steuerbar ist. Michaela Huber hat dafür ein schönen Bild gefunden, eine Margerite mit dem Blütenstempel in der Mitte (das Alltags-Ich), umgeben von größeren oder kleineren Blütenblättern (Ego-States), und Blütenblätter, die den Kontakt zum Stempel verloren haben (teilabgespalteter Ego-State) – diese Menschen wechseln zwischen verschiedenen Ego-States, sind aber nicht multipel. Wie sich diese zum Teil abgespaltenen Ego-States manifestieren, zeigt Tabelle 0-2.

Subjektiv erlebte Manifestation zum Teil abgespaltener Selbstzustände
■ Hören von Kinderstimmen im Kopf
■ Innere Dialoge oder Streitereien
■ Die Person quälende innere Stimmen
■ Teilweise dissoziierte (zeitweise als nicht zu sich gehörig erlebte) Sprache
■ Teil-dissoziierte Gedanken
■ Teil-dissoziierte Gefühle
■ Teilweise dissoziiertes Verhalten
■ Zeitweise nicht zu sich gehörig erlebte Fertigkeiten und Fähigkeiten
■ Irritierende Erfahrungen von verändertem Ich-Erleben
■ Verunsicherung über das eigene Ich
■ Nicht zu sich gehörig erlebte, aber erinnerbare teil-abgespaltene Selbstzustände, mit denen der Therapeut in Kontakt tritt

Tabelle 2: Subjektiv erlebte Manifestation zum Teil abgespaltener Selbstzustände

Zusammenfassend können wir sagen, die Ego-State-Disorder ist eine leichtere Form der dissoziativen Identitätsstörung, wir finden nicht genau einsortierbare Zwischenstufen von Ego-States bis hin zu Innenpersonen (alters), zwischen denen jedoch keine amnestischen Grenzen bestehen. Jeder kann sich in der Regel jederzeit an alles erinnern, was anderen States widerfahren ist, als sie draußen waren[3]. Aus diesem Grund gibt es bei ESD-Patienten keine Zeitverlusterlebnisse

---

[3] Ich schreibe hier »in der Regel«, da im traumatischen Hochstress vorübergehend diese Eigenschaft eingeschränkt sein kann.

oder Amnesien. Das »Wir-Gefühl« und damit die Kooperation zwischen den Selbst-Teilen bleibt besser als bei der DIS erhalten, deshalb ist ein Host (Gastgeber-Ego-State) auch schwerer auszumachen, meist gar nicht vorhanden.

Dieses waren nun einige diagnostischen Überlegungen zu den Patientinnen und Patienten[4], deren Verständnis und Möglichkeiten der Behandlung mir seit jetzt über 30 Jahren klinischer und ambulanter Tätigkeit besonders am Herzen liegen. Nicht um »das Trauma« und »den Traumapatienten« schlechthin soll es in diesem Buch gehen, sondern um eine diagnostisch relativ genau beschreibbare Gruppe von Menschen, auf deren Lebensweg traumatische Verwerfungen der inneren Landschaft, ein uns allen vertrautes »naives« Gefühl für Sicherheit, Geborgenheit und Vertrauen in diese Welt, nachhaltig negativ beeinflusst wurde.

---

[4] Die neutrale Form »Patient« soll ab hier für beide Geschlechter gelten, ebenso »Therapeut«.

1. Was Menschen Menschen antun können

Irgendwo in Deutschland, Sonntag, 20 Uhr 15, ARD: »Der Tatort« – heute mit dem Titel: »Erstickte Schreie«, der uralte Vorspann in Schwarz-Weiß läuft, die Musik ein Ohrwurm – die Familie sitzt um den Fernseher, die Kartoffelchips sind bereit, der Rotwein geöffnet ...

Sexueller Missbrauch, Gewalt im Nahraum von Familie und Partnerschaft haben Konjunktur bei den Drehbuchschreibern von Fernsehkrimis und Kinofilmen.

Von der sicheren Position des Kinosessels, sozusagen außerhalb der Täter-Opfer-Beziehung, erscheint uns das Ganze sehr faszinierend und fesselt uns nachhaltig: Anders wären die Erfolge von Filmen wie »Das Schweigen der Lämmer« oder »Neuneinhalb Wochen« nicht zu erklären. Abstrakt gesehen ist der mitunter gewaltsame Ehekrieg der »Kramers« (Kramer gegen Kramer, 1979, in den Hauptrollen Meryl Streep und Dustin Hoffman) oder die Folgen erlittener Folter in einem lateinamerikanischen Staat immer noch ein guter Stoff für das Kino.

Auf der persönlichen Ebene des Betroffenen stellte sich der Einbruch von Gewalt in das »banale« tägliche Leben aber als Bedrohung und Schrecken dar: Es ist, als rücke die Welt von uns weg, wir finden uns plötzlich sprachlos in einer Art Niemandsland wieder, häufig sozial isoliert und stigmatisiert.

Das eigentliche Wesen von Trauma und Folter, von erlittener Gewalt durch andere Menschen, ist der Vorgang der Ausgrenzung auf allen Ebenen.

Diane Poole Heller schreibt: »Missbrauch und Folter sind Realitäten, die Menschen an den Wurzeln ihrer Menschlichkeit treffen und die bewirken, dass diese Menschen sozial isoliert, psychologisch fragmentiert und physiologisch dissoziiert werden« (2000, S. 5).

Warum die meisten von uns das Betrachten von Gewalt und Leid anderer aus einem sicheren Abstand als aufregend, faszinierend oder »cool« empfinden, das gibt zu vielen möglichen Erklärungen Anlass. Ist es eine anthropologische Konstante, die wir schon in den Erzählungen der letzten Jahrtausende und in den mitunter grausamen Märchen der Gebrüder Grimm wiederfinden, oder drückt sich darin die Instinktnatur des Menschen aus, seine Faszination für Jagdverhalten, Beute und der Nervenkitzel der Bezwingung des Feindes?

Ich möchte diesen Fragen hier nicht weiter nachgehen, aber das erwähnte Medium Film auf eine andere Weise für unser Thema über das traumatisierte Selbst eines Menschen nutzen: als moderne Psychogramme und Darstellung von »Beziehungstraumata«, aus denen wir lernen können, ähnlich wie aus Fallbeschreibungen von Kollegen über deren Patienten.

Auch in der Weiterbildung lässt sich so mancher Hollywood-Film gut einsetzen, um Reaktionsweisen von Menschen auf Traumatisierung anschaulich zu machen. Empfehlenswert für das Thema »Schocktrauma« (Typ-1-Trauma) und die Entwicklung einer Posttraumatischen Belastungsstörung (PTBS) ist der Film »Fearless« des Star-Regisseurs Peter Weir aus dem Jahr 1993. Er zeigt die psychischen Veränderungen bei einem Überlebenden eines Flugzeugabsturzes (gespielt von Jeff Bridges), seine Entfremdung von sich selbst und seiner Familie, die Symptome der Dissoziation, Flashback und Re-Inszenierung des Traumas. Am eindrucksvollsten sind aber die Bereiche in »Jenseits der Angst« (so der deutsche Verleihtitel) ausgeleuchtet, die die narzisstische Illusion der Unverwundbarkeit nach überstandenem Crash und die Obsession mit dem Thema Tod und Überleben zeigen.

Täter- und Opferpsychogramme made in Hollywood
Es gibt eine Reihe von Filmen, die sich mit dem Thema Trauma, Täter und Opfer in einer sehr eindringlichen und schockierenden Offenheit beschäftigen. Ich habe aus ihrer Art der Darstellung und der Möglichkeit, mich mit dem einen oder dem anderen zu identifizieren, eine ganze Menge für meine Arbeit mit Patienten gelernt. Eigentlich sind es verfilmte Fallgeschichten von menschlichen Einzelschicksalen, aber aus einer Metaposition betrachtet auch Zustandsaufnahmen der Gesellschaft, der Welt, in der wir leben.

Aus diesem Grunde werde ich Ihnen einige bekannte, aber auch unbekanntere Filme vorstellen, denen das Thema dieses Buches zugrunde liegt und uns buchstäblich vor Augen führt. Diese Liste ist meine subjektive Auswahl von Filmen, die mir in den letzten Jahren wichtig waren, und sie kann sicher noch um viele Beispiele ergänzt werden.

Der Tod und das Mädchen
Dieser Film ist Roman Polanskis Filmadaption des Theaterstücks von Ariel Dorfman über das Vermächtnis der Folter. Paulina (gespielt von Sigourney Weaver), eine ehemalige politische Gefangene in einem ungenannten südamerikanischen Staat, ist mit einem Angestellten der jetzt demokratischen Regierung verheiratet. Er leitet eine staatliche Behörde, die für die Aufklärung von Folter zuständig ist. Eines Abends bringt ihr Mann Gerardo (Stuard Wilson) nach einer Autopanne einen Fremden zum Abendessen mit, der sich als Dr. Robero Miranda vorstellt. In ihm glaubt Pauline nach 15 Jahren den Arzt wieder zu erkennen, der sie als politischer Aktivistin während des faschistischen Regimes mit Elektroschocks gefoltert und mehrfach vergewaltigt hatte. Da ihr damals stets die Augen verbunden waren, meint sie ihn an seiner Stimme, Redeweise und an seinem Geruch identifizieren zu können. Sie nimmt ihn gewaltsam als Geisel, und was dann folgt, ist ein Wirbelsturm von Raserei und Verwirrung, ein fesselndes Psycho-Duell mit vertauschten Rollen. Dieser Film ist eine ausgezeichnete psychologische Darstellung der Verwandlung des »Opfers in den Täter« und seine Lust an der Rache.

Als Zuschauer fühlen wir uns lange Zeit in der Rolle von Paulinas Ehemann, der just an diesem Tage zum Vorsitzenden der Menschenrechtskommission ernannt wurde. Bis zum Ende des Films können wir uns nicht entscheiden, auf wessen Seite wir stehen, aufseite des Folteropfers Paulina und ihrem verständlichen Wunsch nach Rache oder aufseite von Dr. Miranda, der sich als Opfer eines Irrtums wähnt. Hin- und hergerissen zwischen Zweifeln an Paulinas Geisteszustand und Dr. Mirandas Unschuldsbeteuerungen, bemerken wir in uns als Zuschauer eine beunruhigende Faszination: Wir spüren in uns die Tendenz zum sensationslüsternen Voyeur, der plötzlich mehr von den Details der abnormen Abscheulichkeiten vor 15 Jahren erfahren möchte. Spätestens da verwischen sich die Grenzen zwischen Opfer, Täter und Zeuge. Aber leicht hat es uns Polanski mit seinen Filmen nie gemacht, und das Klischee, dass die Guten immer gewinnen, hatte er stets vermieden.

Misery
Dieser Film aus dem Jahre 1990, basierend auf dem Bestseller von Stephen King, gilt als einer der effektvollsten Thriller der 90er-Jahre. Der Schriftsteller Paul Sheldon (James Caan), der Seriengeschichten für die Schundheftchenreihe »Misery« (zu Deutsch »Elend«!) schreibt, macht sich nach Fertigstellung seines neuesten Werkes auf den Weg zu seinem Verleger nach New York. Er verunglückt mit seinem Wagen im Schneechaos, wird zu seinem »Glück« von seinem »größten Fan«, der Krankenschwester Annie Wilkes (brillant Kathy Bates, die für ihre Leistung den Oskar bekam), gefunden und zur Pflege zu ihr nach Hause geholt. Wegen seiner zwei gebrochenen Beine ist er seiner »Retterin« hilflos ausgeliefert, die sich zuerst liebevoll um ihn kümmert. Als Annie sich in das neueste Werk aus der »Misery«-Reihe von Paul vertieft, in der dieser die Heldin sterben lässt, ist es mit Annies Freundlichkeit vorbei, und sie verwandelt sich in einen paranoiden Racheengel. Sie macht ihrem Lieblingsschriftsteller das Leben zur Hölle, indem sie ihn zwingt, das neue Buch umzuschreiben und die Hauptfigur »Misery« wieder zum Leben zu erwecken. Dieser Film zeigt durch die Schauspielkunst von Kathy Bates in erdrückender Weise den Charakterwandel einer Frau von fürsorglicher Güte über mitfühlende innere Einsamkeit bis hin zu entsetzlicher Bösartigkeit einerseits und die Todesangst eines Mannes, der buchstäblich um sein nacktes Leben schreibt. In szenischen Rückblenden hilft uns ein Blick in die Abgründe der Seele von Annie zu verstehen, warum die Liebesromane von Paul in ihrem erbärmlichen Leben einen Ort der Zuflucht darstellen und wie sich das Ganze mit ihrer geheimen und gewalterfüllten Vergangenheit verbindet. Dieser »Zwei-Rollen-Film« zeigt uns eine hochkomplexe Opfer-Täter-Dynamik und lehrt uns vieles über obsessive paranoide Bedrohung und den Einsatz von Gewalt, um den anderen gefügig zu machen und zu kontrollieren.

Der Feind in meinem Bett
Der Inhalt dieses 1991 entstandenen Thrillers (Originaltitel: Sleeping with the enemy) von Joseph Ruben ist schnell erzählt: Laura und Martin sind seit vier Jahren verheiratet, für ihre Nachbarn und Freunde sind sie das perfekte, glückliche und beruflich erfolgreiche Paar. In Wahrheit lebt Laura in ständiger Angst vor ihrem missbrauchenden

und brutalen Ehemann Martin (gespielt von Patrick Bergin), und sie plant, durch die Inszenierung ihres eigenen Todes dem Partner zu entfliehen. Julia Roberts spielt diese missbrauchte Ehefrau, die in eine kleine Stadt nach Iowa zieht, ihren Namen ändert, ihr Aussehen, ihr Leben, nur um vor dem gefährlichsten Menschen ihres Lebens zu fliehen: ihrem Ehemann. Als dieser herausfindet, dass Laura gar nicht tot ist, sondern mit einem anderen Mann zusammenlebt, beschließt er, sie zu finden und zu töten.

Der Film ist für das Thema Opfer-Täter-Beziehung interessant, auch wenn Patrick Bergin als paranoid-gewalttätiger Ehemann die Rolle des *Psycho*-Ehemannes total überzieht und Julia Roberts das »Berufs-Opfer« mimt, wie einige amerikanische Kritiken in den 90er-Jahren schrieben.

Closet Land
Dieser Film von Radha Bharadwaj aus dem Jahre 1991 handelt von Folter, physischem Missbrauch und Schmerz, er ist ein totaler Angriff auf unsere Gefühle und unseren Verstand. Gedreht in einem einzigen Raum, spärlich ausgestattet, führt er uns in die Abgründe zweier Menschen ohne Namen, an einem namenlosen Ort in dieser Welt. Eine junge, unschuldige Autorin von Kinderbüchern wird nachts aus ihrem Bett gezerrt und mit verbundenen Augen an einen geheimen Ort gebracht, an dem ein gnadenloser Regierungsbeamter sie verhört, weil sie angeblich mit dem Buch »Die Katze mit den grünen Flügeln« subversive Literatur verbreitet habe. Die schlimmsten Handlungen körperlicher Gewalt ereignen sich außerhalb der Sicht des Beobachters, aber die Schläge und Schreie aus dem Off gehen dennoch unter die Haut. »Closet Land« ist nicht nur ein Film über die Folter, sondern ein Film über Unterdrückung überall in der Welt, Unterdrückung vor allem von Frauen. Er zeigt die Dynamik der Manipulation, die Macht des Unberechenbaren und des Schmerzes und den perfiden Wechsel zwischen Momenten der Nähe und kaltem Hass und Betrug zwischen diesen zwei Menschen. Alles Elemente der Opfer-Täter-Beziehung, die in vielen langjährigen destruktiven Paarbeziehungen eine Rolle spielen.

Down came a Blackbird
In diesem unter der Regie von Jonathan Sander 1995 entstandenen Thriller (dt. DVD mit dem Titel: Black Bird) geht es um die US-amerikanische Journalistin Helen McNulty, die als Kriegsberichterstatterin zusammen mit ihrem Fotografen und Liebhaber Jan in ein namenloses südamerikanisches Land reist, um einen Rebellenführer zu interviewen. Plötzlich wird aus ihrem normalen Job blutiger Ernst, als sie und Jan während einer Protestdemonstration von Militärs verschleppt, isoliert und gefoltert werden. Sie überlebt die ihr angetanen Qualen, kommt allein zurück nach Portland, Oregon und trauert lange um den Verlust ihres Freundes. Jahre später begibt sich Helen in eine Spezialklinik für Folteropfer, um die quälenden Spuren der Verschleppung behandeln zu lassen. Hier trifft sie Anna Lenke (wunderbar Vanessa Redgrave in dieser Rolle), Holocaust-Überlebende und Leiterin der Klinik, die sie behandelt. Helen gerät in zunehmende Verwirrung, als eines Tages der mysteriöse lateinamerikanische Professor Tomas Ramirez eintrifft, mit dem sie etwas Unaussprechliches zu verbinden scheint. Hat er das gleiche Schicksal erlitten wie sie, oder aber ist er ein Täter, der sich als Opfer tarnt? War er ihr Folterer und sie sein Opfer? Wem ist noch zu trauen?

Dieser Film kreist in einer Eindringlichkeit, die unter die Haut geht, um die Frage, wem man noch vertrauen kann, wenn wir Vertrauen in andere Menschen durch Folter in so extremer Weise zerstören. Er zeigt verschiedene Menschen in der Klinik als Opfer von Folter und Gewalt und macht sehr deutlich, wie differenziert und unterschiedlich diese psychischen Reaktionen sich ausprägen können: paranoides Misstrauen, extreme Trauer, Scham, Drogenabhängigkeit und die Sehnsucht nach einem sicheren Ort, Wunsch nach Vergessen.

Alle diese Filme – eine kleine, sehr persönliche Auswahl von mir – sind ziemlich verstörend und beunruhigend, wenn wir uns einem vertieften Einlassen auf existenzielle Fragen nicht verschließen. Es geht weniger um oberflächliches »Mitleid«, sondern mehr um ein Verständnis von unheilvoller Beziehungsverstrickung, und damit geben uns diese Filme einen guten Einblick in die Dynamik von Täter- und Opferbeziehung. Sie zeigen uns den Menschen in seiner Fähigkeit zu unvorstellbaren subtilen und brutalen Grausamkeiten, aber auch seine Verletzlichkeit und Verzweiflung, bei dem Verlust einer unverzichtbaren menschlichen Bezugsgröße: der Fähigkeit, vertrauen zu können.

Es ist sicher kein Zufall, dass fast alle Täter männlich (außer Misery) und alle Opfer weiblich sind. Dies entspricht einer gesellschaftlichen Realität, in der Frauen ihre Wut und ihren Hass in selbstverletzendem Verhalten gegen sich richten und Männer fremd aggressiv sich gegenseitig bedrohen oder nach Straftaten im Gefängnis sitzen.

Auch wenn ein zweistündiger Actionfilm uns nur vorübergehend aus dem Lot bringt, so gibt er uns doch ein Verständnis dafür, was in Menschen passiert, die persönlich geschädigt sind und für die der Film nicht einfach mit einem Knopfdruck der Fernbedienung zu stoppen ist oder die nicht einfach zum nächsten Programm zappen können.

Trauma, so wissen wir, ist ein toxischer Zustand, eine Mischung aus Todesangst, absoluter Hilflosigkeit und Kontrollverlust. Opfer von Schicksalsschlägen und Gewalttaten drängen sich unserer Identifikation deshalb so gnadenlos auf, weil sie uns in Kontakt mit unserer eigenen Hilflosigkeit bringen, ein Zustand, der für uns Menschen anscheinend kaum zu ertragen ist. In dieser Hilflosigkeit konfrontierten wir uns mit einem Stück unverleugbarer menschlicher Verletzlichkeit. Und diese Hilflosigkeit ist es, die uns manchmal im Angesicht eines Opfers völlig unerwartet und paradox reagieren lässt: Wir beschuldigen das Opfer – blaming the victim – und verweigern ihm unsere Empathie.

Hierzu fand ich bei Diane Heller eine eindrucksvolle Geschichte von einem Jungen, der zu einem Laden geschickt wurde, um Brot zu kaufen. »Auf seinem Weg zurück wird er geschlagen und ausgeraubt und ihm das restliche Geld und das Brot genommen. Als er zu Hause ankommt und die Eltern ihren kleinen Sohn geschlagen und voller Blut sehen, stellen sie ihm Fragen wie: ›Warum bist du nicht auf diesem Weg nach Hause gegangen?‹, ›Warum bist du nicht gelaufen?‹ – womit sie ihm unterstellen, dass er nur die falschen Entscheidungen getroffen hat und dass er verantwortlich für das ganze Problem ist. Diese Reaktion wird nicht verursacht durch einen Mangel an Liebe oder Sorge aufseiten der Eltern, sondern reflektiert vielmehr deren Reaktion auf unerträgliche Gefühle von totaler Hilflosigkeit, dem Verlust von Kontrolle und den extremen Schuldgefühlen, nicht in der Lage gewesen zu sein, ihren Sohn zu schützen« (2000, S. 12).

Traumata machen Opfer hilflos, aber nicht nur die Menschen, die es hautnah erleben, sondern häufig auch diejenigen, die davon hören und innerlich daran teilhaben – als Traumatherapeut ist man dem tagtäglich ausgesetzt.

Was dagegen hilft, ist die Fähigkeit zum Wechsel zwischen Einfühlung in und Abgrenzung gegenüber dem Patienten, aber auch eine erklärende Theorie, die Ordnung in unserem Kopf schafft, und eine Praxiologie, die Verhärtungen auflöst und die Wunden heilt. Eine mögliche Toolbox mit Theorieschlüsseln und Praxiswerkzeugen möchte ich in diesem Buch beschreiben – das Ego-State-Modell.

2. Das ödipale Dilemma

Es heißt, der Kopf sei deshalb rund, damit die Gedanken die Richtung ändern können. Dass dies häufig nicht so leicht ist, zeigt die Diskussion um äußerlich verursachtes Trauma versus innere psychische Realität in der psychoanalytischen Gemeinschaft der letzten zwei Dekaden. Genau dieser Punkt unterscheidet viele neurobiologisch orientierten Traumatherapeuten von psychodynamisch denkenden KollegInnen: Erstere erwarten von der Therapie traumabasierter Störungen eine Vermittlung von Fähigkeiten zur Selbstberuhigung, Selbststeuerung und Erinnerungsverarbeitung, Letztere bieten Bearbeitung der »hinter« dem Trauma vermuteten Konfliktpathologie und Bindungsdilemmata in der Übertragung. Jeder von uns Therapeuten wird sich der Frage einmal stellen müssen: »Was ist das wirklich Traumatische am Trauma?« und weiter: »Können meine Theoriehypothesen die Beobachtungsdaten wirklich erklären?« Ich beginne mit einer Neuorientierung liebgewordener Denkschablonen und fange bei mir selbst an, an dem Punkt, als meine Gedanken über Traumapathologie plötzlich begannen, die Richtung zu ändern.

2.1 Ein eindrucksvolles Beispiel: Kernberg spricht mit einer Patientin

In einem Einführungsseminar für die »Übertragungsfokussierte Psychotherapie« der Borderline-Störung nach Otto Kernberg in München im Jahre 2000 zeigten die Organisatoren der Weiterbildung ein Videoband[5] eines strukturellen diagnostischen Erstinterviews, welches Otto Kernberg mit einer Patientin geführt hatte.

---

[5] Das Videoband mit dem Titel »Einführung in die Psychotherapie von Borderline-Persönlichkeitsstörungen« ist bei www.Auditorium-Netzwerk.de unter der Nummer 201113 erhältlich.

Die Patientin, die man aus Datenschutzgründen im Film nicht sieht, nur hört, berichtet Kernberg, dass sie seit ca. vierzehn Jahren krank sei und vor allem an selbstverletzendem Verhalten, Angstzuständen, chronischer Suizidalität und Impulskontrollverlust leide. In letzter Zeit habe die Selbstverletzung bedrohliche Züge angenommen, neben tiefen Schnittverletzungen, Sehnendurchtrennungen habe sie begonnen, sich ganze Hautstücke herauszureißen. Sie führt ihre Störungen auf einen Missbrauch durch den Vater im dreizehnten Lebensjahr zurück, als dieser sie in betrunkenem Zustand vergewaltigte. Nach der Vergewaltigung, von der sie der Mutter nichts erzählte, sei er bis heute »spurlos verschwunden«. Sie liebte ihren Vater sehr, und auch nach der Tat dachte sie: »Ich liebe ihn weiter so wie vorher ... ich denke, das ist Liebe.«

Kernberg fragt die Patientin an dieser Stelle:
»Meinen Sie, dass der Sexualverkehr die Liebe zu ihm noch verstärkt hat?«

Patientin: »Ich weiß nicht.«

Kernberg: »... und ich frage mich, könnte es sein, dass eben dieser Sexualverkehr Ihnen eine vollkommen neue Art von Liebe gezeigt hat, die sie natürlich überraschte und schockierte, aber die vielleicht andererseits sehr erregend war ... oder nicht?«

Patientin: »Ich glaube nicht.«

Später fragt Kernberg: »Haben Sie versucht zu verstehen, warum Sie sich schneiden?«

Patientin: »Weil ich mich hasse ... meinen Körper hasse.«

Daraufhin erfolgt eine zusammenfassende Deutung von Kernberg, auf die es mir hier in diesem Zusammenhang ankommt.

Kernberg: »Könnte es sein, dass Sie Ihren Körper hassen, weil Ihr Körper anders reagiert hatte, als Sie denken ... dass Ihr Körper sich vielleicht erregt fühlte von dem Geschlechtsverkehr [...]. Glauben Sie, dass es möglich wäre, dass Ihr Körper positiv mit Erregung und Lust, vielleicht auch mit Angst und Schrecken, aber vielleicht auch mit Erregung und Lust auf den Sex mit Ihrem Vater, den Sie so liebten, reagiert hatte, und dass sie das nicht tolerieren konnten, weil es gegen alle Gesetze der Welt schien?«

Patientin: »Das weiß ich nicht.«

Kernberg: »Das könnte den Hass erklären.«

Diese Stelle des Videos, die ich früher wiederholt in Seminaren über traumabasierte Borderline-Störungen zeigte, löste in der Regel heftige Emotionen bei den KollegenInnen aus; der eine Teil war von der intellektuellen Brillanz der Intervention begeistert – auch wenn sie durch das dreimalige »Ich weiß nicht« der Patientin verunsichert waren, der andere Teil war offen brüskiert, geschockt und verärgert über die als wenig empathisch erlebte Erklärung.

Heute, 2014, möchte ich mich sehr vehement von dem in Kernbergs Fragen implizit verborgenem psychoanalytischen Denken und Menschenbild distanzieren – auch wenn ich Otto Kernbergs Verdienste um die Ausarbeitung der psychoanalytischen Ojektbeziehungstheorie in weiten Bereichen sehr schätze. In ihr leuchtet die fragliche frühkindliche Verführungstheorie Freuds auf, nach der das ödipale Kind den gegengeschlechtlichen Elternteil sexuel begehre – eine aus meiner Sicht heute nicht mehr haltbare Theoriekonstruktion. Diese Theorie hatte lange Zeit auch mein wirkliches Verstehen und Nachfühlen des Leides der Menschen blockiert, die als Kinder Opfer sexueller Gewalt wurden. Um die Argumentationsfiguren psychoanalytischer Interpretation von Inzest und Verführung in Nahbeziehungen besser zu verstehen – und um sich davon besser abgrenzen zu können – beschäftige ich mich nun weiter mit den dahinter verborgenen Vorannahmen der Theorie.

Diese Interpretation eines Kausalzusammenhangs zwischen Selbsthass und Selbstverletzung und sexueller Gewalterfahrungen durch den Vater nutzt unausgesprochen einige psychodynamische Hypothesen:

(1) Alles, was wir Menschen erleben und empfinden, ist ein Bestandteil unseres Selbst, wir sind der Ursprung unserer Konflikte.
(2) Die massive Selbstverletzung ist Ausdruck einer Selbstbestrafung.
(3) Durch die Vergewaltigung kam es zu einer triebhaften ödipalen Wunscherfüllung einer Tochter, die ihren Vater liebte und bis heute liebt.
(4) Der Triebwunsch kann nur teilweise verdrängt werden und ein Weiterleben gelingt nur durch die Ausbildung der Symptomatik der Borderline-Störung als Kompromissbildung.
(5) Wegen der sich erfüllenden ödipalen Sehnsucht und der dabei empfunden Lust ist das strafende Über-Ich gezwungen, besonders grausam zu sein.

Die entscheidende Frage umfasst die Teile (1), (3) und (4). Diese erste Annahme, die in Kernbergs Theorie immer wieder zu finden ist, geht davon aus, dass alles, was wir erleben und empfinden, unserem Selbst, unserer Selbsterfahrung zugehörig ist. Da wir alle unsere Lebenserfahrungen im Kontext von Beziehungen machen, bildet sich diese Interaktionserfahrung als Selbst-Affekt-Objekt-Einheit in unserem Gedächtnis ab (Kernberg 1981). Diese Einheiten bestehen aus einer Selbstrepräsentanz in Beziehung zu einer Objektrepräsentanz und einem dominierenden Affekt, der die Szene einfärbt. Ein Beispiel: Ich verschütte aus Unachtsamkeit den Kakao, Mutter wird zornig und schimpft, und ich schäme mich. Erlebe ich viele dieser prototypischen Szenen – häufig habe ich gar keine Erinnerung daran –, dann kann es sein, dass ich später als Erwachsener aus mir unverständlichen Gründen Depressionen und massive Scham in nahen Beziehungen entwickle. Fühlt die Patientin in unserem Interview-Beispiel den unabwendbaren Drang, sich wie »fremdgesteuert« selbst zu verletzen oder umzubringen, dann ist dies Ausdruck eines inneren Konfliktes zwischen (Trieb-)Wunsch und Abwehr. Ziel der Therapie wäre dann, diese abgespaltene Seite ins Selbst zu integrieren.

Sachsse (2006) weist aber mit Recht darauf hin, dass Selbst- und Objektrepräsentanzen auch verwischen können, eine klare Unterscheidung und Trennung somit nicht mehr möglich sind. Dann kann das depressive Gefühl in mir auch durch »Affektansteckung« von außen, z. B. durch eine schwer depressive Mutter, entstanden sein, oder es ist Ausdruck eines traumatisierenden Introjektes. Der Drang zur Selbstverletzung wäre somit nicht Ausdruck eines innerseelischen Konfliktes, sondern die entwertende, hasserfüllte Botschaft einer Objektrepräsentanz, eines Täterintrojektes.

Bei den Punkten (3) und (4) frage ich mich: Geht es dabei wirklich um die Befriedigung eines verpönten Triebwunsches, also um eine Wunscherfüllung, die wegen ihrer Anstößigkeit aus Sicht des Über-Ichs verdrängt werden muss? Können wir eigentlich in einer solchen traumatischen Überwältigungssituation von Verdrängung sprechen oder wäre »Dissoziation« angemessener? Ich will dem letzteren ein Stück nachgehen.

2.2 Unklare Begriffe

Die Diskussion um das Verlorengehen und spätere Wiederfinden traumatischer Erinnerung gestaltete sich in den letzten Jahren zum Teil sehr emotional aufgeladen und vorwurfsvoll. Diese Dissonanzen sind auch Folge eines inkonsequenten Gebrauchs von zum Teil unklaren Begriffen wie (Ab-)Spaltung, Verdrängung und Dissoziation im Zusammenhang mit Trauma. John Rathbun nennt Kritiker des Konzeptes »Plötzlich auftauchende Erinnerungen an das Trauma nach einer Phase der Amnesie« »ignorant, korrupt und absurd« und fährt fort:

»Sie sind ignorant, indem Sie ständig die Begriffe Dissoziation und Verdrängung durcheinanderwerfen, durch Äußerungen wie: ›Es gibt keinen Hinweis auf verdrängte Erinnerungen.‹ DISSOZIATION ist eine Theorie, die von Pierre Janet entwickelt wurde, der beobachtete, dass Patienten mit verschiedenen hysterischen Erkrankungen geheilt werden konnten, wenn sie traumatische Ereignisse erinnerten, die symbolisch mit ihren Symptomen verbunden waren. Janets Arbeit entstand vor der von Sigmund Freud, der zuerst Janets Ideen guthieß, dann aber seine eigene Theorie der VERDRÄNGUNG vorlegte. Was in Freuds Theorie verdrängt wird, ist der unakzeptable Wunsch eines Mädchens: die Mutter als das Liebesobjekt des Vaters zu ersetzen. Dieser Wunsch wird sowohl verleugnet und erfüllt in einer DECKERINNERUNG: Der Vater initiiert eine sexuelle Aktivität mit dem Kind. In anderen Worten, die VERDRÄNGUNG führt zur Erinnerung eines Traumas, welche sich nie ereignete, während die DISSOZIATION der Versuch ist, ein Trauma zu vergessen, welches sich ereignet hatte. Jeder sogenannte Experte, der diese zwei antithetischen Theorien verwechselt, verdient keine ernst gemeinte Aufmerksamkeit« (2003, Hervorhebung im Original).

Was ist »Borderline«?
Im obigen Fallbeispiel war von einer Patientin mit Borderline-Persönlichkeitsstörung die Rede. Mit dieser Diagnose »Borderline« beschreiben wir im Prinzip eine bestimmte Art von Beziehungsstörung: Ein Mensch mit dieser Problematik schwankt zwischen zwei Extremen hin und her: Zum einen wünscht er sich intensive, meist symbiotisch an-

mutende Nähe in der Verschmelzung, zum anderen zeigt er panische Angst vor Nähe. Daraus folgt, dass die Wahrnehmung anderer Menschen häufig schwankt zwischen den Polen: Der andere ist extrem gut, weil er meine Verschmelzungswünsche befriedigt, oder er wird als extrem ablehnend, grausam erlebt, weil er dies nicht tut. Für das Selbstbild gilt das Gleiche: Einmal hält der Patient sich für den Schönsten, Klügsten, Tollsten und Verständnisvollsten, und dann denkt er von sich als »Looser«, behindert und liebesunfähig. Dies alles passiert aber bei Patienten mit PBS innerhalb eines Bewusstseinskontinuums. Im Gegensatz dazu sind bei Patienten mit »multipler Persönlichkeitsstörung«, die auch diese oder andere Gegensätze in sich tragen, diese Gegensätze nicht in einem Bewusstseinszustand untergebracht, sondern auf verschiedene Persönlichkeitsanteile aufgeteilt und individuell ausgestaltet.

Zwischen beiden Ausprägungen gibt es Übergänge. Nicht nur in extremen Stimmungsschwankungen und bei regressiven Zuständen in Krisensituationen lassen sich Patienten mit BPS dann von außen in nichts von den Kinderpersönlichkeiten eines multiplen Systems bei DIS unterscheiden. Traumatische Erfahrungen generell scheinen zu abgespaltenen Selbstanteilen zu führen, die zeitüberdauernd im Therapieprozess auftauchen und bei der Bewältigung des Traumas für die Patientin von unschätzbarer Hilfe sind; diese Selbst- oder Ich-Zustände werden wir später als Ego-States oder traumatische Introjekte bezeichnen.

Verwirrung der Begriffe
Die Unterschiede zwischen Ab-Spaltung, Dissoziation und Verdrängung sind theoretischer Art, nehmen aber Einfluss auf die Therapiestrategien, die zur Behandlung von Traumapatienten von den prominenten Vertretern der einzelnen Therapieschulen empfohlen werden – deshalb sollten wir uns kurz mit den dahintersteckenden Theorien beschäftigen.

Befasst man sich mit der wissenschaftlichen Literatur zu diesem Thema, dann fällt auf:

1. die Disputanten scheinen zwei unterschiedlichen Lagern anzugehören,

2. die freudianischen Analytiker scheinen eine Gruppe gegen alle anderen zu bilden,
3. die Grundfrage scheint zu sein: Ist das Ganze ein aktiver oder passiver Mechanismus?,

und am Ende läuft es auf die Frage hinaus: Sind die traumabedingten Symptome eines Menschen, der z. B. einen Missbrauch erlebt hat, die Folgen einer aktiven Verdrängung oder gehen sie auf passive Abspaltung und/oder Dissoziation zurück? Jetzt zu den einzelnen Begriffen:

Wie können wir nun die Spaltung (oder Abspaltung) begrifflich von der Dissoziation unterscheiden, obwohl beides fälschlicherweise häufig synonym verwendet wird? Vereinfacht gesagt ist die **Spaltung** ein kognitiver Prozess der Verleugnung, sie ist eine Anpassungsleistung an eine verwirrende Umgebung voller Widersprüche, die derart prominent sind, dass man, um in diesem pathogenen System nicht verrückt zu werden, einfach einen Teil der Wirklichkeit komplett ausblenden/verleugnen muss. Erlebt eine Frau in einer Partnerschaft Fürsorge, Nähe, Geborgenheit, aber dann im betrunkenen Zustand auch körperliche und sexuelle Gewalt, so sind diese Widersprüchlichkeiten von ihr auf dem Boden ähnlicher Erfahrungen in der Kindheit kognitiv nicht zu verarbeiten. Sie muss dann entweder die eine Seite oder die andere völlig ausblenden, dadurch kommt es zur Aufteilung der Welt in gut oder böse. Da dieses Gut/Böse-Beziehungsschema aus Sicht der bedrängten Psyche sehr angstentlastend funktioniert, wird es aktiv eingesetzt, und ein zwanghaft manipulierendes Verhalten gegenüber anderen Menschen entsteht: Die Umgebung soll dahingehend beeinflusst werden, sich komplett und absolut »gut«, d. h. absolut verständnisvoll, bedürfnisbefriedigend usw., oder absolut »böse«, d. h. ablehnend, abwertend, bedrohlich, zu verhalten. Wo dieses nicht gelingt, entsteht ein Gefühl »katastrophaler Leere« und/oder die Angst, sich aufzulösen oder zu zerbrechen. Dieser Gefühlszustand ist der »Super-GAU« des Borderline-Patienten und muss unter allen Umständen vermieden werden. Zusammenfassend zum Begriff Spaltung schreibt Bettina Overkamp:

»Das psychoanalytische Konzept der Spaltung besagt, dass es einem Kind in der Wiederannäherungsphase nicht gelingt, eine realistische

Objektkonstanz in Form eines Sowohl-als-auch von »guten« und »bösen« inneren Bildern einer Bezugsperson zu entwickeln. Als Abwehrmechanismus der Spaltung wird bezeichnet, wenn die nie gelungene Selbst- und Objektdifferenzierung aktiv dazu eingesetzt wird, Objekte unrealistisch in total gute und total böse auseinanderfallen zu lassen« (2005, S. 37).

Ross (1989) und später Saunders und Arnold (1993) plädieren energisch dafür, dass das in den letzten Jahren immer weiter ergänzte psychoanalytische Konzept der Spaltung nicht mit dem der Dissoziation identisch ist und man mit dem Spaltungsbegriff die Phänomene der DIS nicht vollständig erklären könne. »Saunders und Arnold (1993) unterscheiden zwischen Spaltung und Dissoziation: Wenngleich Spaltung und Dissoziation Hand in Hand gingen, sei Dissoziation eher geeignet, das Individuum vor intolerablen Gefühlen zu schützen. Spaltung sei eine kognitive Adaption an aktuelle Erfahrungen; Dissoziation gehöre hingegen zum Reich biologischer Mechanismen, welche durch überwältigende traumabezogene Affekte und Ereignisse getriggert würden« (Dulz u. Sachsse 2004, S. 348).

Was aus dem eben Gesagten folgt, ist, dass auch die Dissoziation einen psychischen Überlebensmechanismus darstellt. Im Gegensatz zur Spaltung geht es hierbei aber in erster Linie darum, mit unerträglichen Gefühlen von Schmerz, Todesangst, Hass umzugehen. Der Prozess der Dissoziation ist auch weniger ein kognitiver Prozess als vielmehr ein emotional-physiologischer, der sozusagen automatisch durch ein Trauma (oder später durch entsprechende Trigger) ausgelöst wird. Somit sind Ab-Spaltung und Dissoziation eher **passive** Folgen der Traumatisierung, die Abspaltung entstammt einem psychischen Vorgang, die Dissoziation einer physiologischen Notfallreaktion.

Als Letztes wollen wir den Begriff der **Verdrängung** untersuchen. Nach Auffassung der Psychoanalyse ist die »Verdrängung« (englisch: repression) der wichtigste Abwehrmechanismus des Menschen. Nach Sigmund Freud versteht man unter Verdrängung die unbewusste Unterdrückung eines Triebbedürfnisses. Das heißt: Triebwünsche, Vorstellungen oder Gedanken eines Menschen, die aus Verbotsgründen des Über-Ichs nicht befriedigt werden dürfen, werden aus dem Bewusstsein **aktiv** ins Unbewusste verdrängt und daran gehindert, wieder ins Bewusstsein zu treten. Die verdrängten Triebimpulse verlieren aber nicht ihre Energie, sondern kommen in Träumen, Fehlleistungen oder Krankheitssymptomen wieder zum Vorschein. Das therapeutische Anliegen der Psychoanalyse liegt nun darin, verdrängte Inhalte wieder ins Bewusstsein zu rufen, damit sie dort verarbeitet werden können und Ersatzsymptome überflüssig machen.

Wenn wir die Frage beantworten wollen, ob in dem obigen Interview von Kernberg mit der Borderline-Patientin eine Verdrängung ödipalen Materials oder eine Dissoziation vorliegt, die die Störung bewirkt, dann finde ich einen Hinweis von Ursula Gast hilfreich. Sie schreibt: »Bei der **Verdrängung** handelt es sich um einen Prozess, bei dem bereits psychisch überarbeitetes, symbolisiertes und sprachlich enkodiertes Material dem Vergessen und damit dem Unbewussten anheimfällt, dabei aber eine relativ einheitliche Selbst-Struktur zur Verfügung steht. Zum Wesen der **Dissoziation** gehört jedoch, dass eine sekundäre Bearbeitung psychischer Inhalte gar nicht stattgefunden hat (s. Davies und Frawley 1994)« (Gast 2004b, S. 401, Hervorhebung im Original).

Da genau liegt der entscheidende Punkt: Wie van der Kolk zeigen konnte, wird unter traumatischem Stress, z. B. in der oben erwähnten Vergewaltigung durch den alkoholisierten Vater, das traumatische Erleben in Fragmente aufgesplittert und im Broca-Areal nicht psychisch überarbeitet, symbolisiert und sprachlich enkodiert (van der Kolk und Fisler 1995). Nach Braun (1988) erleben Menschen in nicht dissoziierten Zuständen die Ereignisse, die in ihnen und um sie herum passieren, fast simultan in vier Dimensionen: Die Ereignisse haben eine

- Verhaltensdimension (**B**ehavior),
- gehen mit Affekten einher (**A**ffects),
- rufen senso-sensible Körperreaktionen hervor (**S**ensations) und
- haben eine bewusstseinsnahe kognitive Komponente (**K**ognition).

Im Vorgang der Dissoziation können diese Elemente einzeln oder insgesamt vom Bewusstseinsstrom abgespalten werden. Damit sind Dissoziationen im Grunde Störungen der Kontinuität der Erfahrung und in Folge der Integration des Selbst. Diese Sichtweise basiert auf »Neo-Dissoziationstheorie des geteilten Bewusstseins« von Forschungen Ernest Hilgards (1989, 1994), der zwei Formen der Spaltung unterscheidet:

eine horizontale, die dem Freud'schen Begriff der »Verdrängung« entspricht, und eine vertikale, die der »Dissoziation« entspricht – siehe dazu Abbildung 2-1.

Das eine Mal wird das Erlebnismaterial ins Unbewusste verschoben, das andere Mal über die Amnesiebarriere hinweg in einen schwerer zugänglichen Bereich des Bewusstseins oder des Freud'schen Vorbewussten.

Ross schreibt dazu in Bezugnahme auf die DIS: »Das dissoziierte Material ist nicht unbewusst ... psychisches Material wurde auf die Seite geschoben oder in den Hintergrund unseres Gedächtnisses. Es ist der direkten Auseinandersetzung mit der externen Welt zugänglich ... [z. B.] in der Form von Alter-Persönlichkeiten« (1989, S. 69).

Alle diese Argumente und Überlegungen führen mich zu einem Punkt zurück: Wenn nicht die psychoanalytische Verdrängung als Abwehrmechanismus im Hochstresserleben des traumatischen Momentes von entscheidender Bedeutung ist, sondern die Dissoziation als physiologische Notfallreaktion, dann brauchen wir Erklärungsmodelle für das traumatische Erleben und seine psychopathologischen Folgen, die nicht mehr ausschließlich auf der psychoanalytischen Verdrängungstheorie basieren.

Dissoziation, so werden wir noch sehen, ist ein Prozess des Differenzierens und Trennens, der sich auf einem Kontinuum erstreckt: auf

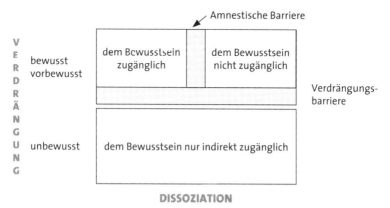

Abbildung 2-1: Abspaltung in der psychoanalytischen Theorie und bei der Dissoziation nach Hilgard 1989

der einen Seite die adaptive und uns allen vertraute Alltagsdissoziation und auf der anderen Seite die pathologische Dissoziation mit ihrer extremen Ausformung der »Multiplen Persönlichkeit«.

Perspektivenwechsel
So weit, so gut – wenn ich das schreibe, bemerke ich bei mir, dass ich mich weiterhin wertkonservativ in der psychoanalytischen Denktradition bewege, und versuche, den Begriff Dissoziation von unbewussten, psychoanalytisch geprägten Abwehrmechanismen des Ichs abzugrenzen. Da, wie ich zu Beginn dieses Kapitels erwähnte, der Kopf ja bekanntermaßen deshalb rund ist, damit die Gedanken die Richtung ändern können, möchte ich von dieser kreativen Möglichkeit des Denkens Gebrauch machen und die Perspektive wechseln.

Wenn wir aus der Richtung der Forschungsergebnisse von Ellert Nijenhuis und Kollegen zur strukturellen Dissoziation – ausführliche Darstellung in einem späteren Kapitel – auf das Phänomen Dissoziation blicken, dann lässt sich feststellen: Die Dissoziation ist nicht in erster Linie ein Abwehrmechanismus des »psychischen Apparates«, sondern ein Mangel an Integration des psychobiologischen Systems[6] – kann aber zu Abwehrzwecken eingesetzt werden. Anders gesagt, besteht seelische Gesundheit in einer hohen Fähigkeit des Individuums zur Integration unterschiedlichster psychischer Phänomene in eine als kohärent erlebte Persönlichkeit mit dem Ziel der Adaption an sich ständig verändernde innere und äußere Bedingungen. Wie wir aus der Forschung wissen, können traumatische Erlebnisse, Überflutung des Gehirns mit Stresshormonen und extreme Müdigkeit die Fähigkeit eines Menschen zur Integration von Bewusstseinsinhalten massiv stören. Helga Mattheß gab 2006 in einem Workshop zur »Strukturellen Dissoziation« eine Definition, die sehr gut dazu passt:

»Dissoziation beinhaltet eine neuropsychologische Funktionsveränderung, die normale Beziehungen und Bezogenheiten der neuropsychologischen Prozesse unterbricht und diese Trennung aufrechterhält.«

---

[6] Michaela Huber betont immer wieder, dass positive dissoziative Phänomene wie Flashbacks (psychisch) und überschießende somatoforme Dissoziation (Schmerzen, bodyflashback) schwerlich als defensive Leistungen, als Abwehrmechanismus, firmieren können.

Folgen der traumabezogenen Dissoziation sind die Ausbildung zweier oder mehrerer sich selbst organisierender Systeme, die in die Gesamtpersönlichkeit nicht integriert werden können. Auf den Vorgang der Herausbildung dieser dissoziierten States (Ich-Zustände) werde ich später wieder zurückkommen, wenn ich mich eingehender mit der Theorie der Strukturellen Dissoziation befasse.

Auch die Theorie der Ich-Zustände, wie sie von John und Helen Watkins in ihrem Lebenswerk vorgelegt wurde, geht von dem Konzept eines Kontinuums der Differenzierung und Trennung aus, um seelische Gesundheit zu beschreiben. Die Autoren entwerfen in ihrem hypnoanalytischen Modell der »Ego-State-Theorie und -Therapie« eine neuartige Sichtweise in Bezug auf die Selbststruktur des Individuums, seine Multiplizität und Ausdifferenzierung durch normale und traumatische Kindheitsentwicklung. Die Ego-State-Theorie von Watkins und Watkins ist eine generelle Annahme über den Aufbau und die Funktion der menschlichen Seele, sie dient nicht nur zum Verständnis und zur Therapie der DIS, sondern kann einen Perspektivenwechsel im Feld der Psychotherapie insgesamt einleiten. Dies soll der Schwerpunkt dieses Buches sein.

3. Die Selbst-Familie oder der Ego-State-Ansatz nach Watkins

3.1 Das multidimensionale Selbst

»Wer oder was ist das Ich?« Eine überflüssige Frage, werden Sie vielleicht denken und eine philosophische allemal. Auch wenn ich mich jetzt nicht mit John Locke, David Hume und Emanuel Descartes beschäftigen will – die Bände dazu überlegt und publiziert haben –, diese Frage nach dem »Ich« oder dem »Selbst« taucht neuerdings wieder in der modernen Hirnforschung und in neueren Psychotherapierichtungen, wie der Ego-State-Therapie, auf und zwingt zum erneuten Nachdenken.

Der Hirnforscher Gerhard Roth beruft sich auf die »Bündel-Theorie des Ich« von David Hume, wenn er davon spricht, dass das Ich oder Selbst[7] keine eigenständigen Wesenseinheiten seien, »sondern nur ein Bündel besonderer Bewusstseinszustände, die nacheinander erlebt und in diesem Erleben zu einer *Scheininstanz* integriert werden« (Roth 2003, 139, Hervorhebung im Original). Um die enge Verbindung von Bewusstsein und Ich zu zeigen, zählt er eine Reihe von funktionalen Ich/Selbst-Zuständen auf, die alle zusammen unser gefühltes »Selbst« ergeben: das Körper-Ich, das Verortungs-Ich (ich bin hier und nicht anderswo), das perspektivische Ich (ich bin der Mittelpunkt meiner Erfahrungen), das Ich als Erlebnis-Subjekt, das Autorenschafts-Ich, das autobiografische Ich usw. Es gibt also nicht das eine Ich – wie das Freud seinerzeit in seinem Instanzenmodell Es – Ich – Über-Ich postulierte –, sondern das Ich ist ein sich selbst organisierendes System aus Teil-Selbsten, aus unterschiedlichen Ich-Zuständen also.

Diese für uns Psychoanalytiker vielleicht überraschende Erkenntnis ist Grundlage und Wirkprinzip der »Ego-State-Therapie« von Helen und John Watkins (Watkins und Watkins 2003; Phillips und Frederick

---

[7] Ich verwende beide Begriffe in guter Freud'scher Tradition synonym.

2003), die ich in diesem Buch vorstellen möchte. Entsprechend der Vorgaben der Hirnforschung lade ich Sie, liebe(r) LeserIn, dazu ein, auch für die Psychologie der menschlichen Seele für einen Moment die Idee zuzulassen, dass das Ich oder das Selbst eines Menschen nicht nur aus einem identitätsstiftenden Zustand besteht, sondern aus verschiedenen Teilen, Rollen, Ich-Zuständen (Ego-States) oder Selbst-Anteilen zusammengesetzt ist. Ich glaube aufgrund meiner klinischen Arbeit, dass das Konzept des multidimensionalen Selbst mehr der inneren Wirklichkeit von uns Menschen entspricht als einfachere Theoreme, die von einem konsistenten Ich ausgehen, wie wir dieses in der schon erwähnten Strukturtheorie (Es – Ich – Über-Ich) von Freud kennen.

Die Ego-State-Theorie postuliert als ein Energie- oder Teilemodell der Persönlichkeit eine Selbst-Familie, die aus umgrenzten und beschreibbaren Sub-Selbsten zusammengesetzt ist. Der Ego-State-Ansatz findet sich wissenschaftlich ausformuliert und in der Psychotherapie erprobt in der Transaktionsanalyse von Eric Berne und in der hypnoanalytischen Therapie des Ehepaares John und Helen Watkins von der Universität Montana, die als die Pioniere der Ego-State-Therapie gelten. Ich halte diesen Ansatz deshalb für so bemerkenswert, weil er psychoanalytische Konzepte mit hypnotherapeutischen Techniken kombiniert und durch sein innovatives Denken einen vollkommen neuen Zugang zum Patienten und somit eine veränderte Praxeologie therapeutischer Techniken schafft. Die Metapsychologie der Ego-State-Theorie erscheint mir – etwas unbescheiden ausgedrückt – wie die Weiterentwicklung der psychoanalytischen Theorie.

Die erfolgreiche Nutzung vieler Therapietechniken des Ego-State-Ansatzes bei der Behandlung von Patienten mit dissoziativer Identitätsstörung, den effektiven Einsatz bei der Stabilisierung von Patienten mit PTBS und für die Borderline-Therapie (siehe dazu Reddemann 2004, Sachsse 2004) möchte ich hier besonders erwähnen und werde die Methoden im zweiten Teil des Buches ausführlich beschreiben. Daneben gilt mein Augenmerk der Nutzung der Ego-State-Therapie bei der Arbeit mit traumatisierten inneren Selbst-Anteilen und sogenannten Täterintrojekten, die ich in den nächsten Kapiteln darstellen werde. Zuerst eine kurze Einführung in die Ego-State-Theorie und -Therapie.

3.2 Spurensuche

Ein Stammbaum
Das Genogramm der Familie der Ego-State-Forscher nennt in der ersten, der Gründergeneration, die Namen Pierre Janet, C. G. Jung, den Freud-Schüler Paul Federn und seinen Zögling Edoardo Weiss. In der zweiten Generation, aufbauend auf den Arbeiten von Federn und Weiss, finden wir die Forschungsarbeiten des Ehepaares John und Helen Watkins, die das hypnoanalytische Modell der Ego-State-Therapie entwickelten, und die stark von Milton Erickson beeinflussten Arbeiten von Maggie Phillips (2000, mit C. Frederick 2003) und Claire Frederick [mit S. McNeal]. Aus der heutigen, noch jungen dritten Generation der Therapeuten, die sich dem Ego-State-Ansatz verpflichtet fühlen, möchte ich meinen Lehrer Woltemade Hartman[8] nennen, der die Tradition der Verbindung Hypnotherapie und Ego-State-Arbeit weiterentwickelte (1995), Dannie Beaulieu (Montreal, Kanada) mit ihrer stark NLP-beeinflussten »Impact Therapy« (2003, 2005), Shirley Jean Schmidt (San Antonia, USA) mit ihrer »The Developmental Needs Meeting Strategy« (2004) und George Fraser (Ottawa, Kanada) mit der »Dissociativ Table Technique« (2003). Ich selbst sehe mich mehr in der Tradition der Psychoanalyse, indem ich versuche, modernere Formen des psychoanalytischen Denkens, wie die Kernberg'sche Objektbeziehungstheorie, in den Ego-State-Ansatz zu integrieren (Peichl 2006), ohne die hypnotherapeutische Orientierung zu vernachlässigen. Damit möchte ich die Tradition von John und Helen Watkins fortsetzen, die ihre Theorie bewusst als ein »hypno-analytisches« Modell bezeichneten.

Lassen Sie mich ein bisschen in der Familiengeschichte blättern und das eine oder andere daraus berichten.

Es gibt bei psychoanalytisch ausgebildeten Menschen einen von mir sogenannten »Freud-Reflex«, d. h., zuerst muss reflexhaft zu einem bestimmten Suchbegriff das Glossar des Freud'schen Gesamtwerkes durchgeschaut werden, ob sich Freud zu diesem Thema nicht auch schon geäußert habe. Bei dem Begriff »Ego-State« liegt das nahe, da es sich um die englische Übersetzung des Freud'schen Begriffs »Ich-Zu-

---
[8] Leiter des Milton-Erikson-Institutes Pretoria, Südafrika.

stand« handelt, der in den letzten Jahren aus den USA reimportiert wurde.

Freud hatte in seiner Arbeit »Die Ichspaltung im Abwehrvorgang« (1938) den Fall eines Kindes erwähnt, welches im Zuge der Konfliktlösung versuchte, abwechselnd gegensätzliche Reaktionen in Szene zu setzen, in denen sowohl eine Bewusstheit und Reflexion der Realität als auch deren Weigerung, diese Realität zu akzeptieren, dargestellt wurden. Im »Abriss der Psychoanalyse« (1940) hat Freud die Thematik der Ich-Spaltung erneut aufgegriffen und für die Entwicklung der Psychosen beschrieben. Er definierte die Spaltung als eine lebenslange Koexistenz zweier implizit bewusster, gegensätzlicher Dispositionen, die einander nicht beeinflussen. Erwähnen möchte ich in diesem Zusammenhang auch noch den Vorgang der Über-Ich-Bildung, in der sich der Einfluss und die Wertenormen der Eltern als soziales Regulativ im Kind niederschlagen. Der Vorgang der Über-Ich-Bildung basiert auf dem Prinzip der Introjektion[9] und der Assimilation der verinnerlichten Werte des Introjektes – ein Teil der Außenwelt wird als Objekt aufgegeben und in das Subjekt hineinverlagert, etwas, das wir im Zusammenhang der Diskussion um die Entstehung der »Täterintrojekte« wiederfinden werden. Das erwähnte Strukturmodell mit den inneren Instanzen Es, Ich, Über-Ich kann man auch als ein frühes psychoanalytisches Teilemodell der Persönlichkeit eines Menschen betrachten.

Auch in C. G. Jungs Denken finden sich Konzepte zu einer inneren Multiplizität des Selbst. Er unterscheidet in der Persönlichkeit des Menschen die negativ gefärbten Anteile, die er Komplexe nennt, von den positiven, die er als Archetypen bezeichnet. Diese von ihm postulierten Komplexe innerhalb der Persönlichkeit beschrieb er als eine Gruppe aneinander gelagerter, unbewusster Gedankenvorstellungen. 1935 schrieb er zum Komplex, dass dieser »die Tendenz [habe], eine kleine Persönlichkeit zu bilden. Er hat eine Art Körper, einen gewissen Grad an eigener Physiologie. [...] kurz, er benimmt sich wie eine Teilpersönlichkeit. [...] Ich bin der Ansicht, dass unser persönliches Unbewusstes ebenso wie das kollektive Unbewusste aus einer unbestimmten, da un-

---

[9] Introjektion ist der Prozess, bei dem Rollen und Funktionen einer realen Person von »Introjekten«, d.h. der mentalen Repräsentanz dieser Person, übernommen werden (Details zu Introjekt und Introjektion siehe S. 67 u. S. 113 ff.).

bekannten Anzahl von Komplexen oder fragmentarischen Persönlichkeiten besteht« (Jung, zitiert in Schwartz 1977, S. 29). Diese metapsychologischen Überlegungen zeigen viel Ähnlichkeit mit Federns Ich-Zuständen, mit denen ich mich noch ausführlich beschäftigen werde (siehe unten); vor allem C. G. Jungs Idee, eine Person habe nicht Komplexe, sondern der Komplex habe sie, die Person, entspricht der Auffassung der Ego-State-Theorie: Der im Vordergrund stehende Ich-Zustand bestimmt das »Selbst-Gefühl« und ist der exekutive Ego-State.

Zu weiteren Arbeiten über das Multiziplitätskonzept, zur Theorie der Ego-States bei Assaglioli und Ferrucci (Psychosynthese), zur Gestalttheorie, zur Transaktionsanalyse und zur systemischen Theorie (»Das innere Team«, F. Schulz von Thun, und »Innere Familie«, »Inneres Parlament«, Gunther Schmidt) siehe die kurzen Zusammenfassungen bei Peter Uwe Hesse (2003). Eine Übersicht der verschiedenen Theorien zum multidimensionalen Selbst zeigt Abb. 3-1 auf S. 42.

3.3 Über Freud hinaus: Paul Federn und Edoardo Weiss

Obwohl Freud immer wieder von Ich-Zuständen und getrennten Dispositionen des Ich sprach, hielt er an der Einheit des Ich als einer in sich homogenen Struktur fest. Den Grundstein für diese seine Theorie des Ich legte Freud in der erstmals 1923 publizierten Arbeit »Das Ich und das Es« vor, eine erste psychoanalytische, strukturelle Ich-Psychologie mit der Einteilung der Psyche des Menschen in einen dreischichtigen psychischen Apparat, bestehend aus Es, Ich und Über-Ich. Das Es umfasst die psychischen Repräsentanzen der Triebwelt, das Über-Ich die moralischen Vorschriften unseres Seelenlebens sowie unsere idealen Strebungen. Das Ich besteht aus jenen Funktionen, die mit der Beziehung des Individuums zu seiner Umwelt (und zu sich selbst) zu tun haben, und hat die Aufgabe, zwischen Umwelt, Es und Über-Ich so zu vermitteln, sodass befriedigende Konfliktlösungen und eine gesunde Integration der Persönlichkeit stattfinden können. Erweitert wurde dieses Verständnis um die Beschreibung der Abwehrmechanismen durch seine Tochter Anna Freud (1936/1966) und die Anpassungsfunktionen durch Hartmann (1939).

Psychotherapie-schule	Autor	Name für innere Teile oder Selbstteile
Psychoanalyse	S. Freud	Es – Ich – Über-Ich
Jungianische Psychotherapie	C. G. Jung	Archetypen, Komplexe
Objektbeziehungs-theorie	M. Klein, O. F. Kernberg usw.	Innere Objekte, abgespaltene Teile
Ego-State-Therapie	J. und H. Watkins, Paul Federn	Ich-Zustände bilden eine Selbstfamilie
Psychosynthesis	R. Assagioli, P. Ferrucci	»subpersonalities«, Teilearbeit
Transaktionsanalyse	E. Berne	Eltern-Ich – Erwachsenen-Ich – Kind-Ich
»Internal Family System Therapy«	R. Schwarz	Innere Familie
»Voice Dialogue«	H. und S. Stone	Primäre Selbstanteile, abgelehnte Selbstanteile
Gestalttherapie	F. Perls	z. B. »underdog«, »topdog«
Innere Kind-Arbeit	W. H. Missildine, J. Bradshaw	Säuglings-, Kind-, Schul-kind-, Erwachsenen-Selbst usw.
Wachstums-orientierte Familien-therapie	V. Satir	Teile, Gesichter, Theater des Inneren
Kommunikations-theorie	F. Schulz von Thun	Innere Mannschaft, »inneres Team«
Systemische Therapie	G. Schmidt	Konferenz der inneren Familie, inneres Parlament
Neo-Dissoziations-theorie	R. Hilgard	»hidden observer«, executive ego

Abbildung 3-1: Verschiedene Theorien zum multidimensionalen Selbst

Paul Federn, ein langjähriger und enger Freund und Schüler Sigmund Freuds, postulierte aufgrund seiner Arbeit an Patienten mit Depersonalisation und Psychosen, abweichend von der Auffassung seines Lehrers, die Theorie der »Ich-Zustände«. Er beschrieb das Ich als einen realen, erfahrbaren Gefühlszustand und nicht als ein einfaches theoretisches Konstrukt. Für Federn stellte das Ich keine Entität dar, sondern bestand aus »Sub-Persönlichkeiten«, segmentierten Persönlichkeitsstrukturen, zusammengehalten durch ein Identitätsgefühl. Jeder dieser Ich-Zustände, die in der frühen Kindheit entstehen, habe einen eigenen Ursprung, eine eigene Geschichte sowie eigene Gedanken und Gefühle. Die Fortentwicklung dieser analytischen Theorie im Sinne Paul Federns finden wir ausführlich dargestellt in den Arbeiten von Edoardo Weiss (1960, 1966), einem Analysanden und Schüler Paul Federns, der auf die Entwicklung der Theorie und Therapie der Ich-Zustände gleichfalls großen Einfluss nahm. Federns Konzept bezog sich aber nicht nur auf das kranke Selbst, sondern diese innovativen Ideen führen darüber hinaus auch zu einer etwas anderen Betrachtung der normalen Persönlichkeit und ihrer Entwicklung und ganz besonders der Auffassung davon, was das »Selbst« als metapsychologisches Konstrukt ausmacht.

Federn machte die Beobachtung, dass die Erfahrung des Selbst-Gefühls variieren kann, je nachdem, in welchem Zustand sich eine Person in einem bestimmten Augenblick befindet – heute würden die Hirnforscher vom zustandsabhängigen Lernen sprechen. Er stellte sich diese verschiedenen Zustände als durch mehr oder weniger durchlässige Grenzen voneinander getrennt vor, wobei das Ganze im Normalfall (keine Drogen, keine Psychose) als das Subjekt »Ich« wahrgenommen wird. Menschen erleben sich selbst in verschiedenen Situationen ganz unterschiedlich, sie investieren verschiedene Mengen an Energie in ihre Ego-States oder identifizieren sich unterschiedlich mit ihnen. So erleben wir uns unterschiedlich, wenn wir gerade konzentriert unserer Arbeit als Arzt und Psychotherapeut nachgehen, einen fröhlichen Abend im Kreise unserer Freunde erleben oder wenn wir mit unserem 5-jährigen Sohn Fußball spielen. In jedem einzelnen Ego-State wären Verhaltens- und Denkweisen, die in einen anderen Ego-State gehören, völlig unpassend: Wenn ich beim Abendessen mit Freunden Deutungen und Interpretationen von mir gebe, mit erwachsener Verbissenheit mit meinem Sohn Fußball spiele und ihn nicht gewinnen lasse usw.

Federn beschreibt in seinen Arbeiten sehr anschaulich, dass das Individuum im Moment dieser genannten Erfahrungen jeweils einen unterschiedlichen Ich-Zustand erfährt. Er untersuchte sehr viel genauer, als dies Freud tat, die Natur und Besonderheiten der Ich-Grenzen, derjenigen Grenzen, die das Ich vom Es und von der äußeren Welt trennt. Was die heutige Bedeutung seiner für die damalige Zeit bahnbrechenden Überlegung zum Multiziplitätskonzept nur noch bedingt überzeugend macht, ist, dass Federns Theorie der ewig ungreifbaren und etwas mystischen Triebtheorie Freuds und ihrer zweifelhaften Mechanik verpflichtet bleibt. Heute scheint unter den Analytikern Einigkeit darüber zu bestehen, dass das Freud'sche Konzept der psychischen Energien als Erklärungsmodell der Metapsychologie für überholt und gescheitert gelten muss. Ich verweise auf die vorliegende Literatur: Holt (1967), Jackson (1967), König (1981), Loch (1976, 1977), Modell (1963), um nur ein paar Autoren zu nennen. Auch wenn vieles als historisch gelten muss, was Paul Federn und Edoardo Weiss publizierten, so erweiterten sie doch die Perspektive der Sicht der Psychoanalyse auf die Struktur des Ich und der »Ich-Identität«.

3.4 Ego-State-Theorie: John und Helen Watkins

John Watkins und Eric Berne, der Begründer der Transaktionsanalyse, studierten beide die Arbeiten von Paul Federn, entwickelten aber ihre Ideen der unterschiedlichen Ich-Zustände unabhängig voneinander. Mit seiner Frau Helen publizierte John Watkins eine Reihe von wissenschaftlichen Arbeiten in Fachzeitschriften und Büchern und entwickelte bis zum heutigen Tag seine Theorie kontinuierlich weiter. Das Standardwerk des Paares »Ego State Theory and Therapy« aus dem Jahre 1997 liegt jetzt als deutsche Übersetzung vor.

In diesem Buch (Watkins und Watkins 2003) definiert das Autorenpaar Ego-States wie folgt:

»Ein Ich-Zustand kann definiert werden als organisiertes Verhaltens- und Erfahrungssystem, dessen Elemente durch ein gemeinsames Prinzip zusammengehalten werden und das von anderen Ich-Zuständen durch eine mehr oder weniger durchlässige Grenze getrennt ist« (ebd., S. 45).

Dies ist eine noch relativ vage Definition, die aber schon zwei wichtige Elemente enthält: Ich-Zustände sind, bildhaft gesprochen, eine Art Container, Schachtel oder Schublade, in der intentionale Erfahrungen eines Subjektes mit sich selbst und der Welt unter einem Motto, einer verbindenden Überschrift gesammelt werden, und diese »memory-boxes« haben mehr oder weniger starke Grenzmembranen zu anderen Selbst-Anteilen.

Im Gegensatz zu Federn gehen Watkins und Watkins davon aus, dass der Ich-Zustand nicht nur Elemente enthält, die vorher eine Ich-Besetzung erfahren haben, sondern sowohl Elemente mit Ich-Besetzung als auch solche mit Objekt-Besetzung – was in anderen Worten einer Erweiterung der »Ein-Personen-Psychologie« (Freud/Federn) in die von Michael Balint eingeführte »Zwei-Personen-Psychologie« entspricht.

»Dieses Muster kann eine bestimmte Altersstufe oder eine Beziehung im Leben des Individuums repräsentieren. Oder das Individuum kann dieses Muster entwickelt haben, um mit einer bestimmten Situation fertig zu werden, und von daher seinen spezifischen Charakter erhalten. Der Ich-Zustand besteht auf jeden Fall aus einer Ansammlung von Ich- und Objektelementen, die auf irgendeine Weise zusammengehören und eine mehr oder weniger durchlässige gemeinsame Grenze haben« (ebd., S. 45–46).

An dieser Stelle möchte ich zur Vorsicht mahnen: Dieses Konstrukt der Ich-Zustände (Ego-States) ist nichts weiter als eine theoretische Metapher zur Beschreibung innerseelischer Vorgänge, wie wir sie im Feld der Psychotherapieschulen allerorts finden. Ihr Gütekriterium ist nicht, ob sie wahr sind, sondern, ob sie in der Lage sind, etwas reproduzierbar zu erklären, d. h., ob wir mit ihrer Hilfe Hypothesen bilden können, die helfen, in unserem Kopf Ordnung zu schaffen. Darin unterscheidet sich die Metapher »Über-Ich« nicht von der Metapher »Ego-State« – eine Verdinglichung wäre in beiden Fällen fatal.

Die Grundidee von Watkins und Watkins ist ein Teilemodell der Persönlichkeit. Aber wie, so werden Sie vielleicht fragen, unterscheidet es sich von anderen Teilemodellen wie zum Beispiel der Transaktionsanalyse und der Gestalttherapie, um nur die populärsten zu nennen? Ich-Zustände, wie ich sie in der Tradition von Watkins und Watkins verstehe, bilden sich für jeden von uns Menschen in einzigartiger Form und Anzahl, sie sind Niederschläge von unverwechselbaren Interaktionserfahrungen, sie sind das Kondensat prototypischer Lebensszenen, aus einer bestimmten Zeit der Entwicklung und besetzt mit der Rolle des Selbst und wichtiger Akteure wie Mama, Papa, Geschwister, Lehrer usw. Diese individuellen Ego-States passen aus meiner Sicht nicht in vorgefertigte Schablonen und lassen sich auch nicht in Kategorien wie Kind-Ich, Eltern-Ich und Erwachsenen-Ich der Transaktionsanalyse pressen. »Alle Teile im Sinne des Modells der Ich-Zustände verfügen über eine eigene Geschichte sowie über Kognitionen und Affekte, und gewöhnlich verschwinden sie auch nach Therapiesitzungen nicht« (Phillips und Frederick 2003, S. 93). Diesen mir essenziellen Unterschied der Ego-State-Theorie zur Transaktionsanalyse mit ihren festgelegten Kind-Eltern-Erwachsener-Schemata, aber auch zur »Inneren Kind-Arbeit« in einem häufig sehr plakativ vereinfachenden Auftreten (W. H. Missildine [1993], J. Bradshaw [1992]), möchte ich durch ein Zitat von Woltemade Hartman noch einmal unterstreichen: »Nach Federn (1956) ist jeder Ichzustand einzigartig und idiosynkratisch. Er hat seine eigene Geschichte, Gedanken und Verhaltensmodi. Die Einzigartigkeit der Ichzustände macht es unmöglich, sie zu allgemeinen Kategorien zu reduzieren, wie z. B. einem inneren Kind, Eltern, Erwachsener oder Kind. Ichzustände sind auch keine jungianischen Archetypen. Sie sind Komponenten einer inneren Ansammlung von Energien, die in einem dynamischen Zusammenspiel existieren« (2002, S. 6).

Vermutlich werden Ihnen nach alldem, was ich bisher zu alternierenden Ich- oder Selbstzuständen sagte, Berichte über Menschen mit einer »Multiplen Persönlichkeit« einfallen, die zwischen wechselnden »alters« hin- und herswitchen, oder Sie denken an den Roman »Dr. Jekyll und Mr. Hyde«. Diese Beispiele markieren den extremen, pathologischen Endpunkt eines Kontinuums, einer Ergänzungsreihe, an deren Anfang wir »Normalos« uns befinden. Inkonsistente Verhaltensweisen sind nicht nur bei Patienten mit dissoziativen Störungen, sondern bei den meisten Menschen zu beobachten. Und wenn wir ehrlich sind: Manchmal hören wir auf unserer inneren Bühne einen Dialog zwischen unversöhnlichen, ambivalenten Stimmen, dann quatscht wieder einer dazwischen und ermahnt uns, dass wir heute schon genug gegessen haben; und das alles, ohne dass wir verrückt wären – aber wir sind halt alle nicht nur etwas »bluna«, sondern auch vielfältig und polypsychisch, was etwas völlig anderes ist, als »multipel« zu sein. Multiple zu sein, so habe ich in den letzten Jahren von meinen Patientinnen gelernt, ist eine schmerzliche Erfahrung von innerer Zerrissenheit und hat mit dem schicken, postmodernen Anspruch »multi-tasking« zu sein und aus einem »Inneren Team« zu bestehen, gar nichts gemein.

Um das Erleben der verschiedenen Ego-States im Normalfall noch deutlicher zu machen, hier ein zugegebenermaßen extremes Beispiel, welches Phillips and Frederick in ihrem Buch (2003) beschrieben haben:

»Beispielsweise kommt es vor, dass ein ruhiger, konservativer Buchhalter kaum noch wiederzuerkennen ist, wenn er am Samstagabend als schmucker Cowboy schwungvoll Two-Step tanzt und dabei brüllt und singt. Konsistent an diesem inkonsistenten Verhalten ist, dass es sich unter bestimmten Umständen immer wieder manifestiert. Würde der Buchhalter in seiner Cowboy-Kluft zur Arbeit erscheinen und sich dort so aufführen, wie er es samstags abends zu tun pflegt, sähe seine Umgebung dies als einen schweren Verstoß gegen die Norm und in hohem Maße inkonsistent an.« (S. 93 – 94)

Dieses amüsante Beispiel illustriert sehr anschaulich, dass die menschliche Persönlichkeit im Allgemeinen aus verschiedenen Ich-Zuständen, Rollen, Teilpersönlichkeiten oder Ego-States zusammengesetzt ist. Außerdem lässt sich daran erkennen, dass immer der Ich-Zustand, der im Vordergrund steht und eine Ich-Besetzung, respektive Aufmerksamkeitsbesetzung, trägt, von dem Menschen als das eigentliche »Ich« oder als sein »Selbst« erfahren wird; der gerade nicht aktivierte Ego-State ist dagegen »weit weg« und häufig im Moment des Erlebens einem selbst fremd. Zu jedem Ego-State gehört also stets ein sozialer Kontext.

»An Samstagabenden hingegen wechselt die Ich-Besetzung zum Cowboy über, und der Buchhalter-Ich-Zustand erlangt Objekt-Besetzung. Vielleicht sagt der Cowboy sogar zu seinen Kumpanen: ›Das hier ist mein wahres Ich!‹, als wäre der Ich-Zustand, der ihn im größten Teil der Woche dominiert, unbedeutend.« (ebd., S. 94)

An diesem Beispiel, das für jeden von uns mehr oder weniger intensiv gelten könnte (ich denke an das Kind im Manne, wenn der Papa für den Sohn die Eisenbahn oder die Autorennbahn aufbaut, das Mitjubeln bei der WM auf der Fanmeile usw.), wird einiges deutlich: Ego-States zeigen sich als Beziehungs- und Verhaltensmuster und sind aus Episoden zusammengesetzt, die sich um ein bestimmtes Thema bewusst oder unbewusst gruppieren – so wie es der Definition von Watkins entspricht. Der mit Aufmerksamkeit besetzte Ich-Zustand wird als »Ich bin, ich tue« erlebt, als mein Selbstgefühl. Der andere Ich-Zustand, der gerade nicht als im Vordergrund stehend erlebt wird, ist dennoch vorbewusst oder bewusst und kann auf Nachfrage mental abgerufen werden. Er fühlt sich als zu mir gehörig (ichsynton) an, ist mir aber im Moment fremd und nicht der wesentliche Teil meiner selbst. Im Normalfall sind die Übergänge der einzelnen Ich-Zustände fließend und werden nur bei sehr pointierter Ausprägung (braver Buchhalter vs. »verrückter« Cowboy) bewusst wahrgenommen – nämlich dann, wenn wir beginnen, über uns in den verschiedenen Rollen und unterschiedlichen Interaktionskontexten nachzudenken. Die Summe der Teile ergibt trotz ihrer Unterschiede, ihrer farblichen Nuancen, mitunter auch Widersprüchlichkeit, das Gefühl eines kohärenten Selbst: »So bin ich halt, mit all meinen Fassetten.«

3.5 Wie entstehen Ego-States?

Bevor wir uns dieser Frage nähern, möchte ich das bisher Gesagte noch einmal zusammenfassen. Dafür bediene ich mich eines Textes von Bernhard Trenkle vom Milton-Erickson-Institut Rottweil, der im Einführungstext eines Seminars zur Ego-State-Therapie über deren Wesen und Ziele kurz und knapp schreibt: »Es war Paul Federn, der ein Energiemodell vorschlug, das Ego-States innerhalb des Egos erfasste. John und Helen Watkins erweiterten das Konzept Paul Federns und seines Proteges Edoardo Weiss und schufen eine Form hypnoanalytischer Therapie, die als Ego-State-Therapie bekannt ist. Die Watkins konzeptualisierten das Ego als einen Zustand, der aus mehreren Ego-Zuständen besteht, die voneinander durch mehr oder weniger durchlässige Grenzen getrennt werden. Jeder dieser Ego-States wird als anpassungsfähig und in einer Familie von Subselbsts existierend angesehen, die in einer funktionellen Weise handeln kann und, wie viele Familien, unterschiedliche Grade an Dysfunktion aufweisen kann. Gewöhnlich zeigt sich eine Pathologie dann, wenn Uneinigkeiten oder ein Mangel an Kooperation zwischen den Ego-States auftritt. Das Ziel der Ego-State-Therapie ist die Integration. Ego-State-Therapie definiert die Integration als Zustand, in dem die einzelnen Ego-States in vollständiger Kommunikation miteinander stehen, mentale Inhalte teilen und in harmonischen und kooperativen Beziehungen miteinander existieren« (2004). Hier ist kurz und bündig auf den Punkt gebracht, was wir für unsere weitere Erforschung der Ego-State-Theorie wissen müssen, um sie später auf das Thema der Täter- und Opferintrojekte und der traumabasierten Störungen anwenden zu können.

Nach Ansicht von John und Helen Watkins kommen für die Entstehung der Ego-States in einem Menschen dafür drei Prozesse infrage:

1. normale Differenzierung und
2. bei pathologischer Entwicklung
   a. die Introjektion der »important others« und
   b. die Reaktion auf ein Trauma.

Normale Differenzierung
Kinder verhalten sich nicht immer gleich. Sie lernen schnell, dass kontextangepasstes Verhalten Vorteile bietet, d.h., das Kind lernt in seiner normalen Entwicklung zu differenzieren zwischen Dingen, die guttun, und solchen, die schlechte Gefühle hervorrufen; es entwickelt ein Verhaltensrepertoire für den adaptiven Umgang mit den Eltern, Geschwistern, Lehrern, Sportkameraden usw. »Diese Unterschiede betrachten wir als ganz normal, aber es handelt sich dabei um Verhaltens- und Erfahrungssyndrome, die sich um ein zentrales Motiv herum ausgeformt haben. Als solche können wir sie als Ich-Zustände betrachten« (Watkins und Watkins 2003, S. 51). Diese in der Regel nicht so stark ausdifferenzierten Ego-States dienen der schnellen Anpassung an wechselnde Herausforderungen des täglichen Lebens und erlauben dem Kind Rollenflexibilität. Die normale Entwicklung des Ich (oder Selbst) eines Kindes beginnt mit einer Introjektion der primären Bezugspersonen und einer sich anschließenden Identifikation mit die-

sem inneren Zustand. Um physisch zu überleben, muss der Säugling über den Mund ein äußeres, genießbares Objekt, z. B. die Milch der Mutter, in sich aufnehmen (Inkorporation) und dann assimilieren, d. h. in eigene Körpersubstanz verwandeln. Zum psychischen Überleben braucht er, um im Bild dieses oralen Modus zu bleiben, genießbare, d. h. entwicklungsförderliche frühe Bindungspersonen, die er als Objektbilder und Objekterfahrungen mit allen Sinnen in sich aufnimmt (Perzeption) und durch psychische Assimilierung zu einem Teil des eigenen Selbst macht. Im Laufe der Entwicklung hin zum Erwachsenen schreitet diese normale Differenzierung durch unterschiedliche Interaktionserfahrungen immer weiter fort, und immer speziellere Ego-States werden im Unbewussten abgespeichert. Jedes Ego-State ist ein Cluster von spezifischen Handlungen, Haltungen, Erfahrungen, die einer Funktion dienen. Durch selektive Aufmerksamkeitsbesetzung können sie aus dem Unbewussten reaktiviert werden. Diese Separierung der einzelnen Ego-States, so meinen die Hypnotherapeuten, entsteht durch milde Dissoziation (Edelstien 1981). In der Regel gelingt es uns, während des Tages nur die Ego-States zu aktivieren, die zur Lösung einer Anpassungsleistung, z. B. Vorstellungsgespräch beim Chef, zielführend und adaptiv sind – alle anderen auftauchenden States werden dissoziiert, d. h. an die Grenze unseres Bewusstseins verschoben. Schwierig wird es, wenn der Chef mich unbewusst an meinen Vater erinnert und ein fünfjähriges Jungen-Ego-State mit Autoritätsproblematik versucht, ständig das Vorstellungsgespräch zu sabotieren.

Im Laufe der normalen Differenzierung der Ego-States vom Säugling zum Erwachsenen können sich aber an entscheidenden Knotenpunkten der Ontogenese schwierige Aufgaben stellen: Der nächste Schritt, z. B. die Ablösung und Individuation von der Mutter, kann aus inneren wie äußeren Gründen als zu stressvoll erlebt werden, und das Kind vermeidet die Beunruhigung durch Flucht in eine weniger konflikthafte Erfahrung. Der Rückschritt in die abhängige Bindung beruhigt fürs Erste das psychische System, es kommt aber zur Habituierung und dem Verlust der bewussten Kontrolle des Individuums über das Verhalten – ein neurotischer Modus bildet sich aus. Dieses Ego-State wird von der weiteren Entwicklung des Kindes abgetrennt und unbewusst fixiert; es überlebt als rigides Bindungsschema. Normalerweise wird es unbewusst im späteren Leben reinszeniert, verbildert sich in

Träumen, verkörpert sich in Symptomen und kann in der Psychotherapie ins Bewusstsein gehoben werden (Übertragung, Hypnose, Ego-State-Therapie).

Die pathologische Entwicklung
Eine Vielzahl von Selbst-Anteilen zu besitzen ist, wie wir gerade gesehen haben, normal und auch von unschätzbarem Vorteil, da wir damit flexibler auf verschiedene Herausforderungen in unserem Beziehungsfeld reagieren können. Auch die Selbsterfahrung für unseren therapeutischen Beruf hat uns hoffentlich gezeigt, wie unsere durch neurotische Abwehr fixierten kindlichen Ego-States das Hier und Jetzt bestimmen. Jetzt müssen wir uns aber mit psychopathologischen Erfahrungen des Säuglings und Kindes beschäftigen, in deren Verlauf die Abspaltungen als eine »dissoziative Abwehr« (Edelstien 1981) eingesetzt werden und massiv das Verhalten des Patienten unbewusst bestimmen.

Die Introjektion
»Aufgrund der *Introjektion bedeutsamer anderer* errichtet das Kind Verhaltensmuster, die, sobald sie eine Ich-Besetzung erfahren, zu Rollen werden, die es selbst erfährt, und sobald sie eine Objekt-Besetzung erfahren, innere Objekte repräsentieren, mit denen es in Beziehung treten und interagieren muss« (Watkins und Watkins 2003, S. 52, Hervorhebung im Original). Wenn ein kleiner Junge bemerkt, dass sein Vater sich immer abwendet, auf kühle Distanz geht oder ungeduldig wird, wenn er den Ausdruck von körperlichem oder seelischem Schmerz zeigt, wird er diesen missbilligenden Vater introjizieren – d. h., der Vater mit seinem verächtlichen Blick wird auf der inneren Bühne als Replikant, als Kopie aufgerichtet. Da die Begegnung mit dem Vater von solch wichtiger Bedeutung für den Jungen ist, wird er um das Introjekt (Objekt-Besetzung) einen bestimmten Ego-State organisieren, es fühlt sich schlecht, abgelehnt und denkt vielleicht: Immer wenn ich weine und traurig bin, mag Vater mich nicht. In ihm tobt ein verzweifelter Kampf um Liebe und die Angst, nicht als Junge vom Vater anerkannt zu sein, er leidet an der sogenannten »Du-bist-nicht-mein-Sohn-Botschaft«. Dieser Ego-State könnte den Namen tragen: das abgelehnte Kind. Macht das Kind später mit anderen Menschen ähnliche Erfahrungen, würde sich die Aussage des Ego-States weiter

generalisieren, und das Kind könnte denken: Kein Mensch mag mich, wenn ich traurig bin (Allaussage). Erfährt dieser Ich-Zustand später eine Ich-Besetzung, d. h., die Person identifiziert sich mit der Botschaft des Vaters (»Man darf keine Schwächen zeigen«), dann hört die Person auf, darunter zu leiden, beginnt aber, die eigenen Kinder ähnlich hart und teilnahmslos zu behandeln. Das Introjekt wird über den Vorgang der Identifikation assimiliert und führt zu einer neurotischen Konfliktstörung.

Traumatisierung
Durch Traumatisierung wie Vernachlässigung, physische oder sexuelle Gewalt kann es zur Dissoziation kommen, ein Überlebensmechanismus, der unter traumatischem Stress das Weiterleben sichern soll und in diesem Moment höchst funktional ist. »Ein einsames Kind zieht häufig die Ich-Besetzung von einem Teil seiner selbst ab, besetzt diesen Teil mit einer Objekt-Besetzung und schafft sich so einen imaginären Spielgefährten« (Watkins und Watkins 2003, S. 52). Diese Abspaltung, die das Überleben in schwierigen Zeiten sichert, wird nach Beobachtung der Autoren häufig zur Zeit der Einschulung verdrängt, ist aber durch späteren traumatischen Stress reaktivierbar, häufig dann aber in bösartiger, bestrafender Form. Diese entwertenden und verfolgenden Ego-States finden wir häufig bei Patienten mit physischer und/oder sexueller Gewalterfahrung in der Kindheit, häufig bei Patienten mit der Diagnose traumabasierte Borderline-Störungen und noch deutlicher akzentuiert bei Patienten mit DIS.

Nach Watkins und Watkins stehen Kindern, die schon von früh auf ausbeuterischen Beziehungen, sexuellen Grenzverletzungen und Gewalt ausgesetzt waren, wenig Handlungsmöglichkeiten zur Verfügung. Eine Möglichkeit besteht darin, nach den verheerenden Erlebnissen in der Kindheit irgendwann im Leben psychotisch zu werden, sich auf Dauer in eine eigene ver-rückte Welt zu flüchten, wenn das Maß an Hoffnung auf »bessere Zeiten« aufgebraucht ist. Eine andere Lösung besteht darin, Selbstmord zu begehen. Und ein dritter Ausweg, der uns hier besonders interessiert, ist, zu dissoziieren, das bedeutet die Aktivierung des parasympathisch orchestrierten dissoziativen Kontinuums, die Immobilisierungsreaktion nach Bruce Perry (1994a, 1999, 2001, Perry et al. 1994b, 1998). Die dabei entstehenden Ego-States sind für den Moment eine kreative Lösung des Problems, aber später Teil des eigentlichen Problems im Erwachsenenalter.

Ego-States sind in der Regel bei normalen Individuen versteckt und nicht der bewussten Beobachtung zugänglich und lassen sich nur in Hypnose oder im Rollentausch des Psychodramas aktivieren – außer in so offensichtlichen Ausprägungen wie bei unserem Cowboy aus Amerika. Hat ein Mensch wenige differenzierte Ego-States, dann wirkt er eher farblos, wenig komplex und in seiner Persönlichkeit eindimensional. Bei Patienten mit DIS dagegen, auf der anderen Seite eines vorgestellten Spektrums, sind die Teilpersönlichkeiten durch massive Kommunikationsbarrieren getrennt, zum Teil füreinander amnestisch – wir sprechen bildhaft von Barrieren zwischen ihnen. Borderline-Patienten scheinen keine unterscheidbaren multiplen Teil-Persönlichkeiten unter dissoziativem, traumatischem Stress auszubilden, zeigen aber prototypische Ego-States: ein oder mehrere traumatische Täterintrojekte, ein oder mehrere traumatische Kind-States, einen exekutiven Ich-Zustand (Erwachsenen-Ich) und einen versteckten Beobachter (hidden observer, siehe dazu Hilgard 1984).

Das sogenannte Differenzierungs-Dissoziations-Kontinuum nach Watkins zeigt die Abbildung 3-2.

Links eine normale Persönlichkeit mit einer guten Grenze nach außen und einzelnen Ego-States, die miteinander durchlässige Membranen bilden. Diese Ich-Zustände sind somit gut integriert und in Kommunikation miteinander. Diese adaptive Differenzierung der States beeinflusst nicht ein Kohärenzgefühl der Persönlichkeit. So jemand

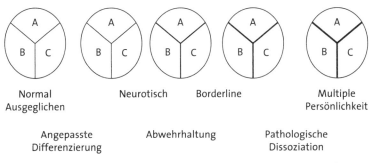

Abbildung 3-2: Das Differenzierungs-Dissoziations-Kontinuum nach Watkins und Watkins 2003

könnte sagen: Ich bin Jens Müller und in mir stecken verschiedene Persönlichkeitsanteile. Neurotische Konflikte zwischen den States führen zu einer Verfestigung der Grenzen und zu zunehmendem Abwehrverhalten: (Ich bin Jens Müller und ich spüre eine Lust an trotziger, bockiger Verweigerung meinem Chef gegenüber). Rechts davon beginnt der Bereich zunehmender Isolation der einzelnen Selbst-Anteile voneinander durch immer rigidere Grenzziehungen, bis hin zur Amnesie gegeneinander, wie bei der DIS. Dieses bewirkt, dass die Persönlichkeitsgrenzen nach außen immer poröser werden und die betroffene Person das eigentliche Ich-Gefühl, die Selbst-Kohärenz, verliert. Hätte Jens Müller eine DIS, dann würde er sagen: Ich bin Jens Müller (host, Alltagspersönlichkeit) und habe viele alters in mir, die einfach nach vorne auf die Bühne kommen und die Regie übernehmen. Das erlebe ich wie einen Zeitsprung, ohne Erinnerung daran, was passiert ist.

Macht man sich die Idee der Ego-State-Therapeuten zu eigen, dass die unterschiedlichen Ich-Zustände in der Persönlichkeit eines Menschen eine »Selbst-Familie« bilden, dass sie entstanden sind, um der Anpassung des Individuums in schwierigen Situationen zu dienen, und dass auch grausame, entwertende und verfolgende Ego-States letztlich hilfreiche Ziele verfolgen (so schwierig das oft zu erkennen ist), dann kann dieses Lebenswerk von John und Helen Watkins unsere therapeutische Arbeit mit traumatisierten Patienten sehr bereichern. Die wichtigsten Punkte, die das Konzept der Ego-State-Theorie nach dem Ehepaar Watkins ausmacht, habe ich zum besseren Überblick in Abbildung 3-3 auf S. 55 zusammengetragen.

3.6   Die Vorteile der Ego-State-Therapie

Jeder von uns hat seine eigene »Innere Gleichung« (Thomä und Kächele 1985), mit der er herausfinden muss, welche Form der Psychotherapie zu ihm passt und mit welchem Vokabular er am besten sein inneres Chaos ordnet. John Watkins, der bei Edoardo Weiss seine Lehranalyse gemacht und sich einer psychoanalytischen Ausbildung unterzogen hatte, nennt seinen Therapieansatz »hypnoanalytisch«. Für mich heißt das: psychoanalytisch verstehen, im Modell des multiplen Selbst denken und (auch) hypnotherapeutisch handeln. Aus diesem Grund

- Aufgrund normaler Differenzierung in der Entwicklung, der Introjektion und der Auswirkung von Trauma kann die Segmentierung der Persönlichkeit in Ego-States (ESs) an verschiedenen Punkten des Dissoziationskontinuums erfolgen.
- Ein ES ist ein organisiertes System von Verhalten und Erfahrung in einem neuronalen Netzwerk, zwischen normal und dissoziiert.
- ESs haben unterschiedliche Grenzen und Barrieren.
- Das ES-System organisiert sich, um die Coping-Fähigkeit in Bezug auf bestimmte Ereignisse oder Probleme zu verbessern.
- ESs differenzieren sich entlang einer Zeitlinie, nach Funktion, Eigenschaften, Rollen, z. B. Selbst-Hasser, Ernährer, Kritiker, Führer, Kinder-States, innerer Beobachter usw.
- ESs, die in der Kindheit entstanden, reagieren oftmals in der Gegenwart dysfunktional.
- ESs verteidigen ihre Rolle und Funktion, auch wenn das für den Erwachsenen ungünstig ist. Sie befürchten Vernichtung, wenn sie ihren »Job verlieren«.
- ESs können wegen ihrer Rollen mit anderen im Widerspruch stehen; das schafft intrapsychische Konflikte.
- ESs haben von der Kindheit bis ins Erwachsenenalter die Fähigkeit, sich zu verändern, sich zusammenzuschließen, zu wachsen und sich anzupassen.
- Dass ein Individuum ESs besitzt, muss diesem nicht bekannt sein.
- Die ESs alle zusammen kann man beschreiben als inneres Familiensystem, Teile der Persönlichkeit oder »states of mind«.

Abbildung 3-3: Die Phänomenologie der Ego-States: eine Zusammenfassung

ist für mich der Ego-State-Ansatz eine praktische Weiterentwicklung der Freud'schen Psychoanalyse – namentlich der therapeutischen Techniken.

Um Ihnen ein Verständnis davon zu geben, wie die Interventionsmöglichkeiten im klassischen psychoanalytischen Setting im Vergleich zu einem möglichen Ego-State-Setting aussehen könnten, bringe ich einen kurzen Ausschnitt aus einer traditionellen Psychoanalyse, die ich drei- mal pro Woche im Liegen durchführe.

Protokoll einer Psychoanalyse

Herr Bauer, 33 Jahre, Exportkaufmann, kommt in den letzten Sitzungen wieder gehäuft zu spät in die psychoanalytische Einzeltherapie. Es steht in seiner Partnerschaft und an seinem Arbeitsplatz eine Entscheidung an, ob er seine Unzufriedenheit weiter beklagen will oder ob er etwas verändern möchte. Der Patient kommt in die 152. Sitzung neun Minuten zu spät, legt sich, eine Begrüßung murmelnd, hin.

Pat.: Wenn ich Sie wäre, würde ich total sauer sein … ich bin schon wieder zu spät … ob ich die Therapie noch weiterführen würde … Pause … in mir gibt es einen Teil, der total sauer ist.
Th.: Ich könnte sauer sein, sicher … aber interessanter fände ich, mit Ihnen zusammen herauszufinden, was hinter dem Zuspätkommen für eine Botschaft an mich steckt, was die Funktion von dem Ganzen ist.
Pat.: Das ist mir schon klar … wenn ich Sie weiter so ärgerlich mache, brechen Sie halt irgendwann doch die Therapie ab … dann könnte ich so weitermachen, mich zwar ärgern, aber nix ändern, weder bei meiner Freundin, noch im Beruf …
Th.: Was könnte den Teil in Ihnen, der keine Veränderung und keine Entscheidung möchte, veranlassen, sich so zu verhalten?
Pat.: Es gibt eine Angst vor Veränderung, es ist nicht logisch, aber … lieber einen qualvollen Zustand erleiden, aber überhaupt den zu haben, als gar keinen zu haben … das wäre das ganz alte Muster von früher … lieber geschlagen werden, als gar nicht berührt werden … das ist alles nicht so schlimm, als stehen gelassen zu werden, keine Beachtung erfahren, das ist das Allerschlimmste.
Dieser Teil muss so kräftig in mir sein, dass er dafür sorgen kann, dass der Zustand so bleibt.
Th.: Dann ist ja gut zu verstehen, dass es besser ist, das zu behalten, was Sie kennen, als in eine unsichere Zukunft zu gehen.
Pat.: Das war vor 14 Jahren schon so … es war damals schon sehr häufig in meinen Beziehungen so … Wenn das so ist, wie wir das hier so erörtert haben, dass die Mutter immer den Willen des Kindes bricht, dann können wir dahin gehen – wo die Kochlöffel zerbrochen sind, die Schlagefantasien – »Du widersprichst mir nicht!« – später war es differenzierter, wo es mit dem Schlagen nicht mehr so leicht war, das war »Du musst immer das letzte Wort haben« – da war ich 5 – 6 Jahre alt … als Mutter schwanger war …
Th.: Das war eine große Veränderung, die Geburt des Geschwisters!?
Pat.: Das Geschmuse war nicht mehr möglich. Ich wollte bei der Mut-

ter auf den Schoß, das ging nicht mehr – ich habe immer versucht, ohne Worte die Nähe der Mutter zu bekommen – ich wollte auch da hoch, wo Karin, das Nesthäkchen, schon saß – dann war es mit fünf ultimativ vorbei, als der Peter geboren wurde.
Th.: Ja ... aus Sicht des Fünfjährigen ist es verständlich, wenn der versucht, Veränderungen zu verhindern.
Pat.: Ja ... das ist bis heute so ... ich kann kognitiv vernünftig handeln ... aber das nützt mir nix ... ich kann die Uhr lesen ... ich weiß, was 9 Uhr ist ... aber es geht nicht. Das ist der Teil von mir, den ich nicht mag.

Aus analytischer Sicht ist dies eine interessante Stelle in der Behandlung und zeigt einen sehr motivierten und reflektierten Patienten im Dialog mit mir. Meine Ego-State-Orientierung kann ich mittlerweile nicht mehr verleugnen, und Sie erkennen sie auch hier an meiner Wortwahl – trotz allem bleibt mein Interventionsstil primär psychoanalytisch, d.h., ich benutze zur Externalisierung der inneren Objekte das Paradigma: Konfrontation, Klärung und Deutung der Übertragung. Mit meiner Rede wende ich mich aber immer an den erwachsenen Teil der Persönlichkeit des Patienten, z.B. wenn wir von dieser Plattform aus gemeinsam auf die regressiven Ich-Zustände blicken. Wenn es bei diesem kognitiven Verstehen bliebe, wenn wirklich nur »Einsicht« in irgendeinen biografischen Zusammenhang die Psychoanalyse ausmachen würde, wie viele Kritiker nicht enden wollen zu proklamieren, dann wäre sie wirklich nur ein »Glasperlenspiel«, wie in Herman Hesses (2002) faszinierendem Roman. Was es braucht, ist die emotionale Erfahrung, dass sich die Vergangenheit leibhaftig in der Gegenwart wiederholt (Übertragung) als ein körperlich-sinnliches Erleben, und dann die Neuerfahrung, dass dieses Interaktionsangebot des Patienten vom Therapeuten verstanden und anders beantwortet werden kann. In diesem Moment entsteht etwas Neues.

Dies alles braucht viel Zeit und einen Therapeuten, der bereit ist, in der Übertragung zu arbeiten – das ist keinesfalls selbstverständlich, da es bei Patienten mit schweren Persönlichkeitsstörungen ein oft zermürbendes Ringen um die Tragfähigkeit der therapeutischen Beziehung bedeutet. Das Problem ist, die Übertragungsbeziehung so zu »verschärfen«, dass der Patient die Vergangenheit in der Gegenwart noch einmal erlebt, und gleichzeitig die Arbeitsbeziehung so aufrechtzuerhalten, dass der Patient zwischen inszenieren und reflektieren abwechseln kann ... und das gelingt aus meiner Erfahrung bei traumabasierten Borderline-, Ego-State- und DIS-Patienten nicht oder vielleicht nur in unendlichen Analysen – aber da habe ich meine Zweifel.

Die Integration der Selbst-Familie
Die Ego-State-Therapie wendet sich nicht ausschließlich an den Erwachsenen im Patienten und damit nur indirekt an die traumatisierten Selbstanteile, sondern direkt an das traumatisierte Kind, das Täterintrojekt, den inneren Beobachter usw. Ego-State-Therapie ist, wie Ulrich Sachsse sagt: Mütterberatung für Mütter mit schwierigen Kindern (2004). Wir versuchen das Erwachsenen-Selbst des Patienten zu motivieren, sich um die ausgegrenzten, verhassten, verachteten traumatisierten Kind-Anteile zu kümmern, sie zu schützen und ihnen zu helfen, die Gegenwart als von der Vergangenheit unterschieden zu begreifen. In unserem Fallbeispiel wäre es möglich gewesen, sich direkt an das fünfjährige beschämte Kind zu wenden, welches sich mit aller Macht daran klammert, damit sich nichts verändert, dass alles beim Alten bleibt. Sicher, an dieser Stelle des Textes wird ein zwangsneurotischer Denkmodus deutlich. Aber was bedeutet das, außer dass wir auf einen neurotischen Abwehrmechanismus, eine Defizienz hingewiesen hätten? Dieser Hinweis könnte auf fatale Weise die Selbstabwertung verstärken, die der Patient von eigenen verfolgenden Innenteilen seit Jahren kennt. Die Anerkennung der traumatisierten Selbstanteile als hilfreich zum Zeitpunkt ihrer Entstehung (reframing), das Zeigen von Wertschätzung für etwas, was wir nicht als Defekt, sondern als eine Ressource sehen, kann aus diesem Dilemma herausführen – das Ziel der Therapie ist und bleibt die Integration der »Selbst-Familie«.

Auch das, so werde ich im Therapieteil des Buches beschreiben, ist ein steiniger Weg, voll mit Widerständen und Hindernissen. Wer mag schon einen Teil von sich, der für eine Zeit voller qualvoller Erinnerungen und Beschämungen steht! Sie können das selbst ausprobieren: Denken Sie bitte jetzt an die Zeit zwischen vierzehn und sechzehn, die Hochphase Ihrer Pubertät – an die Fotos, die es da von Ihnen gibt, die Auseinandersetzungen und Kämpfe mit Lehrern, Eltern, Geschwistern usw. Ich vermute, falls diese Zeit nicht spurlos an Ihnen vorübergegangen ist, dass das Bild von Ihnen, welches vor Ihrem inneren Auge aufgetaucht ist, nicht nur gute Gefühle ausgelöst hat – um es vorsichtig auszudrücken.

Aus dem Gesagten folgt ein elementares Wesensmerkmal der Ego-State-Therapie: die »radikale« Ressourcenorientierung. Alle Teile sind entstanden, um dem Individuum zu helfen, sich einer normalen Umwelt (normale Differenzierung) anzupassen, oder sind die adaptive Folge traumatischer Entwicklungshindernisse. Ego-States, die in Ermangelung von Entwicklungschancen in Traumasituationen eingefroren sind, brauchen nachträgliche Wertschätzung und »Bemutterung«. Ego-State-Therapie ist in der Lage, wenn sie sich mit dem Suggestiven der Hypnotherapie verbindet, das Mütterliche in den Therapieprozess zu integrieren – für Psychoanalytiker heißt das: mehr von der mütterlichen Psychoanalyse à la Sandor Ferenczi und weniger väterliche Einsichttherapie à la Sigmund Freud. Ich weiß, so steht die Dichotomie der Psychoanalyseschulen auf den Plakaten und in den Hochglanzbroschüren … Freud war der Erste, der sich nicht an seine eigenen Dienstvorschriften gehalten hat; in dem Buch von Manfred Pohlen (2006), welches in Protokollen die Lehranalyse von Ernst Blum bei Freud schildert, sehen wir einen sehr empathischen, verständnisvollen und gelassenen liberalen Freud, der seine technischen Behandlungsregeln wie Distanz, Abstinenz und Neutralität mit humaner, mütterlicher Großzügigkeit außer Kraft setzt. Das sollte unser häufig zu strenges therapeutisches Über-Ich doch etwas entlasten.

4. Die Innenwelt der Ego-States

4.1 Der sogenannte Normalfall

Was die mehrfache Aufspaltung des Selbst bei chronisch traumatisierten Menschen in benennbare Innenteile angeht, so weist Michaela Huber darauf hin, dass sie in der Fachliteratur auf insgesamt etwa zwanzig verschiedene Gruppierungsversuche gestoßen ist; einige davon können bei ihr nachgelesen werden (Huber 2003b, S. 135 ff.).

Da ich aber die Arbeiten von Watkins und Watkins über Ego-States als eine generelle Annahme über die Organisation des menschlichen Selbst verstehe, will ich über den Sonderfall der traumatischen Erfahrungen hinaus versuchen, verschiedene Ego-States in ihrer Phänomenologie und Funktion zu beschreiben. Lassen Sie mich also beim sogenannten Normalfall beginnen.

Jetzt, wo Sie diese Zeilen lesen, halten Sie bitte einen Moment inne und werden Sie sich bewusst: Was sind meine Gedanken in diesem Augenblick, welche Gefühle sind in mir, welche Körperempfindungen habe ich, welche Bilder kommen mir vor mein inneres Auge und gibt es Handlungsimpulse in mir? Diese Wahrnehmung Ihrer Person in einem speziellen Kontext, in dem Sie mit der Lektüre dieses Buches beschäftigt sind, macht Ihren aktuellen Bewusstseinszustand aus, Ihren aktuellen »Ich«- oder »Selbst«-Zustand – dieses nennen wir einen »Ego-State«; das alles ist Ihnen nach der Lektüre des letzten Kapitels bereits bekannt. Sie wissen auch, dass Sie mehr als nur diesen einen Ego-State besitzen, Sie bestehen aus einer größeren Anzahl von »States«, die wir in ihrer Gesamtheit die Ego-State-Familie nennen. Manchmal wechseln die Ego-States, je nachdem, in welchem Kontext wir uns bewegen, welche Rollen wir spielen, und wir haben den Eindruck, wir sind jemand ganz anderes: Waren wir in unserem Profi-Ego-State noch hoch konzentriert, logisch denkend und zielorientiert, so sind wir abends beim Spiel mit unseren Kindern ausgelassen, albern, giggeln herum und zeigen unsere kindliche kreative Seite – unser kindliches Ego-State. Trotz allem sind wir ein und dieselbe Person, eine konsistente Persönlichkeit, zusammengesetzt aus vielen Selbst-Anteilen. Der Teil, der sich seiner selbst gerade bewusst ist und für uns und andere sichtbar die innere Bühne beherrscht, diesen Ego-State, nennen wir den gerade leitenden Selbst-Teil oder den »executive State«.

Manchmal melden sich zwei Ego-States gleichzeitig, mit verschiedenen Bedürfnissen, Wünschen und Vorstellungen über die Welt und wie man in ihr leben sollte: Der eine Teil von mir möchte nach einem langen Arbeitstag faul auf dem Sofa liegen und gemütlich ein Buch lesen, der andere Teil mahnt, dass das Fitnessprogramm schon lange vernachlässigt wurde und Joggen angesagt ist. So etwas nennen wir einen Ambivalenzkonflikt, und wir hören uns sagen: »Ein Teil von mir mag das, ein anderer Teil von mir mag das.« Woody Allen hat das einmal wunderbar ausgedrückt: »Manchmal bin ich gar nicht meiner Meinung.«

Die Philosophie des Ego-State-Modells, wie ich sie oben dargestellt habe, baut auf der Idee auf, dass unsere Persönlichkeit aus verschiedenen Teilen zusammengesetzt ist und nicht aus einem einheitlich Ganzen besteht. Ich will dafür ein Bild wählen: Wir gleichen einem Orchester mit verschiedenen und sehr unterschiedlichen Instrumenten wie Geigen, Trompeten, Flöten, einer Pauke usw. Jedes Ego-State hat eine eigene Geschichte, Stimmung, Sichtweise, Kognition und Gedächtnis. Damit aber alle Instrumente zusammenstimmen und jeder auch die gleiche Partitur spielt, bedarf es eines Dirigenten. Auch in unserer Persönlichkeit benötigen wir ein Erwachsenen-Ego-State, welches in der Lage ist, die verschiedenen Aspekte von uns zu bündeln und zu einer Handlungsorientierung zu fokussieren. Die Freud'sche Leitmaxime für die Psychoanalyse »Wo Es war, soll Ich werden« ließe sich abwandeln in: Ziel der Ego-State-Therapie ist es, aus einem chaotischen Haufen ein inneres Team zu machen.

So gesehen sind Ego-States ein ganz normaler Teil der menschlichen Psyche und dürfen nicht mit den scharf voneinander abgegrenzten »alters« der Patienten mit dissoziativer Identitätsstörung verwechselt werden.

4.2 Ego-States – der Versuch einer funktionalen Beschreibung

Ich möchte im Folgenden stichpunktartig ein paar Eigenschaften zusammenstellen, die das Wesen, die Funktion und die Natur der Ego-States beschreiben. Bitte seien Sie sich immer bewusst, dass es sich dabei um metaphorische Beschreibungen handelt und nicht um Entitäten und dass deren morphologisches Korrelat in unserem Gehirn einem gerade aktiven neuronalen Netzwerk entspricht, das für die augenblickliche bewusste Selbst-Wahrnehmung steht. In diesem Sinne sind Ego-States real, was immer die Zustandsbeschreibung »real« in unserem Gehirn im Namen des Konstruktivismus bedeuten mag. Was ich hier versuche, ist die Beschreibung von relativ zeitstabilen, neuronal erzeugten Zuständen, die sich hinsichtlich ihrer Funktion, ihres Entstehungszeitraums und ihrer Wirkpotenz für das Gesamtsystem unterscheiden. Eine Definition von Ego-States auf einer neuronalen Ebene könnte lauten:

> Ego-States sind komplexe neuronale Netzwerke, die Gefühle, Körpergefühle, Überzeugungen und Verhaltensweisen in einem bestimmten Augenblick oder über einen bestimmten Zeitraum festhalten. Es sind voneinander abgrenzbare psychische Einheiten.

Diese Definition entspricht dem Inhalt nach der Beschreibung eines »state of mind« von Daniel Siegel (1999).

In der Ego-State-Therapie hat es sich eingebürgert, von den Ego-States eines Menschen wie von »Teil-Persönlichkeiten« zu denken und zu sprechen, was ihnen eine anthropomorphe Gestalt gibt. Dieses erleichtert zwar den therapeutischen Umgang mit ihnen, birgt aber die Gefahr der Verdinglichung. Trotz all dieser Bedenken benutze ich die psychodramatische Bühnenmetapher, um mir die Ego-States auf dieser inneren Bühne eines Menschen wie die zum Leben erweckten Rollen, wie Schauspieler in einem Stück, vorzustellen.

Aus der therapeutischen Arbeit mit Ego-States lassen sich sehr detaillierte Aussagen über diese »Selbst-Anteile« machen:

- Ego-States kann man nicht eliminieren, umbringen und vernichten, man kann sie nur ändern.

- Ego-States haben je eigene Wahrnehmung, Motivation und Rollen innerhalb der Gesamtpersönlichkeit.
- Ego-States haben ihren eigenen Charakter, Werte, Bedürfnisse, Interessen und Ziele.
- Ego-States haben eine überdauernde und in sich geschlossene Geschichte, Kognitionen und Affekte.
- Ego-States können sich in Stimmungen oder Symptomen (Depression, Kopfschmerzen, Angst) manifestieren.
- Ego-States können untereinander Konflikte erzeugen, die sich als Symptome zeigen können.
- Ego-States kann man ansprechen und befragen wie eine Person (Alter, Geschlecht, Funktion, Bedürfnisse).
- Ego-State-Pathologie entsteht, wenn ein oder mehrere Teile mit den anderen nicht in Harmonie sind, selbstbezogen handeln und Symptome produzieren.
- Das Ziel der Ego-State-Therapie ist Ko-Bewusstheit und Integration und nicht die Verschmelzung der States.

Werden Ego-States in der Therapie bei einem Patienten angesprochen, so können sie uns in der Regel mitteilen, wie alt sie sich fühlen und in welcher Lebenssituation sie entstanden sind. Wir müssen aber damit rechnen, auf Ego-States zu stoßen, die nicht sprechen können oder wollen. Hier gelingt die Kommunikation durch ideomotorische Zeichen oder der Vermittlung eines »Dolmetschers« (Details dazu im Therapieteil des Buches).

Wie Sie bereits wissen, hat jeder von uns Ego-States, und meine Selbst-Zustände unterscheiden sich in vielen Punkten von den Ihrigen. Wenn jeder aber seine Landkarte der Ego-States zeichnen würden, dann würden wir sicher ein paar Übereinstimmungen finden: Da gibt es kindliche Ego-States, erwachsene States, States, die wichtige Bezugspersonen wie Mutter oder Vater verkörpern, Niederschläge von ganz speziellen und einmaligen Lebenserfahrungen und States, die wir einmal gerne sein würden. Wir können davon ausgehen, dass wir in der Regel fünf bis fünfzehn Ego-States besitzen, die leicht abrufbar und aktivierbar sind, um unseren Alltag zu bewältigen. Gordon Emmerson (2003) nennt sie die »Oberflächen-Ego-States« (surface states). Sie können in der Therapie leicht bewusst gemacht werden, sind relativ konfliktfrei und primär funktional. Wir haben aber noch mehr Ego-States, solche, die wir in der Vergangenheit gebrauchten und die uns momentan beim Nachdenken nicht präsent sind (vorbewusst würde die Psychoanalyse sagen), aber auch solche, die wir nur wenig benutzen, die aber etwas für uns ganz Wichtiges aus der Vergangenheit in sich aufbewahren (underlying states).

Denken Sie doch bitte an die berühmte Stelle in Marcel Prousts Roman »Auf der Suche nach der verlorenen Zeit«, wo der Ich-Erzähler durch den Geschmack von Lindenblütentee und eines »Madeleine« sich plötzlich in eine ferne Zeit seiner Kindheit in Combray zurückversetzt fühlt: »Sicherlich muß das, was so in meinem Inneren in Bewegung geraten ist, das Bild, die visuelle Erinnerung sein, die zu diesem Geschmack gehört und die nun versucht, mit jenem bis zu mir zu gelangen. […] Und dann mit einem Male war die Erinnerung da. Der Geschmack war der jener Madeleine, der mir am Sonntagmorgen in Combray […] sobald ich ihr in ihrem Zimmer guten Morgen sagte, meine Tante Léonie anbot, nachdem sie sie in ihren schwarzen oder Lindenblütentee getaucht hatte« (Proust 1964, S. 65–66). Von diesem Punkt aus entwickelt sich der gesamte Roman über Tausende von Seiten weiter, und am Ende wird klar: Der ganze Roman ist entstanden, weil der Geschmack eines Plätzchens Erinnerungen wachgerufen hat.

Alle anderen Ego-States, die seit der Kindheit in uns entstanden sind und unsere Lebensgeschichte in sich tragen, sind nur durch Hypnose oder Methoden des Monodrama nach Jacob Lewis Moreno zum Leben zu erwecken.

Noch einmal zur Unterscheidung von Oberflächen- und Tiefen-Ego-States:

Oberflächen-Ego-States:
- Die Funktionsträger der täglichen Lebensbewältigung
- Gute Kommunikation zwischen ihnen, d. h. große Ko-Bewusstheit
- Relativ konfliktfrei
- Kognitive Teile und emotionale Teile bilden eine Wahrnehmungseinheit

Tiefen-Ego-States:
- Mehr oder weniger weit von der Oberfäche entfernt, d. h. unterschiedlich leicht zu aktivieren

- Tragen wichtige Kindheitserinnerungen
- Lassen sich meist durch Hypnose an die Oberfläche bringen
- Ungelöste Traumaerfahrungen werden in der Regel hier abgelegt

4.3 Unterschiedliche Kategorien von Ego-States

Es ist aus meiner klinischen Erfahrung sinnvoll, davon auszugehen, dass sich die Vielfalt der möglichen Selbst-Anteile bei unseren Patienten in drei Gruppen einteilen lässt:

- Der Anpassung dienende Ego-States
- Introjekte
- Traumabezogene Ego-States

Da wir in der Therapie traumatisierter Menschen mit allen Klassen von Ego-States arbeiten, will ich sie nun im Einzelnen näher beschreiben.

4.3.1 Ego-States, die der Anpassung dienen

Bei diesen Ego-States, so können wir sehr verallgemeinernd sagen, handelt es sich um innere Selbst-Anteile, die dem Individuum helfen, schwierige Lebenssituationen und Krisen besser zu meistern. Diese sind Teile, die sich schützend und strategisch verhalten mit dem Ziel, die personale Sicherheit aufrechtzuerhalten und den Umgebungskontext zu kontrollieren. In ihrem Verhalten haben sie sehr viel gemein mit den klassischen Abwehr-Mechanismen der Psychoanalyse, die sie sozusagen verkörpern. In dem IFS-Modell (Internal Family System) des amerikanischen Familientherapeuten Richard Schwartz (1997) wird diese Klasse von Selbst-Anteilen als »Manager« bezeichnet.

Hierunter fallen vor allem die sogenannten »inneren Helfer«, die häufig schon seit der frühen Kindheit existieren und aus Erfahrungen hervorgegangen sind, in denen wir entweder hilfreiche Unterstützung durch wichtige Bezugspersonen bekamen oder uns diese Unterstützung bei äußerem Mangel in unserer inneren Welt fantasierten. Diese Ego-States können aus Introjekten (Vater, Mutter usw.) hervorgegangen sein, die wir in der zunehmenden Entwicklung assimilierten, uns sozusagen mit deren Botschaft und Funktion identifizierten, um sie dann in uns selbst als Helfer-Figuren aufzurichten.

Da wir bei jeder Anwendung der Ego-State-Therapie mit der Erkundung dieses Anpassungssystems des Patienten beginnen, will ich zum besseren Verständnis die Besonderheiten dieser adaptiven Ego-States beschreiben, wie sie mir in der Behandlung nicht nur von Patienten mit Borderline-Symptomatik in den letzten Jahren deutlich wurden.

Diese Ich-Zustände tragen viele Ressourcen und Stärken in sich, auch wenn sie häufig in intrapsychische Auseinandersetzungen verstrickt sind. Sie zu Beginn einer traumatherapeutischen Arbeit zu kennen ist wichtig, da von ihnen häufig eine Initiierung von und Unterstützung bei Veränderungen der Persönlichkeit ausgehen. Weiter ist zu berichten, dass es mit diesen Teilen häufig gut gelingt, eine therapeutische Allianz zu knüpfen, die für den Behandlungsfortschritt von entscheidender Bedeutung ist. Adaptive Ego-States sind in der Regel in der Veränderungstendenz flexibler als die sogenannten Introjekte und vor allem die traumabezogenen Ego-States. Gerade diese Flexibilität ist es, die die Möglichkeit zur therapeutischen Allianz unterstützt.

Wenn wir für ihre Funktion eine Metapher finden wollten, so fällt mir das elektomagnetische Schutzschild des Raumschiffs »Star Trek« ein, welches Captain James Tiberius Kirk bei Bedarf im feindlichen Territorium und bei direktem Feindangriff aktivieren konnte, um die im Raumschiff lebenden Teile, sprich Menschen, zu schützen. Diese Fähigkeit, ein »Schutzschild« zu bilden, ist es, die wir zu Beginn des therapeutischen Prozesses nutzen und aktivieren müssen, und dies gelingt nur, indem wir ihre Funktion des Schützens benennen und mit ihnen ein therapeutisches Bündnis begründen. Um diese Kraft zu entfalten, bedarf es der Anerkennung, der Wertschätzung ihrer Funktion und ihrer Stärke als Teil der aktiven Seite in der gesamten Selbst-Familie. Denn wenn wir Fragen bezüglich des Gesamtsystems haben, ist es in der ersten Phase sinnvoll, diese an die Teile des adaptiven Systems zu stellen, denn diese Ego-States verfügen über das größte Wissen und über die größte Ko-Bewusstheit im System. Wir müssen sozusagen die adaptiven States auf unsere therapeutische Seite bringen. Die oben schon erwähnten Helfer-States sind gewissermaßen die konfliktfreiesten Teile innerhalb der adaptiven Ego-States – deshalb beginnt die

Phase der Stabilisierung in der traumazentrierten imaginativen Psychotherapie nach Luise Reddemann auch mit ihrer Mentalisierung, nach dem »sicheren Ort«.

4.3.2 Introjekte

Die Introjekte auf unserer inneren Bühne, so heißt es immer wieder, bereiteten dem Therapeuten am meisten Ärger und Sorgen, aber es sind auch die Teile, die uns am besten als Co-Therapeuten unterstützen können. Was versteht man unter einem Introjekt und dem Vorgang der Introjektion?

Introjekte sind mentale Replikanten von physischen Objekten des Außenraumes auf der inneren Bühne; Introjektion nennt man den Prozess, durch den die Rolle und die Funktion einer realen Person durch ein »Introjekt« übernommen wird, man könnte es die mentale Repräsentation dieser Person nennen. Zum Beispiel wird die Abwesenheit einer geliebten Person, die verstorben ist oder uns leider verlassen hat, durch sein mentales Bild in unserem Geiste substituiert und macht so den Schmerz der Trennung weniger akut und schmerzlich. In diesem Falle haben Introjekte die Funktion eines psychischen Verteidigungssystems. Sobald die Introjekte vollständig durch Identifikation verdaut und assimiliert sind, helfen sie der Person unabhängiger, autonomer und selbst-bewusster zu werden.

Entstanden sind Introjekte, so könnte man verallgemeinernd sagen, aus der Inkorporation von wichtigen Elternfiguren in den ersten Phasen der Lebensentwicklung. Die positiven Introjekte sind in ihrer Art liebevolle, freundliche und nährende Ego-States (die innere gute Mutter, der schützende innere Vater, der gütige Opa).

Neben diesen positiven Introjekten gibt es aber auch negative Introjekte; darunter fassen wir destruktive und übelwollende Ich-Zustände und, nach der Erfahrung eines Gewalttraumas, wo ein Opfer einem oder mehreren Täter(n) gegenübersteht, die Täterintrojekte. Davon später mehr. Introjekte beinhalten in ihrer Legende die Glaubensbekenntnisse, das Verhalten, die Meinungen, die Bedürfnisse und die Geschichte der introjizierten Person. Je mehr dieser Rolleninhalt von den sonstigen Wertenormen des Gesamtsystems des Opfers abweicht, umso schwieriger ist es einem Menschen, ein solches, durch Traumaerfahrung (z. B. Vergewaltigung) aufgezwungenes, Introjekt zu assimilieren: Das Introjekt wird zum Fremdkörper im Selbstsystem.

Es werden aber nicht nur Eigenschaften von frühen Bezugspersonen introjiziert, sondern noch häufiger Konfliktmuster, wie sie mit diesen Primärpersonen verbunden in der Familie wahrgenommen werden. Zum Beispiel lernt ein Kind eine Mutter kennen, die immer wieder deutlich zeigt, wie sehr sie nicht gewillt ist, die Bedürfnisse des Kindes zu befriedigen. Diese introjizierte Haltung überträgt die Patientin in die Gegenwart, später in ihre Ehe, indem sie mit dem Ehepartner in heftige Auseinandersetzung geht, als dieser von ihr eine Bedürfnisbefriedigung verlangt. So wird ein Thema: Bedürfnisse werden vernachlässigt und nicht befriedigt, introjiziert und später in Szene gesetzt.

Für die Arbeit mit Introjekten ist es von entscheidender Bedeutung, viel Energie und Zeit darauf zu verwenden, ein gutes Arbeitsbündnis, eine verlässliche Allianz einzugehen. Obwohl diese Selbst-Teile in der Regel sehr leicht hervorzurufen sind und das Sprechen mit ihnen zu wichtigen Lernerfahrungen führt, lassen sich vor allem täteridentifizierte Introjekte häufig nur nach langer Überzeugungsarbeit und wohlwollender Wertschätzung für ihre Funktion im »Selbst-System« zur Kooperation gewinnen. Kindlich gebliebene Introjekte können sich wie kleine Tyrannen aufführen und das Erwachsenen-Selbst und den Therapeuten nachhaltig durch Suiziddrohungen, Aufforderung zur Selbstverletzung usw. erschrecken. Maggie Phillips spricht von diesen »Tyrannischen Introjekten« als vom »Zauberer-von-Oz«-Verhalten: Ein kindlicher Ego-State führt sich auf wie der hilflose Zauberer von Oz hinter dem Vorhang, wo er an allen Hebeln und Registern seiner »Angst- und Panikmaschine« zieht, um Dorothy und ihre Freunde zu Tode zu erschrecken. Bei der Arbeit mit diesen sehr tyrannischen Introjekten ist es wichtig zu wissen, dass diese häufig sehr intensiv in Szene gesetzten Wutausbrüche und Entwertungen von Selbst-Anteilen ausgehen, die häufig so alt sind wie der Mensch in der Zeit, als dieses tyrannische Introjekt entstand; somit ist die Affekt- und Impulssteuerung, das Denken und Planen das eines Kindes oder Jugendlichen. Häufig hängt dies zum einen mit Täterintrojekten zusammen, was die Gewalttraumatisierung betrifft, zum anderen finden sich auch Erinnerungen an schwierige Zeiten in der Schule, wo ein späterer Patient von Mitschülern gequält und massiv tyrannisiert wurde. Das bedeutet, der erwachsene tyrannische Selbst-Anteil ist in seinem Kern ein Kind, welches viel Energie darauf verwendet, nach außen hin stark und dominant zu erscheinen. Im Innersten ist dieser Teil aber zerbrechlich und oft hilflos.

Gelingt aber ein Bündnis mit den problematisch erscheinenden Ego-State-Introjekten, dann sind sie verlässliche Ko-Therapeuten. Einen weiteren wichtigen Punkt will ich nur erwähnen: Bei der Arbeit mit Introjekten werden uns häufig intergenerative Konflikte im Familiensystem bewusst. Vor allem bei meiner Arbeit mit Patientinnen mit traumabasierter Borderlinestörung finden sich oft rachevolle Ego-States, die die Energie für Wut und Hass gegen Männer in sich tragen, die mehrere Generationen voller Ausbeutung und sexueller Gewalt zurückreicht.

4.3.3 Traumabezogene Ego-States

Die Aktivierung dieser traumabezogenen Ego-States im therapeutischen Prozess bedeutet, dass wir unmittelbar im Segment der Traumaerfahrung und der Adaption des Individuums an diesen traumatischen Erlebnissen arbeiten. Diese Ego-States tragen das traumatische Ereignis als Kognition, Gefühl, Körpererinnerung, Bild und Handlungsimpuls in sich, und je nach Alter des Individuums bei der traumatischen Erfahrung wird der eine oder andere Aspekt mehr im Vordergrund stehen. Um Ihnen das noch deutlicher zu machen, möchte ich das Modell der »Traumatischen Zange« von Michaela Huber (2003a, S. 38 ff.) verwenden.

Die menschliche Stressantwort auf Bedrohung
Zuerst einmal ein paar ganz allgemeine Informationen: Verhaltensforscher haben bei der Beobachtung von nicht menschenähnlichen Primaten eine zusammenhängende Sequenz von vier Antworten des Organismus auf zunehmende Bedrohung beschrieben: Freeze (Hypervigilanz), Flight, Fight und Fright (Tonische Immobilität). Was bedeutet das im Einzelnen?

Wird der Ruhezustand eines Säugetiers (auch der Mensch!) durch einen Reiz gestört, der im Gehirn zu einer Erregung und Alarmreaktion führt, dann sprechen Ethnologen (Gray 1988) von einer »Freeze-Reaktion« oder auch »Freezing«, ein Zustand, den wir als Kliniker bei unseren Patienten als »Hypervigilanz« (auf der Hut, aufmerksam und alarmiert sein) bezeichnen würden. Die ausgelöste Handlungstendenz ist: Stopp-schau-lausche! – das Gefühl ist unbestimmte Furcht. Dieses Einfrieren in Bewegungslosigkeit steigert die Überlebenschance, denn Fleischfresser (auch abgeschwächt der männliche Homo sapiens) reagieren nur auf sich bewegende Beute, und durch dieses »Sich-unsichtbarmachen« verbleibt mehr Rechenzeit im Biocomputer, ob jetzt Flucht oder Kampf angesagt ist. Gelingen Flucht oder Kampf, ist die Bedrohung überwunden, dann wird der Körper von der Stufe Alarm auf Ruhe/Entspannung heruntergeregelt.

Wenn beides, Flucht oder Kampf, nicht möglich ist, dann folgt bei direktem physischem Kontakt mit dem Fleischfresser (oder menschlichen Täter) der nächste Schritt im akuten Stress-Response-Spektrum: die »Tonische Immobilisierung«. Dieser Zustand ist ein peritraumatisches, der Panik ähnliches Symptom, welches im Englischen als »fright«, im Französischen als »effroi« und im Deutschen als »Schreck« bezeichnet wird. Bracha (2004) weist mit Recht darauf hin, dass unglücklicherweise dieser Zustand von »Tonischer Immobilität« (fright) auch in der Literatur der Kinderpsychologen als »freeze« bezeichnet wurde, was zu erheblichen Verwirrungen bis heute führt[10]. Tonische Immobilisierung ist eine Antwort auf Bedrohung, über die alle Säugetiere verfügen. »Ein gefangenes Beutetier, welches tonisch immobil wird und nicht zappelt und kämpft, erhöht seine Chance zu fliehen, wenn der Jäger vorübergehend die Kraft seines Bisses reduziert, weil er glaubt, die Beute sei tot. […] Die Überlebensstrategie der tonischen Immobilisierung ist die beste Erklärung für das Verhalten einiger Vergewaltigungsopfer während des Übergriffs« (Bracha 2004, S. 680). Die »angespannte Erstarrung« bedeutet nicht, dass das Tier (oder Mensch) in einem der Ohnmacht vergleichbaren Zustand ist, sondern wir finden bei den Säugetieren eine massive Tachykardie, Vasokonstriktion, Überwachsamkeit und die Vorbereitung des gesamten Organismus auf Flucht, falls sich die Gelegenheit bietet (sympathikogener Zustand).

---

[10] Ich schreibe ab jetzt, beim Gebrauch des Wortes »Freeze«, in Klammern, was ich meine: Freeze (= Hypervigilanz, Aufmerksamkeit) oder »Freeze« (= tonische Immobilisierung).

Hält dieser Zustand angespannter Erstarrung längere Zeit an, dann folgt die Phase des Aufgebens oder der Unterwerfung (englisch: faint; surrender-reaktion). Im Gegensatz dazu ist die sich anschließende »Ohnmachtsphase« parasympathisch gesteuert, d. h., Puls und Blutdruck fallen, es kommt zur Vasodilatation, und damit wäre eine Flucht bei nachlassendem Zugriff des Raubtiers nicht mehr möglich. Diesen Zustand könnte man die »atonische Immobilisierung« nennen.

Beim Menschen, als dem am weitesten fortentwickelten Säugetier, kommt vor der terminalen Ohnmacht (in Ausnahmen auch Tod: Voodoo-Tod) noch die Phase der Dissoziation, mit der wir uns jetzt beschäftigen wollen. Zurück zur traumatischen Zange von Michaela Huber.

Sehen wir uns einem existenziell bedrohlichen Ereignis ausgesetzt, so reagieren wir unter Angst und Schmerz mit einer Alarmreaktion des Körpers. Zuerst springt als reifeste Form der Unlustvermeidung das Bindungssystem an, und wir versuchen, Schutz und Hilfe zu mobilisieren: der »distress cry« des Säuglings, das Jammern und Weinen des Erwachsenen. Steht uns keine Bindungsperson zur Seite, erscheint eine Flucht aussichtslos, ein Kampf nicht möglich, dann geraten wir in einen Zustand innerlich erregter Handlungsunfähigkeit (sympathikogener Schock), und die »Traumatische Zange« hat uns im Griff:

- Nicht fliehen können (no flight) erzeugt **Hilflosigkeit.**
- Nicht kämpfen können (no fight) erzeugt **Ohnmacht.**
- Sich durch Bewegungslosigkeit nicht entziehen können (freeze = tonische Immobilisierung) erzeugt das **Ausgeliefertsein.**

Jetzt sind wir in einem »Trauma-State«, und durch die Überschwemmung des Gehirns mit Stresshormonen arbeiten Wahrnehmung und hippocampales Gedächtnis nicht mehr synchron: Die normalerweise synchronisierten Wahrnehmungskanäle zerfallen, es entstehen »Fragmente«, die an unterschiedlichen Orten des rechten Gehirns abgespeichert werden. Durch die Blockierung des linkshirnigen Broca-Feldes (Sprachzentrum) werden die Erfahrungen nicht sprachlich symbolisiert und erschweren die Synthetisierung der Erfahrung zu einem Narrativ.

Für die Bildung der traumabezogenen Ego-States ist diese Fragmentierung von entscheidender Bedeutung, welche sich unter einer sehr wirksamen Überlebensstrategie vollzieht: der **peritraumatischen Dissoziation**. Wird dieser Mechanismus der Dissoziation später im Leben im starken Maße zur kreativen Bewältigung von Traumata benutzt, kann die Entwicklung des ganzheitlichen Identitätsgefühls beeinträchtigt werden, weil die einzelnen Fragmente, die untergeordneten Teile des Bewusstseins nicht in der Lage waren, miteinander zu kommunizieren und zu interagieren. Spiegel (1993) hat darauf hingewiesen, dass dissoziative Störungen im Grunde Störungen der Integration des Selbst sind.

Nach Braun (1988) erleben Menschen, die sich nicht in einer traumatischen Situation befinden und nicht dissoziieren, Ereignisse fast gleichzeitig in vier Dimensionen:

- Verhalten (**b**ehavor): was geschieht, wer verhält sich wie in der Situation?
- Affekt (**a**ffects): welche affektive Reaktionen bestehen?
- Körperempfindungen (**s**ensations): was empfinde ich auf allen Sinneskanälen?
- Wissen (**k**nowledge): welche Gedanken habe ich in Bezug auf Außenpersonen, auf mich selbst und den Kontext?

Dieses bekannte **BASK**-Modell von Braun, welches ich schon im Kapitel 2.2 kurz vorgestellt habe, wurde in den letzten Jahren immer wieder abgewandelt und ergänzt (z. B. Peter Levine 1991, 1998; A. A. Lazarus 1989). In dissoziativen Zuständen können diese Elemente einzeln oder auch alle zusammen vom Hauptstrom des Bewusstseins abgetrennt werden, wie ich das als Folge der »Traumatischen Zange« beschrieben habe. Jedes einzelne Fragment kann der Kristallisationspunkt eines Ego-States werden, welches sich als Anpassungsmechanismus zum Schutz des traumatisierten Individuums herausbildet und sich nutzungsabhängig auf neuronaler Ebene bahnt und in Gedächtnisnetzwerken stabilisiert.

Diese fraktionierten Wahrnehmungskanäle in der Traumasituation und ihre weitere mentale Bearbeitung wurden von Lutz Besser (2006) sehr differenziert beschrieben und sollen uns dazu dienen, die Folgen der traumabedingten Dissoziation und die Ego-State-Bildung besser zu verstehen.

Diese sind:

- **Handlungsebene:**
  - Reste des unterdrückten Fluchtimpulses zeigen sich in Weglaufen, Verstecken, Lügen
  - Reste des Kampfimpulses zeigen sich im Umsichschlagen und Beißen
  - Unterwerfungsverhalten: masochistische Wünsche
  - Mitmachen: Stockholmsyndrom
  - Hilflosigkeitsverhalten: Resignation, Misstrauen
  - Sexualisierung: sexuelle Erregung suchen und herstellen
- **Affektebene:**
  - Wut, Hass
  - Angst, Panik
  - Scham
  - Ekel, Neid
  - Liebe, Idealisierung
- **Körperempfindungen:**
  - Die körperlichen Repräsentanzen des Traumas
  - Körperempfindungen auf allen Sinneskanälen
- **Kognitionen:**
  - Ich bin nichts wert, nutzlos, eine Schande
  - Ich habe es verdient, ich bin ein böses Kind
  - Ich bin hilflos allem ausgeliefert
  - Es wird nie wieder gut
- **Bilder:**
  - Die Traumatische Szene: Blut, Zerstörung usw.
  - Gewaltbilder
  - Ein schwarzes Loch
  - Das »Nichts«, Leere
- **Bindungserfahrung:**
  - Ich bin total allein
  - Alle verfolgen mich
  - Sexualisierung und Promiskuität

Diese H-A-K-K-B-B-Elemente tauchen nun einzeln oder gemischt in den traumagenerierten Ego-States der Opfer traumatischer Erfahrungen wieder auf, so sie, wie Watkins oben meinte, nicht durch Suizid sterben oder verrückt werden. Aus diesen Selbst-Fragmenten wird die Rollenpartitur dieser Sorte von Ego-States geschöpft – das nennen wir die traumabezogenen Ego-States.

Wir können nach heutiger Forschung davon ausgehen, dass Menschen bis zum Erreichen des zweiten Lebensjahres wegen der Unreife des hippocampalen Gedächtnissystems (explizites Gedächtnis) ihre traumatische Erfahrung ausschließlich im impliziten, unbewussten Körper-Gedächtnis aufspeichern, sodass der senso-sensible Aspekt vorrangig ist. Generell gilt, dass die führende Qualität des überwältigenden Affektes (Angst, Hass, Scham, Ekel usw.) bei der Ausbildung der Ego-States eine wichtige Rolle spielt – er ist der Organisator des Ego-States.

Da diese traumabezogenen Ego-States von so großer Bedeutung im Individuum sind und eine Aktivierung zu einer beträchtlichen Verstörung und Dysbalance des Systems führen können, ist es notwendig, mit dem Kern-Selbst oder mit dem Erwachsenen-Anteil zuerst zu klären, ob eine Aktivierung im Moment sein darf oder nicht. Diese Teile haben die größte Furcht, in ihrer Existenz durch den Therapeuten bedroht zu werden, da sie ja aus ihrer Sicht nichts anderes tun, als das gesamte System vor Re-Traumatisierung zu schützen. Es ist von Ego-State-Therapeuten immer wieder darauf hingewiesen worden, dass in ihnen wegen ihrer Power auch das größte Potenzial zur Veränderung liegt, welches überhaupt im traumatisierten Selbst-System steckt.

5. Dissoziation und Multiple Persönlichkeit

Obwohl die oben dargestellte Ego-State-Therapie von John und Helen Watkins seit einigen Jahren eine wesentliche und hoch effektive Methode bei der Behandlung von Patienten mit traumabasierten dissoziativen Störungen, namentlich der »Multiplen Persönlichkeit«, darstellt, wird sie bis heute noch sehr selten in der Therapie von neurotischen Störungen und Persönlichkeitsstörungen, z. B. Borderline-Störungen, eingesetzt. Da das Konzept der Multiplizität des Selbst auch aus meiner Sicht mit einer generellen Anschauung über den Aufbau und die Funktion der Psyche des Menschen verbunden ist, sind die Möglichkeiten, die in dieser Therapiemethode stecken, noch gar nicht voll genutzt worden. Mit der Ego-State-Technik sind wir in der Lage, die Multiplizität, die Vielstimmigkeit des menschlichen Selbst anzusprechen und auf die einzelnen Ebenen des Bewusstseins zuzugreifen, die wir im Laufe der Sozialisation erwerben – ein Mikrokosmos unseres äußeren Familien- und Gesellschaftssystems (Rivera 1989).

Die Tatsache, dass wir alle auf einem multiplen Bewusstseinszustand operieren, bedeutet, dass wir »Normalos« uns auf der einen Seite eines polaren Übergangsbereichs befinden, die andere, pathologische Seite wird von der »Multiplen Persönlichkeit« repräsentiert. Der wichtigste Unterschied zwischen einer »normalen« Multiplizität und einer Person mit DIS ist, dass ein normaler Multipler ein konsistentes Selbst-Gefühl besitzt, ein »Ich« oder »Selbst«, das die Teile zusammenhält; eine Person mit DIS hat kein Gefühl der Selbst-Kontinuität. Der Übergangsbereich dazwischen ist es, der mich in diesem Buch interessiert: Menschen mit intakter Realitätswahrnehmung (also keine Psychosen), aber mit mehr oder weniger fragiler Identitätsdiffusion (also keine neurotischen Störungen). Für diese Gruppe von Patienten hat Kernberg den Begriff Borderline-Organisation geprägt, um die Ebene der ich-strukturellen Störung zu benennen. Die Instabile Persönlichkeitsstörung vom Borderline-Typ F60.31 oder Impulstyp F60.32 sind zwei

Krankheitsbilder des Borderline-Spektrums, die sich an der Grenze zur psychotischen Frakturierung befinden.

Das Themenfeld dieses Buches sind die traumaassoziierten Störungen, namentlich schwere Persönlichkeitsstörungen vom Borderline-Typ, bei denen Täter- und Opferintrojekte eine Rolle spielen. Um diese therapeutische Arbeit besser von der Behandlungstechnik bei Patienten mit DIS abgrenzen zu können, möchte ist zuerst ein paar generelle Gedanken zum Thema Dissoziation und Multiple Persönlichkeit vortragen. Wenn wir dieses Feld besser verstehen und uns in seinen Besonderheiten auskennen, dann fällt es uns leichter, das Feld jenseits des Wassergrabens zu vermessen.

5.1 Dissoziation

Ich habe schon in einem früheren Abschnitt des Buches auf den Vorgang der Dissoziation Bezug genommen und möchte mich in diesem Kapitel noch einmal intensiv mit dem Thema auseinandersetzen, da er bei der Bildung traumabedingter Ego-States bedeutsam ist.

Fürs Erste meint »Dissoziation« als beschreibender Begriff ein Phänomen, das sich als Kontinuum zwischen normaler Alltags-Dissoziation auf der einen Seite und pathologischer Dissoziation auf der anderen Seite erstreckt. Die Dissoziation ist zunächst ein für uns alle erfahrbarer Zustand (Alltagsphänomen) und nichts weiter als das Gegenteil von Assoziation. Wir fügen mentale Inhalte zusammen (assoziieren) und trennen wieder (frakturieren) oder schieben beiseite (dissoziieren), was von unserem Gehirn als zu unwichtig oder zu brisant eingeschätzt wird.

Alltags-Dissoziation
Zuerst ein paar Beispiele dafür: Ein Mann fährt morgens mit der U-Bahn zur Arbeit, er verpasst die Haltestelle und schreckt aus seinen Gedanken zwei Stationen später plötzlich hoch. In diesem Fall würden wir sagen, er hat vor sich hin geträumt – diese Dissoziation entspricht dem Tagträumen. Oder damals in der Schule: Der Lehrer redet über die napoleonischen Kriege, und ich träume vor mich hin und beobachte das Mädchengymnasium gegenüber. Oder ich schaue am Samstag die

Sportschau, und meine Frau sagt etwas zu mir, etwas, was ich höre, aber »nicht mitkriege«. Diese normalen Erfahrungen würden die Psychologen als kurze Episoden von Tagträumen oder dem kurzzeitigen Verlust der Aufmerksamkeit bezeichnen.

Die dysfunktionale, pathologische Dissoziation
Bei den Dissoziativen Störungen müssen wir uns das Ganze viel extremer und den Menschen in seinem Selbst- und Welterleben stark beeinträchtigt vorstellen. Diese Art der Dissoziation, die Menschen erleben, während sie traumatisiert werden (peritraumatische Dissoziation) oder in der Zeit danach (posttraumatische Dissoziation), wird von den Beteiligten mehr als eine Form der »Abschaltung«, der Trennung, der Unterbrechung des Zusammenhangs (englisch: disconnection) beschrieben. Ich habe von Patienten Schilderungen gehört wie: es war, als sei ich auf Autopilot geschaltet; als wäre ich im Nebel verloren gegangen; die Welt um mich herum schien sich aufzulösen und durchsichtig wie Luft zu werden; als sei um mich plötzlich eine gläserne Wand[11] hochgezogen und ich sei von der Welt getrennt worden, als gäbe es ein unsichtbares Kräfte-Schild, das mich davon abhält, mit anderen in Kontakt zu treten.

Hält die Abschaltung an, dann kommt es zu einer Veränderung der Zeitwahrnehmung und im extremen Fall der DIS zum Phänomen des »Zeitverlierens« oder des »Zeitsprungs« im Echtzeiterleben mit Erinnerungsverlust für die dissoziative Periode.

Wenn wir in unsere Tagträume eintauchen und den Kontakt zu den Mitmenschen um uns herum verlieren, dann ist dies eine sogenannte normale Dissoziation. Die Art der Dissoziation von Traumaüberlebenden, die ganze Zeitabschnitte eines Tages nicht mehr erinnern können, nennen wir im Gegensatz dazu eine **dysfunktionale** Dissoziation. Von dieser Kategorie sprechen wir, wenn sich das Individuum, bei dem wir von außen eine Dissoziation beobachten, sich dieser dissoziativen Bewusstseinsänderung nicht bewusst ist oder diese Zustände nicht kontrollieren kann; wenn er uns von ähnlichen Ereignissen berichtet, die in unpassenden Augenblicken passieren, in einer In-

---

[11] Dieses Gefühl illustriert der sehr verstörende Roman »Die Wand« von Marlen Haushofer.

tensität und Ausdauer, dass diese Dissoziation das Leben des Menschen zerstört.

Wenn wir nun all dies zu einer Definition von »Dissoziation« zusammenbinden wollen, dann könnten wir sagen:

Dissoziation ist der teilweise oder völlige Verlust der integrativen Funktionen von Bewusstsein, Gedächtnis, personeller Identität und der Selbst- und Umweltwahrnehmung.

Dissoziation ist zum einen ein langfristiger Anpassungsprozess eines Individuums an eine traumatische Erfahrung, die Folgen sind ein Versagen der Integration traumatischer Affekte mit Symptombildung; zum anderen ein akuter Copingmechanismus angesichts überwältigender traumatischer Erfahrung und somit Teil der Stressbewältigungsstrategien eines Individuums im Alarm- oder Schockzustand. Mit Letzterem will ich mich nun beschäftigen.

5.2 Die Kaskade der Stressbewältigung

Um überwältigenden Stress zu überleben, müssen wir Menschen eine Kaskade von Abwehrmechanismen einsetzen, die in ihrer Abfolge ein Erbe der Phylogenese der Säugetierentwicklung ist. Die Mechanismen reichen von den hoch entwickelten menschlichen Fähigkeiten zur Bindung und zur sozialen Kompetenz, zur Flucht/Kampf-Reaktion, dem kurzfristigen Schockzustand (freeze) bis zum parasympathisch gesteuerten Totstellreflex (Unterwerfung) und zur Dissoziation. Mit Einzelheiten hatten wir uns schon im Zusammenhang bei der Besprechung der traumabezogenen Ego-States und der traumatischen Zange im Kapitel 4.3.3 beschäftigt.

No fight, no flight:

Die aktive Flucht- oder Kampfreaktion kann bei einer betroffenen Person im Moment des bedrohenden Ereignisses dazu führen, dass das Trauma erfolgreich vermindert oder sogar verhindert wird. Wer so etwas schafft, wird das Ereignis möglicherweise als stark belastend, wahrscheinlich aber nicht als Trauma im biografischen Gedächtnis abspeichern. Wir haben etwas gelernt, und unser dopaminerges Belohnungssystem kann über eine »Dusche« des Gehirns mit körpereigenen Opiaten (Endorphine) das ganze Erleben als Glücksgefühl verankern.

Sie werden sich vielleicht fragen, wie und wo das Gehirn plant, ob fliehen oder kämpfen die bessere Option wäre. Das Hirn plant in Extremsituationen nicht, es handelt: die Fight-or-Flight-Reaktion ist keine »Vernunftsreaktion« der Großhirnrinde, sondern es handelt sich um Reflexe aus dem sogenannten »primitiven« Teil des Gehirns, dem Stammhirn. Genau dies ist zum Überleben äußerst sinnvoll, denn das Großhirn wäre einfach viel zu langsam, um mit dem »logischen Denken«, dem »abwägenden Verstand« in einem Bruchteil von einer Sekunde erfolgreich zu reagieren – denken Sie an den Mann, der vor sich auf dem Waldboden etwas bemerkt, das wie eine Schlange aussieht; um auszuweichen, zu kämpfen oder wegzurennen bleibt oft nur wenig Zeit. Vorerfahrungen können dieses Reflexmuster aber in die eine oder andere Richtung modifizieren: Der begeisterte Schlangenforscher wird sich nach einem kurzen Adrenalinstoß schnell beruhigen, das Großhirn einschalten und sich über dieses schön gemusterte Exemplar der Gattung der südafrikanischen Bitis arietans arietans, auch Puffotter genannt, freuen. Andere Verhaltensweisen zeigen Menschen in Extremsituationen, die entweder schon früher durch ähnliche Ereignisse traumatisiert wurden oder über generell wenig Impulskontrolle verfügen – sie zeigen durch Sensibilisierung und Konditionierung häufig extrem stresshafte Reaktionsmuster.

Wenn aber aktives Tun nicht hilft – no fight, no flight –, um der äußersten Bedrohung, nämlich der Vernichtung der Person, zu entkommen, dann bleibt dem Gehirn nichts anderes übrig, als passive Abwehrmechanismen zu aktivieren. Diese sind weitere hirnstammgesteuerte Überlebensreflexe, die wir mit vielen Säugetieren teilen: Freeze and Fragment; gemeint sind Einfrieren im Sinne der tonischen und atonischen Immobilisierung, das Fragmentieren der Wahrnehmung, die Dissoziation und die Unterwerfung.

Freeze and Fragment:

Das englische Wort »Freeze« bedeutet wörtlich »Einfrieren«, gemeint ist eine Erstarrung im Schockzustand, also eine Handlungsunfähigkeit und Lähmungsreaktion bei gleichzeitiger Hocherregung (angespannte Erstarrung).

Was ist der biologische Vorteil dieser Anpassungsreaktion? Das Freezing ermöglicht eine bessere Lokalisierung von Geräuschen und eine bessere visuelle Beobachtung – durch diese effektivere Überwachung der bedrohlich erscheinenden Umgebung steigen die Überlebenschancen. Zusätzlich ist die Bewegungslosigkeit eine Möglichkeit, sich dem Angriffsverhalten des Angreifers zu entziehen, da viele Raubtiere nur auf sich bewegende Beute reagieren. Durch die bereits abgelaufene Vorbereitung des Körpers auf ein mögliches Flucht- oder Kampfszenario, die dann mangels Aussicht auf Erfolg aufgegeben wurde, ist der Körper durch die Sympathikusaktivierung noch mit Stresshormonen überflutet (Adrenalin, Noradrenalin, Cortisol, Endomorphine usw.). Es braucht eine Zeit, bis der Sympathikustonus heruntergeregelt wird und die HPA-Achse durch positives Feedback die Hormonproduktion der Nebenniere stoppt. Der bedrohte Mensch erscheint zu diesem Zeitpunkt zum einen äußerlich erstarrt und gleichzeitig innerlich hoch aktiviert: Er ist starr, er bebt, atmet kurz, starrt vor sich hin, ihm ist kalt – er scheint wie weggetreten (engl. spaced out). Eines ist jetzt klar: Das Ereignis hat für den Menschen jetzt traumatische Qualität. Würden wir dem reflexhaften Tun des Gehirns einen bewussten Gedanken leihen, dann könnte er lauten:

»Ich komme aus der Situation nicht mehr erfolgreich heraus, und ich kann diese extreme Situation nicht äußerlich bekämpfen – ich kappe die Wahrnehmungsverbindung nach außen, gehe auf Tauchstation und mache den aggressiven Reiz unschädlich, indem ich mich innerlich davon distanziere.«

Dabei helfen die im Blut kreisenden Stresshormone: Eine Flut von Endorphinen (körpereigene Opiate) helfen bei diesem »geistigen Wegtreten« und der »Neutralisierung« akuter Todesangst, das Noradrenalin (Botenstoff aus der Nebennierenrinde) blockiert die normalerweise integrative Wahrnehmung (Tunnelblick). Dauert die Traumatisierung weiter an, dann finden wir eine extreme Zunahme des Parasympatikustonus, namentlich den Nervus Vagus (X. Hirnnerv), bei fallendem Tonus des Sympathikus. Die betroffenen Menschen stehen wie angewurzelt da, schreien nicht, rufen nicht nach Hilfe (Stimmbandlähmung) und brechen auch nicht zusammen – das alles passiert erst viel später: Jetzt erst mal verursacht die Freeze-Reaktion eine innerliche Entfremdung vom Geschehen, und der Körper sieht von außen aktionslos aus, innerlich und äußerlich erstarrt alles (atonische Immobilisierung). Im nächsten Schritt kommt während und unmittelbar nach der Schockerstarrung der Vorgang des Fragmentierens der Wahrnehmung dazu. Diese zersplittert wie ein Spiegel, und diese Splitter (sog. Fragmente) werden an verschiedenen Orten des Gehirns abgespeichert oder abgespalten, sodass der betroffene Mensch das traumatische Ereignis im Nachhinein nicht mehr zusammenhängend wahrnehmen und erinnern kann. Max Frisch hat dies sehr treffend in seinem Roman »Mein Name sei Gantenbein« ausgedrückt: »Es ist wie ein Sturz durch den Spiegel, mehr weiß einer nicht, wenn er wieder erwacht, ein Sturz wie durch alle Spiegel, und nachher, kurz darauf, setzt sich die Welt wieder zusammen, als wäre nichts geschehen. Es ist auch nichts geschehen« (S. 25).

Die Welt vor mir mag sich ja wieder zusammenfügen, aber nicht die Welt in mir: Ich weiß, dass etwas Schreckliches passiert ist, aber nicht mehr was.

Die Kohärenz des Erlebens – normalerweise in allen Sinnesqualitäten im Gehirn parallel prozessiert und dann im Arbeitsgedächtnis des Frontalhirns zusammengefügt, affektiv bewertet und mental zu einem Narrativ abgespeichert – zerfällt im Zuge der traumatischen Erfahrung in die einzelnen H-A-K-K-B-B-Fraktale (siehe 4.3.3); der Körper zerlegt die traumatische Erfahrung und speichert die Einzelteile an unterschiedlichen Orten. Der Prozess des Fragmentierens ist eine Form von Dissoziation.

Bei fortschreitender Bedrohung übernehmen parasympathisch regulierte Strategien gänzlich die weitere Steuerung der Stressbewältigung. Psychopathologisch betrachtet haben diese Erfahrungen, besonders für Säuglinge und Kinder, die Qualität einer psychischen Katastrophe, ein Versuch, trotz aussichtsloser Lage dennoch zu flüchten, nicht hin zu einem sicheren Ort im Außenraum, sondern eine Flucht in die Innenwelt. Der Preis, der dafür zu zahlen ist, sind der Beziehungs- und Bindungsabbruch und der Verlust der Symbolisierungsfähigkeit menschlichen Denkens. Am Ende stehen die Selbstaufgabe, die gefügige Unterwerfung: Wir nennen dies den Totstellreflex, einige Menschen werden ohnmächtig, vermutlich kann man auch in der Bradykardie sterben (Voodoo-Tod).

5.3 Dissoziation, Traumaerfahrung und die Folgen

Die Fähigkeit zur Dissoziation ist, wie ich oben sagte, einerseits etwas ganz Alltägliches, anderseits auch ein Persönlichkeitsmerkmal, mit dem Menschen vom Moment der Geburt an unterschiedlich reichhaltig ausgestattet sind. Die Gabe der Dissoziation scheint nur uns Menschen, nicht den anderen Säugetieren gegeben zu sein, und wir können diese unterschiedlich gut anwenden; wer gut dissoziieren kann, kann sich oft »wegbeamen« aus der zusammenhängenden Wahrnehmung der Alltagsrealität. Diese Fähigkeit zum Tagträumen ist im normalen Alltag zur Stressreduktion ganz gut einsetzbar, überlebenswichtig wird ihre Schutzfunktion aber erst in einer überwältigenden Traumasituation. Wer immer »voll da ist«, also eher schlechter dissoziieren kann, wird in einer Extremsituation eher lange versuchen, alles assoziativ und zusammenhängend wahrzunehmen. Dies kann zu einem »System Overload« im Gehirn, wie es im Computerjargon heißt, führen mit dem Nachteil, dass die Todesangst und das Gefühl der Hilflosigkeit länger ungeschützt ertragen werden müssen. Auf der anderen Seite sind schnelle und chronische peritraumatische Dissoziation und Frakturierung ein wichtiger Prädiktor für die Ausbildung einer Posttraumatischen Belastungsstörung (PTBS).

Die Dissoziation, um die es mir im Zuge der Traumaerfahrung in diesem Kapitel geht, ist eine autoprotektive Wahrnehmungsveränderung des Gehirns mit dem Ziel, dem Individuum das Überleben zu ermöglichen und uns emotional vor dem »Unvorstellbaren« zu schützen. Dissoziation ist ein Weg, wie Menschen sich von Schmerzen isolieren können, sie dient uns als eine sehr adaptive und lebensrettende Abwehr in ganz bestimmten Augenblicken des Lebens. Das Problem ist nur: Wenn das Trauma vorbei und die Bedrohung vorüber ist, dann beginnt die Dissoziation mit dem zielgerichteten Funktionieren im Leben in Konkurrenz zu treten, und das ist es, was sie für die Gegenwart als wenig angepasst erscheinen lässt (maladaptive Dissoziation). Auch neigen viele Traumapatienten dazu, sich an die wohltuende Fähigkeit zur Ausblendung aversiver Reize zu gewöhnen, und setzen Dissoziation verstärkt zur Alltagsbewältigung ein – dissoziieren kann süchtig machen und zu einer schlechten Angewohnheit werden, wie Sachsse schrieb (2004). Diese Form von Dissoziation zeigt sich dann auch bei verschiedenen psychologischen Erkrankungen wie bei der Posttraumatischen Belastungsstörung (PTBS), der Borderline-Persönlichkeitstörung (BPS), der Dissoziativen Identitätsstörung (DIS) und Störungen der Übergangsbereiche. Siehe Abbildung 5-1.

> - **Amnesie:** Über die normale Vergesslichkeit hinaus die Unfähigkeit, wichtige persönliche Information zu erinnern – als Folge von Trauma und extremem Stress
> - **Fugue:** Der Erfahrung von Amnesie vergleichbar, nur dass die Person sich für jemand anderen ausgibt und keine Erinnerung an die Vergangenheit hat
> - **PTBS:** Eine individuelle Antwort auf ein Traumaerleben. Häufig treten intrusive Erinnerungsbilder an das Trauma, ein Gefühl des emotionalen Betäubtseins und Zustände von Übererregung auf
> - **Depersonalisation/Derealisation:** Eine dissoziative Störung des Erlebens der eigenen Person und der Umgebung. Die Umgebung oder Teile davon werden nicht adäquat wahrgenommen, z. B. Körperteile nicht gefühlt; Schmerzlosigkeit; »neben sich stehen«; evtl. sogar aus dem Körper »heraustreten«
> - **Borderline-Störung:** Eine Persönlichkeitsstörung mit Neigung zur Identitätsdiffusion, Mustern von impulsivem Verhalten, emotionaler Instabilität und chronischer Leere
> - **Ego-State-Disorder:** Eine DDNOS-Störung (Dissociative Disorder Not Otherwise Specified), bei der Dissoziation und Herausbildung von verschiedenen Ego-States im Vordergrund stehen. Die Ego-States sind deutlich separiert, aber nicht durch amnestische Barrieren getrennt: eine abortive Form der DIS
> - **Dissoziative Identitätsstörung (DIS):** Traumabedingte Auftrennung der Persönlichkeit in Teil-Selbste, die zum Teil amnestisch gegeneinander sind und eine eigene Identität mit einem Denken, Fühlen, Wissen usw. herausbilden

Abbildung 5-1: Psychische Störungen, die mit dem Vorliegen von Dissoziation assoziiert sind

Auch bei der PTSD benutzen Menschen die Dissoziation, um sich selbst emotional zu betäuben (numbing), um die Erinnerung an das Trauma zu vermeiden. Vorübergehende Dissoziationen finden wir auch als relativ häufiges Symptom bei Patienten mit traumabasierter Borderline-Störung, was dazu führt, dass diese Patienten manchmal das Gefühl haben, ein Teil ihres Selbst sei wie abgetrennt. Diese separierten Ego-States, die wir bei Borderline-Patienten finden, sind nicht so tiefgehend amnestisch voneinander abgetrennt wie bei der dissoziativen

Identitätsstörung, und es findet sich hier auch nicht das Phänomen des »Verlustes von Zeit«. Der klinische Nachweis und die therapeutische Arbeit mit den durch Dissoziation entstandenen Ego-States sind für viele Traumaforscher eine Argumentationsgrundlage, um zu vermuten, dass Borderline-Störung *generell* ein Ergebnis von Traumata oder schwerer Vernachlässigung in der frühen Kindheit sei. Jede Form der Dissoziation, über die wir im Zusammenhang mit bestimmten Diagnosen in Abbildung 5-1 sprechen, ist eine Veränderung des Gefühls für das eigene Bewusstsein (sense of awareness), entweder in der Beziehung zu mir selbst, in Beziehung zu meiner Erinnerung oder meiner Beziehung zur gegenwärtigen Umwelt.

5.4 Dissoziative Identitätsstörung: ein kurzer Abriss

Keiner von uns hat eine total integrierte Persönlichkeit, und die dissoziative Identitätsstörung ist eine extreme Manifestation von etwas, was wir alle besitzen und kennen: ein multiples Selbst. Einen Selbstanteil, z. B. Ihr professionelles Selbst, zeigen Sie jeden Tag bei der Arbeit, einen anderen Teil auf der Skihütte mit Ihren Freunden und wieder eine andere zu Hause mit der Familie – all das sind »Teile« unserer Persönlichkeit. Vielleicht sagen wir manchmal: »Ein Teil von mir möchte gerne ins Kino gehen, ein anderer Teil möchte gerne zu Hause bleiben.« Das heißt nicht, dass wir dissoziiert wären, das heißt einfach nur, dass wir einen Ambivalenzkonflikt haben. Das alles wissen wir bereits.

Dissoziation im klinischen Alltag
Von den Borderline-Patienten wird dieser Konflikt noch viel extremer erlebt und zusätzlich durch den bohrenden Gedanken verstärkt, unbedingt die richtige Entscheidung treffen zu müssen, als gäbe es nur richtig oder falsch, schwarz oder weiß. Bei der dissoziativen Identitätsstörung übernehmen einzelne voneinander abgegrenzte Ego-States die polaren Seiten der Zwiespältigkeit und vermitteln durch ihre starke Ausprägung ein Gefühl, als seien ganze Persönlichkeiten hinter dieser Entscheidung versteckt, die für sich recht bekommen wollen.

Normalerweise denkt man bei dissoziativer Identitätsstörung an die Beispiele, wie sie uns in Filmen gezeigt werden: Plötzlich und abrupt wechselt eine Person, zum Beispiel in dem Film »Dr. Jekyll und Mr. Hyde« oder »Sybil«, von einer Person in die andere. In der Realität, d. h. im klinischen Alltag, zeigen Menschen mit DIS ganz selten solche offensichtlichen und spektakulären Wechsel. Neben der Dissoziation und dem Hin-und-her-Wechseln (wir nennen es neudeutsch: switchen) liegt das besondere Erkennungsmerkmal der DIS auf anderen Dingen, z. B. inneren Stimmen, Albträumen, Panikattacken, Depressionen, Essstörungen, Abhängigkeit von Substanzen, Zeitverlustgefühl, Unterschiede in der Handschrift, Unterschiede im Auftreten, Körpererinnerungen und Spannungskopfschmerzen; Letztere sind häufig ein wahrnehmbares Zeichen für einen Persönlichkeitswechsel. Die meisten Patienten zeigen diese Symptome nicht alle zu Beginn der Behandlung, zum Teil aus Scham, aber noch mehr aus Unwissenheit, da sie diese Symptome mit ihrer wahrgenommenen Vielstimmigkeit (Multiplizität) noch nicht in Zusammenhang gebracht haben. Aber was könnte uns auf die Spur führen, dass bei so beschriebenen Patienten eine DIS vorliegt?

Wenn ein Patient darüber klagt, Stimmen zu hören, so müssen wir im therapeutischen Setting die Natur dieser Stimmen explorieren. Wir fragen danach, wie er sie empfindet, wie sie klingen, männlich oder weiblich, innen oder außen, ohne gleich erschreckt anzunehmen, unser Patient leide an einer Schizophrenie. Menschen mit Dissoziation neigen dazu, innere Stimmen zu hören, die sie als einen Teil von sich selbst wahrnehmen, und die Art und Weise, wie sie davon berichten, unterscheidet sich sehr von der schizophren Erkrankter. Ein anderer wichtiger Punkt: Wenn ein Patient plötzlich im Reden innehält, verstärkt grimassiert und verwirrt erscheint oder von einem besonderen thematischen Punkt in einer Stunde total absorbiert erscheint, dann ist es oft hilfreich, wenn der Therapeut fragt, was der Patient gerade für eine innere Erfahrung mache und ob er vielleicht gerade eine innere Konversation gehört habe. Die meisten der charakteristischen Symptome der DIS können vor anderen Menschen ziemlich erfolgreich versteckt werden.

Welchen Sinn und welche Funktion hat die Dissoziation innerhalb der DIS?
Bisher haben wir die Dissoziation als einen Notfallmechanismus des Gehirns bei überwältigendem Stress kennengelernt, als einen kreativen Weg, um das nicht Ertragbare und Akzeptable außerhalb der Sichtweite zu halten – um es wegzuschieben und abzukapseln. Als ein langfristiger Anpassungsprozess ist die Dissoziation in der Lage, schmerzliche Geheimnisse, die mit dem Trauma verbunden sind, vom Bewusstsein abzutrennen, um so dem Individuum die Möglichkeit zur Adaption an die Umgebung zu erhalten.

Ein achtjähriges Mädchen, welches einmal pro Woche nachts vom alkoholisierten Vater sexuelle Gewalt erfährt und mit ihm, der sich wunderbarerweise am nächsten Morgen beim Frühstück wieder völlig »normal« verhält, irgendwie auskommen muss, braucht die Fähigkeit zur Dissoziation, um diese verrückte Situation zu ertragen: Das hier ist mein lieber Papa und ich bin seine kleine Prinzessin Franzi, und gestern Abend, das war ein anderer Teil von mir, das war Franziska, die solche Sachen mit Papa macht. Diese Abtrennung von Handlungs- und Erfahrungssequenzen ist ein lebensrettender Abwehrmechanismus, der es ermöglicht, eine Bindung an den Missbraucher aufrechtzuerhalten und die zum Teil überwältigenden heftigen, konflikthaften Emotionen in verschiedenen Teilen des Gehirns getrennt aufzubewahren.

DIS: eine Herausforderung für Therapeut und Patient
Zugegebenermaßen habe ich mich auch lange schwergetan, an die DIS als eigene Krankheitsentität zu glauben. Gehindert daran hat mich ein Festhalten an der in der psychoanalytischen Community bis heute geltenden Überzeugung, die Dissoziation sei ein Merkmal der Borderline-Persönlichkeitsstörung und Alterpersönlichkeiten, vor allem kindliche Alters seien einfach nur regressive Zustände, die mit Frakturierungsangst verbunden sind oder das Switchen stelle eine psychotische Episode dar.

Auch die sehr polarisiert geführte Diskussion um das sogenannte »False-memory-Syndrom« (Loftus 1997) hatte verheerende Auswirkungen, hörte man doch eine Zeit lang allerorts die Meinung, dass alle Therapeuten aus Übereifer die »Krankheit« der DIS bei ihren Patienten durch Suggestion erst erzeugten. Das Nicht-zur-Kenntnis-nehmen-

Wollen war die eine Seite, die Katastrophalisierung der Prognose dieser Patienten die andere: Patienten mit DIS, so hieß es, zeigen ein Verhalten wie in den Hollywood-Filmen, mit offensichtlichem Switchen und extremer Veränderung der Persönlichkeit, sie haben sehr wenig Kontrolle über ihr internes System und bleiben für immer psychisch krank.

Wenn ich die Patienten rekapituliere, die ich in der klinischen Arbeit mit diesem Störungsbild kennengelernt habe, dann lässt sich verallgemeinern: Der typische DIS-Patient ist weiblich, und die Patientin spricht über Stimmen im Kopf, die sie seit ihrer Kindheit hört. Am Anfang dachte sie, dass solche Stimmen ganz normal seien und dass alle diese Stimmen hätten. Je älter sie wurde, umso schwieriger wurde es, mit diesem inneren Durcheinander das Leben im Griff zu behalten. Die Stimmen kommentieren das Verhalten oder scheinen sogar den ganzen Menschen zu kontrollieren. Einige DIS-Patientinnen glauben manchmal, dass irgendjemand außerhalb von ihnen ihr Leben und Verhalten kontrolliere, ein Verhalten, das außerhalb der Norm liege, ein Verhalten, das mit ihrem normalen Charakter in Widerspruch stehe und das ihnen manchmal das Gefühl gebe, sie seien eine andere Person.

5.4.1 Ist die Dissoziation eine Krankheit?

Durch die Forschung der letzten Jahre, vor allen über die neurobiologischen Folgen von Trauma, haben wir viel über die Veränderungen des Gehirns, des Immun- und Hormonsystems während und nach dem traumatischen Ereignis gelernt und vor allem viele Erkenntnisse zu der Frage gesammelt, wie das Trauma das Gedächtnis beeinflusst. Normalerweise ist das Trauma eine überwältigende Stresssituation, die mit Gefühlen von Ohnmacht, Todesangst, Kontrollverlust und mit Dissoziation einhergeht.

Diese Dissoziation erlaubte den Menschen, die ein Trauma erleben, ihr Bewusstsein in einer Art und Weise so zu verändern, dass es ihnen möglich ist, sich vom Trauma dadurch zu distanzieren, dass sie das traumatische Geschehen zwar weiterhin wahrnehmen, dieser Wahrnehmung aber eine andere Bedeutung geben. Im Anschluss an die Gedanken von Pierre Janet zur »Dissoziation« als einem traumatisch angestoßenen Vorgang erweist sie sich als ein grundlegender Rückzugsmodus aus einer unerträglichen Realität. Sie beschreibt einen auch neurobiologisch fassbaren Abwehr- und Schutzmechanismus, der aber im weiteren Prozessfortgang eine konstruktive Überwindung der traumatischen Erfahrungen entscheidend behindern kann.

Vom akuten Copingmechanismus zur Diagnose
Diese Distanzierung kann sich im Bereich des Gedächtnisses, der Emotionen für das aktuelle physische Erleben oder in extremen Formen im Gefühl für die eigene Identität abspielen; wenn wir uns einer massiven Bedrohung gegenübersehen, schaltet das Gehirn von der Biologie des aktiven, sympathikogenen Überlebenskampfes (Flüchten – Kämpfen) auf den passiven, parasympathischen Rückzug bis hin zur Selbstaufgabe und Unterwerfung zurück. Wenn aber die Dissoziation sowohl eine neurobiologische Antwort auf die Bedrohung und ein psychologischer Schutz vor überwältigenden Erfahrungen ist, dann, so könnte man einwenden, kann das Phänomen Dissoziation natürlich keine Krankheit sein.

Dass aus dem akuten Copingmechanismus der Dissoziation eine Diagnose wird, das hängt mit ihrer Intensität, Stärke und dem chronifizierten Umgang damit zusammen – ist also eine sekundäre Folge des Gebrauchs eines primären Überlebensmechanismus. Bitte denken Sie noch einmal an die normale Tagträumerei, z. B. wenn Sie auf der Autobahn fahren, und gehen Sie noch einen Schritt weiter: Ein Individuum benutzt Dissoziation als Abwehr und »macht sich betäubt«, wenn es mit überwältigendem Stress konfrontiert ist. Solange es dieses »Betäubt-Sein« nicht zu oft einsetzt und die Episoden nicht zu ernsthaft stark werden, ist dies ein guter Weg, um mit Stress umzugehen. Wenn die Dissoziationen aber immer häufiger werden und immer stärker mit den normalen Funktionen des Lebens in Konflikt geraten, dann beginnt diese Person sich zu schaden. So wird aus einem Abwehrmechanismus ein ganz normales Symptom, das wir zum Beispiel bei Patienten mit Posttraumatischer Belastungsstörung finden. Das Problem ist nur, dass bei Menschen, die sich daran gewöhnt haben, Dissoziation einzusetzen, um die bewussten Wahrnehmungen eines vergangenen traumatischen Ereignisses wegzudrücken, diese Erinnerungen später wieder auftauchen. Ein ganz normaler Weg, wie diese Erinnerungen wieder an die Oberfläche kommen, sind die Flashbacks. Diese sind durch Trigger (z. B. senorischer oder mentaler Auslösereiz) ausgelöste Erinnerung an das Traumaereignis, welches so real erscheint, als würde das Szenario jetzt live passieren; eine andere häufige Form der intrusiven Bilder ist der nächtliche Albtraum, der sich für den Schläfer sehr real anfühlt. Diese beiden Dinge lassen Menschen häufig Hilfe beim Therapeuten suchen. So ist aus der Dissoziation eine Diagnose geworden.

Aufbau und Funktion des menschlichen Gedächtnisses
Ein anderes wichtiges Thema in diesem Zusammenhang sind der Aufbau und die Funktion des menschlichen Gedächtnisses. Ohne hier ins Detail zu gehen, sollten wir zumindest wissen, dass wir alle zwei verschiedene Formen des Gedächtnisses haben. Da gibt es das sogenannte **explizite Gedächtnis,** das wir meinen, wenn wir eigentlich über Gedächtnis reden. Wir brauchen es, um Fakten zu erinnern (Wie heißt die Hauptstadt von Frankreich?) und Ereignisse (Wer war alles auf Tante Irmis 88. Geburtstag?) oder irgendwelche Informationen aus der Vergangenheit, die für uns wichtig sind. All diese Erinnerungen haben durch die Aktivität des Hippocampus eine Kontextmarkierung, d. h. eine Art Aufkleber, auf dem Ort und Zeit vermerkt sind. Im **impliziten Gedächtnis** (auch unbewusstes, prozedurales Gedächtnis genannt) sind Verhaltensweisen und Handlungen von mir abgespeichert, die ich zwar genau kenne, aber nicht mehr weiß, wie und wo ich sie erworben habe (eine Schleife am Schuh binden, Rollschuh fahren) – diese Dinge sind sozusagen automatisierte Selbstverständlichkeiten. Dieses Gedächtnis spielt auch eine entscheidende Rolle bei der Konditionierung, dem Priming usw. Aus der Forschung der letzten Jahre wissen wir, dass das implizite Gedächtnis heute mit der Bildung starker Emotionen in Verbindung gebracht wird, und so ist es verständlich, warum einige traumatische Erinnerungen sich mehr als heftige Emotionen oder körperliche Reaktionen zeigen denn als konkrete Worterinnerungen. Erinnerungen sind nichts Statisches und Unveränderbares, im Gegenteil. Das Gedächtnis funktioniert nicht wie ein Archiv voller Erinnerungsfilme, gut sortiert und mit Datum/Ort der Aufnahme versehen, die wir dann nur bei Bedarf in unseren inneren Projektor legen müssen, und dann flimmert »Jochen mit Schultüte, Kelheim 1956« über die Lein-

wand. Wir konstruieren unsere Erinnerungen an die Vergangenheit vom gegenwärtigen Erfahrungshorizont getragen nach rückwärts. Dass Erinnerungen an die Kindheit keine Konserven sind, die die Originalereignisse unverfälscht aufbewahren, das hat schon Freud geahnt, als er schrieb: »Vielleicht ist es überhaupt zweifelhaft, ob wir bewusste Erinnerungen *aus* der Kindheit haben oder nicht vielmehr *an* die Kindheit. Unsere Kindheitserinnerungen zeigen uns die ersten Lebensjahre, nicht wie sie waren, sondern wie sie späteren Erweckungszeiten erschienen sind« (Freud GW 1, S. 553–554).

Wenn wir älter werden und unser Verständnis für uns, die anderen und die Welt, in der wir leben, wächst, versuchen wir unserem bisherigen Leben einen Sinn zu geben (der zu unseren gegenwärtigen Überzeugungen passt), und wir füllen die Leerstellen unseres Gedächtnisses und kreieren eine sich ständig ändernde Erzählgeschichte unseres Lebens – das ist ganz normal. Diese »tendenzlose« Neigung zur Neukonstruktion unserer Vergangenheit findet sich in dem Bonmot: Das habe ich getan, sagt das Gedächtnis, das kann ich gar nicht getan haben, sagt der Stolz ... endlich gibt das Gedächtnis nach.

Es scheint jedoch, dass traumatische Erinnerungen sich über die gesamte Lebenszeit nicht verändern und von diesem Lösch- und Umschreibeprozess unserer Erinnerungen ausgeschlossen sind. Das ist ein Grund, warum diese Flashbacks und unerwarteten Körpergefühle, die ich oben erwähnte, so ein plötzliches Gefühl für Panik erzeugen können, wenn sie beginnen aufzutauchen – sie sind wie Artefakte, wie verwirrende Fundstücke aus der Vergangenheit.

5.4.2 Zum Verständnis der einzelnen Teile des Selbst

Um ein Gefühl dafür zu bekommen, wie Ego-States bei uns und bei unseren Patienten funktionieren, ist es lehrreich, das Zusammenspiel der inneren Selbst-Anteile am Extremfall, der »Multiplen Persönlichkeit«, zu studieren. Diese Teile des Selbst, die zum Teil ein hoch differenziertes Eigenleben entwickeln, nennt man »Alters«[12]. Auch wenn wir immer wieder Ähnlichkeiten bezüglich der Rolle, ihrer Funktion und individuellen Ausgestaltung der Alters zwischen den Patienten fin-

---

[12] Alters kommt vom Englischen to alter = wechseln, ändern.

den, so müssen wir davon ausgehen, dass jede Person aufgrund ihrer eigenen Lebenserfahrung und ihrer Persönlichkeit ein einzigartiges Set von Ego-States im internen Selbst-System besitzt. Diese Alters, Teile des Selbst, Persönlichkeits-Teile oder Ego-States entwickeln sich rund um eine Gruppe von Gefühlen und Erfahrungen, in einem spezifischen Moment im Leben eines Menschen – in dem Fall der DIS in mehr oder weniger traumatischen Momenten des Lebens.

Auch wenn es in der Literatur verschiedene Entstehungstheorien der DIS gibt (siehe Overkamp 2005), so sind sich die meisten Forscher darüber einig, »dass Dissoziation als Überlebensmechanismus gegen eine schwere chronische Traumatisierung eingesetzt und von DIS-PatientInnen aufgrund anhaltender widriger Lebensumstände so perfektioniert wird, dass ihnen ihr eigenes Leben als von verschiedenen, separierten Teilen gelebt erscheint« (S. 56).

Zu einem vertieften Verständnis ihrer Entwicklung hilfreich war mir die vom Psychoanalytiker Richard Kluft entwickelte Theorie der DIS, die ich kurz darstellen möchte. Die Einflussfaktoren (Kluft 1984 a+b) sind:

- Eine stark ausgeprägte, angeborene Fähigkeit zur Dissoziation und Imagination, die eingesetzt wird, wenn
- schwerste Traumata – mit Beginn in der frühen Kindheit – die Zeit der prägenden Entwicklungsjahre beherrschen und die nicht dissoziative Abwehrkapazität des Kindes überfordert.
- Die Ausgestaltung und Form der DIS geschieht in Abhängigkeit der angeborenen Persönlichkeitseigenschaften (z. B. Temperament), neurotischer, d. h. nicht traumabasierter Konfliktpathologie und des sozialen und kulturellen Umfeldes.
- Das traumatisierte Kind ist einem Mangel an Trost und hilfreicher Unterstützung innerhalb eines ausbeuterischen Rahmens ausgesetzt und kann keine angemessenen Übergangsobjekte zur Heilung ausbilden.

Diese sich ausbildenden Alters sind, obwohl voneinander getrennt und in der Lage, mehr oder weniger unabhängig in der Welt zu reagieren, nur einzelne Teile der ganzen Person, welche fragmentiert und aufgeteilt ist. Wir haben es nicht mit verschiedenen Persönlichkeiten zu tun – deshalb ist die Bezeichnung Multiple Persönlichkeit unpräzise, auch wenn sie schöner klingt als DIS[13] –, sondern mit nur einer Persönlichkeit, die aus verschiedenen Selbst-Anteilen besteht.

Ein Beispiel aus der Praxis:

> Die erwachsene Brigitte (45 Jahre alt) ist Gastgeber (»host«) für verschiedene Innenteile. Da gibt es Gitti, einen vier Jahre alten Kindanteil, der das sexuelle Gewalttrauma mit dem alkoholkranken Vater im 4. Lebensjahr erlebt hat und der diesen Teil der Erinnerungen des Traumas in sich trägt. Gitti verkörpert auch die Gefühle panikartiger Furcht während des Missbrauchs, die Schmerzen und den unterdrückten Hass, die alle so intensiv waren, dass Gitti nur durch ihre Fähigkeit zur Dissoziation überlebte. Es gibt auch noch andere Kind-Anteile im System von Brigitte: ein zwölfjähriges Mädchen mit dem Namen »Fury«, die auch die Erinnerungen an den vergangenen Missbrauch trägt, aber voller Wut und Zorn steckt, die damals notwendig waren, um zu überleben. Dieser Anteil kommt immer auf die Bühne, wenn es gilt, den bedrohten jüngeren Kinderanteil zu schützen, z. B dann, wenn Gitti von Angst überwältigt nicht reden kann. Dann gibt es noch »Zorro – der Rächer«, ein pubertierender Jungenteil, der entstand, als Brigitte mit 16 Jahren nach einem Diskobesuch vergewaltigt wurde. Da sie sofort bei der Annäherung des Mannes erstarrte und dissoziierte, hatte sie keine Chance, sich zu wehren. Zorro kommt dann nach vorne, wenn sich im Leben der erwachsenen Brigitte Situationen ergeben, in denen sich diese jüngeren Kinderanteile in irgendeiner Form geängstigt fühlen. Das Problem für die erwachsene Brigitte ist nur, dass plötzlich Wut und Zorn in einer Art und Weise aus ihr herausbrechen, wie es für diesen 16 Jahre alten Jungen in der Pubertät normal wäre. Dieser Switch von der 45-jährigen Brigitte in einen 16-jährigen »Rächer-Ego-State« ist für viele Menschen in ihrer Umgebung (und auch Brigitte) völlig unverständlich und auch erschreckend.

Wie wir gesehen haben, sind die einzelnen Ego-States das Ergebnis von dissoziativen Prozessen und tragen spezielle Erinnerungen, Erfahrungen, Emotionen oder Verhaltensmuster in sich aufgespeichert. In

---

[13] Aus diesem Grund benutze ich diese Bezeichnung auch noch, setze sie aber in Anführungszeichen.

den ersten Jahren des Lebens bis nach der Pubertät sind diese Teile so voneinander getrennt, dass der Patient, der Dissoziation als Abwehrmechanismus einsetzt, sie häufig gar nicht wahrnehmen kann, bis dann das selbstbeobachtende Bewusstsein (der innere Beobachter) mit der Zeit wächst und diese Teile eine eigene Identität entwickeln. Sie beginnen sich deutlicher voneinander abzugrenzen, werden erlebnishaft und biografisch organisiert und entwickeln gebrauchsabhängig ein Eigenleben – ein inneres System, eine innere Selbstfamilie als Anpassungsleistung auf das Trauma entstehen.

Vergleicht man die eigenen Praxiserfahrungen mit den in der Literatur publizierten Fallschilderungen, dann zeigt sich, dass in Holland, USA, Deutschland usw. bei den meisten DIS-Patienten sich oft Ähnlichkeiten darin zeigen, wie diese ihre Ego-States beschreiben und wie diese im Gesamtsystem funktionieren: Wir finden den Gastgeber (host[14] oder Erwachsenen-Selbst), verschiedene Kinderteile, täteridentifizierte Anteile, innere Helfer, Beschützer, freundliche und strafende Elternintrojekte und so weiter. Der Gastgeberanteil wird die meiste Zeit des Tages die Kontrolle über den Körper haben und ist häufig der Teil, der in Therapie kommt, ist ängstlich und depressiv und spürt, dass im inneren System, der inneren Selbst-Familie etwas nicht stimmt. Die Kinderanteile bergen oftmals die Erinnerungen an das Trauma und die damit verbundenen heftigen Emotionen von Scham, Schuld, Hass und Verwirrung. Sie stellen verschiedene Altersgruppen dar, in denen das Trauma sich ereignete, und wirken aus der Erwachsenenposition eher kindlich. Wichtig für den Ego-State-Therapeuten ist, wenn wir mit diesen Teilen Kontakt aufnehmen, dass diese Teile sich ausdrücken, denken und sich auch physisch verhalten wie Kinder, deren Entwicklungsstand sie repräsentieren. Manchmal können sie nicht reden oder auch nicht schreiben oder lesen. Andere kindliche Teile sind in schwierigen Lebenssituationen unter Nutzung von Kinderfantasien entstanden und repräsentieren z. B. das »idealisierte Kind« aus Sicht der strafenden Eltern. In diesem Falle enthalten sie keine Erinnerungen des traumatischen Geschehens, sondern sie haben eine Identität gebildet, die da-

---

[14] Nach weitgehender Akzeptanz der Theorie der strukturellen Dissoziation von Ellert Nijenhuis et al. sollte der Begriff »host« aufgegeben und durch ANP (anscheinend normaler Teil der Persönlichkeit) ersetzt werden.

rauf basiert, was sie über sich selbst und ihre Familie glauben oder glauben wollen. Ein Beispiel für das idealisierte Kind ist das »brave kleine Mädchen«, welches ständig beteuert, es verhalte sich total nach den Erwartungen der anderen, unabhängig davon, ob das auch wirklich so erwartet wurde. Einen anderen häufig auftauchenden Kindteil stellt der »perfekte Junge« oder das »perfekte Mädchen« dar, der als Kontrapart zu einem von den Eltern »vernachlässigten und entwerteten Kind« entsteht. Einige Ego-States repräsentieren Introjekte von wichtigen äußeren Bezugspersonen, das können wohlmeinende oder auch kritische und entwertende Elternteile sein, aber auch Introjekte, die als Folge der Traumatisierung entstehen. Damit möchte ich mich ausführlich im nächsten Kapitel beschäftigen.

6. Die traumatisierte Selbstfamilie der Borderline-Patienten

Die Herausbildung von Ego-States als unterscheidbare Selbst-Anteile mit einer Geschichte, Funktion und Prägnanz habe ich für den Extremfall des dissoziativen Spektrums, der »Multiplen Persönlichkeit«, im letzten Kapitel genauer beschrieben. Dieser geschärfte Blick auf die höchst separierten Ego-States sollte uns helfen, auch bei anderen Patientengruppen Ego-States zu erkennen, auch wenn ihnen dort die farbige Prägnanz oder die Wucht der Unerbittlichkeit ihrer Botschaft fehlen sollte. Gerade in der Arbeit mit Borderline-Patienten stieß ich immer wieder auf eine ähnlich organisierte innere Bühne, besetzt mit Charakteren, die vielen Selbstteilen der DIS in nichts nachstanden. Daraufhin begab ich mich auf die Suche nach weiterer Literatur zu meiner Hypothese, die Modelle der Ego-State-Theorie nach Watkins und Watkins könnten helfen, das gesamte Spektrum der traumaassoziierten Störungen besser zu verstehen. Bei Jeffrey Young mit seinem Modell der Schematherapie und in den Publikationen der New Yorker Psychoanalytikerin Elisabeth Howell wurde ich fündig. Sie beschreibt in ihren Arbeiten über Borderline-Patienten eine spezielle, durch chronischen und komplextraumatischen Stress durch frühere Bezugspersonen verursachte innerpsychische Organisation, deren Merkmal ein häufiger Wechsel zwischen Opfer/masochistisch- und Täter/hasserfüllt-States darstellt. Bei der genauen Betrachtung dieser Zustandswechsel ließen sich darin Reinszenierungen traumatischer Gewalt früher Bindungserfahrung erkennen. Howell (2002) vermutet, dass das Verhalten des Aggressors in der Traumasituation möglicherweise vom Opfer nachgeahmt wird und dass das, was als Identifikation mit dem Aggressor erscheint, eine »wörtliche und konkrete prozedurale Imitation« (2002, S. 932) darstellt. Als Gründe nennt sie den Zusammenbruch der synthetischen Ich-Funktionen im Angesicht traumatischer Gewalt und die Unmöglichkeit, das Verhalten des Aggressors zu assimilieren. Imitation als Übernahme der Perspektive des anderen aufgrund von Identitätsdiffusion meinte sie auch bei vielen Borderline-Patienten beobachten zu können.

6.1 Borderline-Störung: was man davon wissen sollte

Wenn ich das Besondere an der Diagnose Borderline-Störung in einem Satz beschreiben sollte, würde ich sagen: Die BPS ist ein tief greifendes Muster von Instabilität in zwischenmenschlichen Beziehungen, im Selbst-Bild, der Steuerung der Affekte und der eigenen Impulsivität; dazu kommen ein chronisches Gefühl innerer Leere, gesteigerte Wut und Aggressivität gegen sich selbst und andere (nach DSM-IV, 1996).

Nach langjährigen Auseinandersetzungen zwischen den psychiatrischen und psychoanalytischen Kollegen um die Validität der Diagnose Borderline ist dieser Kampf mittlerweile entschieden: Die Borderline-Störung ist heute die am besten erforschte Persönlichkeitsstörung, die Prävalenzrate in der Bevölkerung wird auf 1,5 % geschätzt, von den Erkrankten sind 60 % weiblich, 40 % männlich, und die Suizidrate liegt bei 4 % (Bohus 2004). Nach Bohus sind 15% der Patienten in psychiatrischen und psychotherapeutischen Kliniken Borderline-Patienten, im ambulanten Bereich ist die Zahl noch höher, hier liegt sie bei ca. 20 %. Die hochgerechneten 3 Milliarden Euro pro Jahr Kosten im Gesundheitswesen und die durchschnittlichen 62 Behandlungstage pro Patient und Jahr machen die Erkrankung und ihre Behandlung zu einer Herausforderung für jeden Psychotherapeuten.

Über die Entstehung der Borderline-Störung lässt sich heute schon einiges genauer sagen als noch vor 15 Jahren: Ein großer Teil der Patienten berichtet über sexuellen und/oder physischen Missbrauch in der frühen und späten Kindheit bis hinein in die Adoleszenz. Dysfunktionale familiäre Kommunikationsstile sind an der Tagesordnung mit häufig unberechenbaren, depressiven Müttern und abwesenden, stark charakterlich auffälligen Vätern. Frühe Verluste wichtiger Bezugspersonen finden sich gehäuft, aber auch Heim- und Klinikaufenthalte der Patienten in den ersten fünf Lebensjahren. Neben diesen Umweltfaktoren gehen wir heute davon aus, dass zusätzlich genetische und biologische Faktoren für die Entstehung dieser Krankheit eine Rolle spielen (siehe dazu Peichl 2004).

Wenn ich die vielen Patienten mit Borderline-Symptomatik, die ich in den letzten 30 Berufsjahren gesprochen habe, vor meinem inneren Auge Revue passieren lasse, dann sind die meisten von ihnen in einem familiären Umfeld aufgewachsen, welches man wie folgt beschreiben könnte:

- **deprivierend,** kaum mütterlich nährend und unterstützend
- **unsicher,** d. h. missbrauchend, beängstigend, instabil, unberechenbar
- **hart strafend,** nach unsichtbaren und oft inkonsistent angewandten Gesetzen und Regeln
- **unterwerfend,** d. h. die Bedürfnisse und Wünsche des Kindes nicht respektierend.

Die in diesem Erziehungsklima sich bildenden Ego-States erscheinen uns in der Therapie wie eine Ansammlung von relativ schwach integrierten Selbst-Anteilen, die das Gefühl der inneren Zerrissenheit, der »Identitätsdiffusion« (Kernberg 1975) bewirken. Dieses inkohärente Selbstgefühl ist für das dysfunktionale Verhalten und die polaren Affektäußerungen im Beziehungskontakt verantwortlich. Stehen manifeste Traumaerfahrungen durch Deprivation, sexuelle und/oder körperliche Gewalt im Vordergrund, dann finden wir stark ausgeprägte Täter- und Opferintrojekte, massiv entwertende Elternbilder und traumatisierte kindliche Ego-States. Der Unterschied der Borderline-Ego-States zur DIS ist, dass die Grenzen zwischen ihnen durchlässig sind und eine komplette Amnesie für einzelne States sich niemals findet – Kernberg würde sinngemäß dazu sagen: Die Ich-Funktion der Realitätswahrnehmung bleibt trotz Identitätsdiffusion stets erhalten. Von der Symptomatik der PTBS unterscheiden sich die Borderline-Patienten dadurch, dass bei ihnen Intrusionen, d. h. plötzlich unabwendbar einschießende Erinnerungen an das Trauma, weniger im Vordergrund stehen. Aus meiner Sicht gibt es eine beträchtliche Überschneidungsmenge in Bezug auf Ursprung, Erscheinungsweise, Symptome und anzuwendende Therapiestrategien bei DIS, BPS und PTBS – aus diesem Grund könnte die Denkweise und Methode der Ego-State-Therapie, bisher erfolgreich in der Therapie von DIS beschrieben, für Patienten aller drei Diagnosegruppen gewinnbringend sein.

6.2 Jeffrey Young: Kategorien der Ego-States bei den Borderline-Patienten

Jeffrey E. Young studierte bei Joseph Wolpe Verhaltenstherapie, später arbeitete er als Direktor für Forschung und Ausbildung in der Klinik von Aaron T. Beck. Heute ist er Forscher, Ausbilder und Direktor des Schematherapie-Institutes in New York. Auf seiner Homepage schreibt er:

Schematherapie ist eine innovative Psychotherapie, die von Dr. Jeffrey Young für Persönlichkeitsstörungen, chronische Depression und andere schwierige Einzel- und Paarprobleme entwickelt wurde.

Schematherapie integriert Elemente der kognitiven Therapie, der Verhaltenstherapie, der Objektbeziehungstheorie und der Gestalttherapie in ein vereinheitlichtes, systematisches Konzept zur therapeutischen Behandlung.

Schematherapie wurde vor Kurzem mit »mindfulness Meditation« für Klienten angeboten, die ihrem Leben eine spirituelle Dimension hinzufügen wollen. (www.schematherapy.com)

So weit, so gut – für viele vielleicht etwas zu postmodern, für andere interessant und innovativ. Was meine Arbeit mit traumabasierten Störungen betrifft, ist die Schematherapie deshalb von Interesse, weil sie ein umfassendes, integratives Modell darstellt und sich in vielen Punkten mit einer Mehrzahl anderer Systeme psychotherapeutischer Arbeit, einschließlich der psychodynamischer Modelle, überschneidet. Doch sind die meisten dieser Ansätze »enger« als die Schematherapie, entweder hinsichtlich ihrer Konzeption oder hinsichtlich der Vielfalt ihrer Behandlungsstrategien. Außerdem gibt es signifikante Unterschiede in der Auffassung über Wesen und Funktion der therapeutischen Beziehung, den allgemeinen Stil und die Haltung des Therapeuten sowie die Frage, in welchem Maße er aktiv und direktiv arbeiten sollte.

Die gute Nachricht bei der Schematherapie ist, dass sie uns etwas über sich wiederholende »Schemas« oder Muster bei Borderline-Patienten sagen kann. Zuerst sollten wir den Begriff »Schema« näher betrachten.

Frühe maladaptive Schemata sind sehr umfassende, die eigene Person und die Beziehungen zu anderen Menschen betreffende Themen oder Muster, die in signifikantem Maße dysfunktional sind. Schemata umfassen Erinnerungen, Emotionen, Kognitionen und Körperempfindungen – und umfassen alle Ebenen des früher beschriebenen BASK-Modells. Dieses alles klingt sehr ähnlich dem, was wir über Ego-States im Kapitel 4 gesagt haben. Wie die Ego-States entstehen die Schemata auch in der Kindheit oder Adoleszenz und entwickeln sich während des ganzen Lebens weiter. Zunächst sind sie adaptiv und relativ zutreffende Repräsentationen der Umgebung des Kindes, werden aber im Laufe der Entwicklung allmählich maladaptiv, verlieren ihren Sinn und beginnen zu kämpfen, um zu überleben. Sie beeinflussen in tief greifendem Maße, wie Menschen denken, sich fühlen, handeln und zu anderen Menschen in Beziehung treten (Young et al. 2005). Dies alles kennen wir vom Konzept der Ego-State-Therapie, wie es Watkins und Watkins beschrieben haben, auch.

Wie sieht das nun für Borderline-Patienten aus? Wir wissen aufgrund der theoretischen Modelle von Young, dass frühe maladaptive Schemata das Resultat unerfüllter zentraler emotionaler Bedürfnisse sind, die hauptsächlich durch aversive Kindheitserlebnisse entstehen, auf dem Hintergrund des angeborenen emotionalen Temperaments eines Menschen und der kulturellen Einflüsse des Kontextes. Wir wollen nun diese theoretischen Vorannahmen benutzen, um mehr Wissen über das Vorkommen von Ego-States bei der BPS zu sammeln. Youngs Definition von »Schema« als einem emotionalen und kognitiven Muster zum Selbstschutz ist weitgehend identisch mit unserem Ego-State-Begriff. Young entwickelte nun einen interessanten Weg, die Ego-States zu kategorisieren, die er in seiner therapeutischen Arbeit mit Borderline-Patienten entdeckte; und – das ist der aufregendste Teil seiner Beschreibungen – er bezieht die Dynamik der Interaktion zwischen Patienten und Therapeuten mit ein; ganz anders, als Howell dieses in ihrer Beschreibung der Inszenierung der zwei Selbst-Zustände: Opfer/masochistisch und Täter/hasserfüllt tut, welches ich im nächsten Abschnitt vorstellen werde.

Nach seiner klinischen Erfahrung zeigen Borderline-Patienten in der Regel fünf Ego-States, die er »Modes« nennt:

- das verwundete/verletzte Kind (vulnerable child mode)
- das wütende Kind (angry child mode)

- den strafenden Elternteil (punitive parent mode)
- den distanzierten Beschützer (detached protector mode) und
- den gesunden Erwachsenen (healthy adult mode).

Nach meinem Verständnis der Ego-State-Theorie möchte ich aber davor warnen, diese Kategorien zwanghaft überzubewerten, da wir sonst wieder bei dem sehr reduzierten und starren Modell der Transaktionsanalyse mit fünf States für alle Patienten angekommen wären, vor dem ich als allzu vereinfachend warnen möchte. Ich begreife die fünf Modes nach Young als Namen für Schubfächer, in denen jeweils die individuelle Biografie eines Patienten, seine eigene Rollenausgestaltung sowie die persönlichen Färbungen seiner Ego-States Platz haben.

Normalerweise präsentiert sich der Patient zu Beginn der Therapie in einem Mode, den Young den Ego-State des »verwundeten Kindes« (vulnerable child mode) nennt. Der Patient kommt gerne zu uns, sucht unsere Hilfe, arbeitet gut mit und gibt uns Therapeuten das Gefühl, vom Patienten gebraucht zu werden. Diesen Ego-State haben missbrauchte Kinder schon sehr früh entwickeln müssen, um in einer »verrückten« Situation zu überleben: Die Erfahrung mit dem alkoholisierten Vater, der schreit, prügelt und missbraucht und sich am nächsten Morgen an nichts erinnert und wieder »ganz normal« ist, die Mutter, die so tut, als bemerke sie nichts, da sie sich selbst so ohnmächtig fühlt und Angst hat, verlassen zu werden ... all das muss in verschiedenen Ego-States untergebracht werden. Jedes State ist jeweils eine Anhäufung unterschiedlichster Erinnerungen, Gefühle und Handlungsintentionen. Dieser Ego-State des verwundeten, verletzten Kindes soll Versorgungsimpulse, Unterstützung durch mächtige Erwachsene in Gang setzen und ist ein wirksamer Überlebensmechanismus in einem gewaltbereiten Umfeld – ein Modus des Sich-klein-Machens, den wir alle bis in unser Erwachsen-Sein hinein kennen. Häufig bricht aber im Verlauf der Therapie diese »grandiose Idealisierung« des Therapeuten bald zusammen, da dieser sich aus der Sicht des Patienten doch wieder als eine Enttäuschung für all die Sehnsüchte nach bedingungsloser Nähe erweist. In der Gegenübertragung des Therapeuten können jetzt Schuldgefühle und dahinter »Genervt-Sein«, Ärger und Empathieverlust auftauchen. Da die Bedürfnisse des Borderline-Patienten an emotionaler »Fütterung« oft unersättlich sind und in ihrer Unendlichkeit vom Therapeuten nicht befriedigt werden können, gerät der Patient in eine Krise, und ein anderer Ego-State kommt auf die Bühne, nämlich das »wütende Kind« (angry child mode). In dieser Phase kann der Patient nun sehr entwertet werden mit heftiger und harscher Kritik an dem registrierten Empathiemangel und vermeintlichem Desinteresse des Therapeuten – die Therapie droht zu kippen. Wenn wir nun beginnen, uns zu erklären, abzuwiegeln und um Verständnis zu werben, dann betritt ein noch dysfunktionalerer Ego-State die Bühne: der strafende Elternteil (punitive parent mode). Als Kind hatte der Patient häufig über Jahre erlebt, dass es aus Sicht der Erwachsenen ungebührlich sei, eigene Wünsche und Bedürfnisse zu haben und dass das Zeigen von Gefühlen als störend und strafwürdig gewertet wird. Der Patient wechselt deshalb jetzt die Position: von einem Selbstanteil, der bisher die Interaktion bestimmte, in einen Objektanteil: das pathologische Elternintrojekt. Damit wird zum einen die erlebte Ohnmachtsposition des Kindes in eine Machtposition des Erwachsenen via Identifikation mit dem Aggressor verwandelt und der drohende Objektverlust im Außenraum wird durch Hineinnahme des äußeren Konflikts mit dem Therapeuten in den Innenraum entschärft. Der Therapeut bleibt als potenziell hilfreiches Objekt erhalten, der strafende Elternteil behandelt das »innere Kind« harsch entwertend, wie dieses real die Eltern in der Kindheit taten. Im inneren Dialog des Patienten gibt es ein zornig wütendes »Täterintrojekt« und einen sich wertlos, fehlerhaft und verachtenswert fühlenden Selbstanteil. Der Affekt, der diese Selbst/Objekt-Einheiten (siehe Kernberg 1981) zusammenbindet, ist meist Selbsthass, Vernichtungsangst und Ekel. In dieser Phase sind Selbstverletzungen oder präsuizidales und suizidales Verhalten für unsere Patienten sehr wirkungsvoll, um durch Selbstbestrafung den Druck im System zu entlasten.

Nach Young gibt es aber noch einen vierten Ich-Zustand, um das Emotionsgleichgewicht wiederherzustellen: der Zustand des distanzierten Beschützers (detached protector mode). In diesem Mode werden Gefühle massiv geleugnet, und der Patient erscheint uns plötzlich wie gewandelt, passiv kompliant und friedlich gestimmt. Unerfahrenen Psychotherapeuten kann es passieren, dass sie sich von der »Ruhe vor dem Sturm« täuschen lassen; dieser friedliche Zustand stellt jedoch keineswegs einen Fortschritt dar, sondern nur den Anfang eines neuen Durchlaufes durch das eben beschriebene Traumaschema. Nach meiner Erfahrung wechselt in diesem Ego-State die Objektidentifikation vom aktiven Missbraucher zum passiven Mit-Täter, in dem oben genannten Beispiel vom missbrauchenden Vater zur distanzierten Mutter, oder, wie wir später sehen werden, vom täteridentifizierten Introjekt zum täterloyalen Introjekt. Wer sich für die von Young vorgeschlagenen Interventionstechniken, im Unterschied zum Vorgehen von Watkins und Watkins, interessiert, sei auf die von Jeffrey Young veröffentlichten Arbeiten (1999, 2005) verwiesen.

Die Funktionen, Erkennungszeichen und Symptome der einzelnen Ego-States zeigt Abbildung 6-1.

Ego-State	Funktion	Zeichen-Symptom
Das verlassene/verwundete Kinder-Selbst	Hilflos, im Bestreben, seine Wünsche erfüllt zu bekommen oder Schutz und Unterstützung zu finden	Deprimiert, hoffnungslos, bedürftig, geängstigt, traumatisiert, wertlos, Angst vor Abhängigkeit, idealisiert den Unterstützer
Das wütende/impulsive Kinder-Selbst	Handelt impulsiv, unangepasst, zeigt inadäquate Gefühle	Sehr ärgerlich, impulsiv, fordernd, entwertend, manipulativ, kontrollierend, suizidal, promiskuitiv
Das strafende Elternintrojekt	Straft das Kind dafür, Bedürfnisse auszudrücken, Fehler gemacht zu haben	Selbsthass, -kritik, -beschädigung, -verleugnung, Wut über eigene Bedürfigkeit
Das distanzierte Beschützerintrojekt	Schneidet Bedürfnisse und Gefühle ab, zeigt sich von Menschen distanziert	Depersonalisation, Leere, Langeweile, Essstörungen, Selbstverletzung, psychosomatische Beschwerden, Substanzmissbrauch

Abbildung 6-1: Funktionen, Erkennungszeichen und Symptome der einzelnen Ego-States der Schematherapie nach Jeffrey Young

Dieses Gruppierungsschema ist eines von vielen, das in der Literatur, namentlich für DIS-Patienten, beschrieben wurde – dieses wäre an sich also nichts Ungewöhnliches. Ich habe es hier vorgestellt, da es einen dynamischen Aspekt beinhaltet, nämlich die Interaktionsfigur der latenten Traumawiederholung im therapeutischen Prozess zwischen dem Patienten und dem Therapeuten. Dieses ist ein Teil der Übertragungs- und Gegenübertragungsverstrickungen, denen wir in unserer täglichen Arbeit ausgesetzt sind (siehe dazu Peichl 2000). Von diesem Punkt aus, von dem wir das Theoriekonzept der Schematherapie von Jeffrey Young gewinnbringend auf die Organisation der Ego-States bei Borderline-Störung angewandt haben, möchte ich mich nun mit einem weiteren Zugang zum Thema Borderline-Störung aus der Sicht der Ego-State-Therapie beschäftigen.

6.3 Elizabeth Howell: eine spezielle psychische Organisation der Ego-States bei Borderline-Patienten

In der psychoanalytischen Literatur findet sich keine ausgearbeitete Systematik dieser oben beschriebenen abgekapselten Selbst-Zustände, obwohl die klinische Praxis zeigt, dass Borderline-Patienten immer wieder vergleichbare Selbst-Zustände in der Therapie präsentieren. Die Aufteilung in Täterintrojekte, traumatisierte Kindanteile, den inneren Beobachter und das Erwachsenen-Selbst kann uns schon eine erste Ordnungshilfe der verschiedenen Zustände des »dissociated self« (Pizer 1998) bieten. Im Geiste der Ego-State-Theorie des Ehepaars Watkins möchte ich noch einmal vor einer groben Schematisierung der Ego-States warnen. Ihr Ansatz postuliert im Gegensatz zur Transaktionsanalyse von Eric Berne, der, wie wir wissen, für alle Menschen von fünf identischen Ego-States ausgeht, für jeden von uns ein unterschiedliches, ganz individuelles Set von Ego-States, gebildet aus Niederschlägen unserer Beziehungserfahrungen, erlerntem Coping- und Abwehrverhalten und Verinnerlichung von wichtigen Bezugspersonen als Introjekten. »Unsere Ego-State-Landkarte ist die Landkarte unserer Persönlichkeit«, schreibt Gordon Emmerson (2003, S. 4). Dennoch scheint es bei Patienten mit Traumaerfahrung durch die Wirkung der sekundären oder tertiären strukturellen Dissoziationen (Nijenhuis 2004) zu vergleichbaren Ego-States zu kommen.

Die amerikanische Autorin Elizabeth Howell hatte eine spezielle Art psychischer Organisation bei Borderline-Patienten, denen wechselnde Zustände zugrunde liegen, beschrieben: Den einen Selbst-Zustand[15] nennt sie »Opfer/masochistisch«- und den anderen »Täter/hasserfüllt«-State; dieses sind Selbst-Zustände, deren Herausbildung einer kontinuierlichen Re-Inszenierung der traumatischen Gewalt des Beziehungsgeschehens entsprechen und auf die die Autorin alle im DSM-IV genannten Kriterien für das Vorliegen einer BPS zurückführt. Sie schreibt: »Ich behaupte, dass ein bedeutsames Muster von dissoziierten Selbst-Zuständen bei der BPS durch ein Hin-und-her-Wechseln zwischen Opfer/masochistisch- und Täter/hasserfüllt-Selbst-Zuständen charakteristisch ist« (S. 923). Diese Zustände sind es, die die »stabile Instabilität« der Borderline-Persönlichkeitsstörung ausmachen und die in einem weiteren Schritt auch die Abwehrmechanismen erklären, wie sie von Kernberg für die Borderline-Störung beschrieben wurden. So gewinnen wir noch einmal einen völlig neuen Blick auf die Entstehung des Abwehrsystems bei Borderline-Patienten. Die Inszenierung dieser beiden Ich-Zustände – Opfer/masochistisch und Täter/hasserfüllt – auf der äußeren Bühne dient der Entlastung dessen, was auf der inneren Bühne von zentraler Bedeutung ist: die traumabedingte, dissoziative Aufspaltung in die beiden Sektoren des Selbsterlebens, die van der Hart (1997) als »ein traumatisiertes Kind« und »ein Täterintrojekt« bezeichnet.

Die Autorin gehört ebenso wie Ruth Blizard (2001) zu der Gruppe der Generalistinnen, die den Mechanismus der Dissoziation als ursächlich für *alle* traumaassoziierten Störungen ansehen. So zitiert sie auch zur eigenen Bekräftigung folgerichtig Bromberg (1993, 1995), der vermutet hatte, dass dissoziative Störungen die Basis *aller* Persönlichkeitsstörungen darstellen. Der Unterschied ist aber, dass die Dissoziation bei den dissoziativen Störungen als das eigentliche Problem begriffen wird; bei anderen Persönlichkeitsstörungen unterliegt die Dissoziation der Charakterpathologie und wird ichsynton gebraucht. Bromberg drückt dies so aus: »Das Konzept der ›Störung‹ der Persönlichkeit könnte man mit gutem Recht als das charakteristische Ergebnis des wiederholten Gebrauchs von Dissoziation definieren, wodurch diese, unabhängig von dem jeweiligen Typ der Struktur (narzisstisch, schizoid, Borderline, paranoid usw.), eine Persönlichkeitsstruktur ausformt,

---

[15] Die englischen Originalbezeichnungen lauten: victim/masochistic und abuser (perpetrator)/rageful.

die man als eigenständige, defensive Antwort auf die immer wiederkehrenden Kindheitstrauma verstehen kann« (1995, S. 195).

Im Gegensatz zu den Patienten mit dissoziativer Identitätsstörung sind bei den BPS die Grenzen zwischen den Selbst-Zuständen, wie wir wissen, nicht amnestisch; Borderline-Patienten nehmen die Unterschiede zwischen den Selbst-Zuständen, ihre häufig dramatischen Wechsel, bewusster wahr, aber sie verleugnen die Bedeutung dieses Verhaltens. Das macht einen entscheidenden Unterschied zwischen den Borderline-Störungen und den dissoziativen Identitätsstörungen aus, obwohl bei beiden Störungen ein hoher Prozentsatz von traumatischem Missbrauch in der Vorgeschichte gefunden wurde.

6.4 Hypoarousal/Hyperarousal und die Opfer/masochistisch- und Täter/hasserfüllt-States bei Borderline-Patienten

Nach Bruce N. Perry, einem amerikanischen Kinderpsychiater und international anerkannten Fachmann für die Erforschung und Behandlung der Folgen von Kindestraumatisierung, kann man zwei verschiedene Adaptionsmuster auf traumatisierende Überreizung und persistierende Alarmreaktionen beim Menschen unterscheiden: den Ego-State des Hypoarousal und des Hyperarousal, die jetzt dargestellt werden (siehe Perry 1994, Perry et al. 1994, 1998). Diese Änderungen im neurobiologischen Entwicklungsprozess – zwei primäre, gebrauchsabhängige Antwortmuster – sind umso deutlicher ausgeprägt, je ernsthafter, chronischer und früher das Trauma war. Weiter fand Perry heraus, dass die meisten Menschen an diesen neurobiologischen Veränderungen durch die Kombination von beiden Mustern litten.

Howell (2002) vermutet nun, dass diese zwei Muster von Hypoarousal und Hyperarousal auch den von ihr bei BPS beobachteten Opfer/masochistisch- und Täter/hasserfüllt-Zuständen zugrunde liegen. Nun zu den Details.

Hypoarousal: nach Perry (1998) ein Teil des Dissoziationskontinuums. *Symptome:* Fugue, Betäubung, Fantasie, Schmerzlosigkeit, Derealisation, Depersonalisation, Katatonie und Ohnmacht.

Verhaltensbeobachtung: roboterartige Anpassung, starrer Ausdruck und Passivität. Parasympathische Aktivierung mit fallender Pulsrate. Charakteristisch für Säuglinge, junge Kinder und Frauen. Es ist eine Anpassungsleistung an Situationen der Bewegungslosigkeit und der Schmerzen, denen man nicht entfliehen kann.

Hyperarousal: schließt nach Perry (1998) Flucht- oder Kampfreaktionen ein.
Symptome: Beginn sind eine neurophysiologische Alarmreaktion, beschleunigter Puls, Steigerung der Aufmerksamkeit, Verhaltensverunsicherung, gesteigerter Bewegungsdrang und Schreckreaktion.
Verhaltensbeobachtung: Die Tendenz, Hinweise als besonders beängstigend zu erleben, kann die Wahrscheinlichkeit von aggressivem Verhalten steigern. Ist charakteristischer für ältere Kinder und für Männer.

Wie werden nun diese »states« zu »traits«, diese primär physiologischen Zustände zu Persönlichkeitseigenschaften?

Frühe Traumata zerstören laut Pizer (1998) die Fähigkeit, widersprüchliche Denkelemente in einer Denkoperation des »beides/und« zu verbinden, sodass die erlebte traumatische Erfahrung nicht in ein Selbst-Schema integriert werden kann. Die Imitation und das prozedurale Gedächtnis sind nach Howell nun in der Lage, die unmetabolisierte traumatische Erfahrung als ein Teil des Selbst im Gedächtnis zu behalten – automatisch arbeitende Funktionen des sogenannten traumatischen Gedächtnisses. Howell schreibt:

»Während des Traumas ist wenig im Fokus der Aufmerksamkeit, außer das, was zum Überleben notwendig ist. Und nach dem Trauma, vor allem dem von Menschen gemachten und sich wiederholenden, wird wenig von dem Trauma im Bewusstsein zurückbleiben, jenseits von prozeduralen Aufzeichnungen, motorischen, imitativen Tendenzen und Fähigkeiten. Das, was man ursprünglich als die Identifikation mit dem Aggressor bezeichnete, könnte zu einem großen Ausmaß eine wörtliche und konkrete prozedurale Imitation sein, denn synthetische Ich-Funktionen wurden durch die traumatische Verletzung zum Zerbrechen gebracht. Das Verhalten des Aggressors wird möglicherweise nachgeahmt, weil es nicht assimiliert/verarbeitet werden kann; Beziehungsterror kann so die Subjektivität abtöten und die bewusste Handlung, sodass die Individualität relativ bedeutungslos wird und wenig übrig bleibt, außer Imitation und reenactment« (Howell 2002, S. 932).

Die durch wiederholte pathologische Dissoziation weiter unterhöhlte Selbst-Struktur, die Unfähigkeit, Spannungen zu regulieren, beeinflusst das Selbst als eine subjektive Instanz mit der Fähigkeit zur Organisation und Integration von Erfahrungen. Als Folge von traumatischer Grenzverletzung kommt es zu einem Mangel an Selbst-Aktivität und Selbst-Kohärenz (Putnam 1995) und damit zu der Unmöglichkeit, eine »Ich-Position«, als einem virtuellen Zentrum einer personalen Identität, einzunehmen. Was bleibt, ist »Imitation« und Übernahme der Außenperspektive, in diesem Falle: die Sicht des Aggressors auf das Opfer. Der Borderline-Patient schwankt zwischen Zuständen passiven Eingefrorenseins (Opfer/masochistisch-Ego-State) und »Identifikation mit« (Imitation) des unterdrückenden Aggressors (Täter/hasserfüllt-Ego-State).

Die unverbundenen und wechselnden Zustände von passiv, »masochistisch« eingefroren und unbewusster Nachahmung des Missbrau-

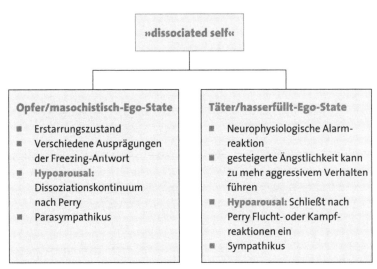

Abbildung 6-2: Die Opfer/masochistisch- und Täter/hasserfüllt-States bei BPS

chers sind dekontextualisiert. Wenn wir unterstellen, dass ein Kontext für die Bedeutung einer Sache konstitutiv ist, so sind diese in Handlung ausgedrückten Anteile nicht wirklich subjektive oder dem eigenen Selbst zugerechnete Erfahrungen. Viele der traumatisierten Menschen haben hochgradig sensible Antennen entwickelt, um die Stimmungen und Wünsche derer, von denen ihr Wohlbefinden abhängig ist, genau zu erspüren. Da sie sich selbst ungenügend »als Ich« erfahren haben, ist es nicht überraschend, dass sie sich die größte Zeit »als ob« erleben (Howell 2002, S. 939).

Die besonderen Eigenschaften der beiden Opfer/masochistisch- und Täter/hasserfüllt-Ego-States zeigt in der Zusammenschau noch einmal die Abbildung 6-2 auf S. 107.

7. Die Bildung und Funktion traumabasierter Ego-States

Joseph Santoro und Kollegen veröffentlichten schon im Jahre 1997 ein klinisches Modell der Borderline-Persönlichkeitsstörung, welches in seiner Klarheit noch bis heute Gültigkeit besitzt. Ihr sogenanntes »Equifinalitätsmodell der BPS« (Santoro et al. 1997) diskutiert die Rolle der traumatischen Umweltbedingungen im Leben eines Kindes (Faktor I), deren Auswirkung auf die neurobiologischen Prozesse auf dem Hintergrund konstitutioneller biologischer Verwundbarkeiten (Faktor II) für die Entstehung einer BPS. Mit »Equifinalität« meinen die Autoren, dass jeder Faktor für sich allein oder in Kombination das gleiche Ziel erreichen könne, nämlich die Herausbildung einer Persönlichkeitsstörung. Das Modell als grafische Darstellung zeigt Abbildung 7-1 auf S. 110.

Für uns interessant ist vor allem der Faktor I, der sich mit den Folgen des traumatischen Stress in der frühen und späten Kindheit beschäftigt. Gemeint sind chronische Stress- und Alarmreaktionen des Säuglings oder Kindes auf dysfunktionale familiäre Kommunikationsstrukturen im Sinne kumulativer, sequenzieller Traumatisierung. Sie entstehen durch entwertende und feindselige Interaktionsmuster (siehe Lichtenberg 1990, Milch 1998) zwischen den Bezugspersonen und in Bezug auf das Kind und durch unvorhersehbare aversive Reaktionsmuster auf Regel- und Normenüberschreitungen, wobei diese Normen vom Erwachsenen willkürlich verändert werden können. Unter **psychotraumatischem Stress** lässt sich eine aversive, d. h. schwer erträgliche Situation verstehen, die bei einem Kind eine Schreck- und Angstreaktion auslöst, welche dazu führt, dass es sich in seiner psychologischen und physischen Sicherheit und Unversehrtheit bedroht fühlt. Gleichzeitig besteht keine Möglichkeit, der Quelle des aversiven Reizes durch Selbstschutz oder Flucht zu entkommen. Im Anfangsstadium einer unangenehmen und bedrohlichen Situation wird ein kleines Kind schreien, damit die umsorgende Person von der ablau-

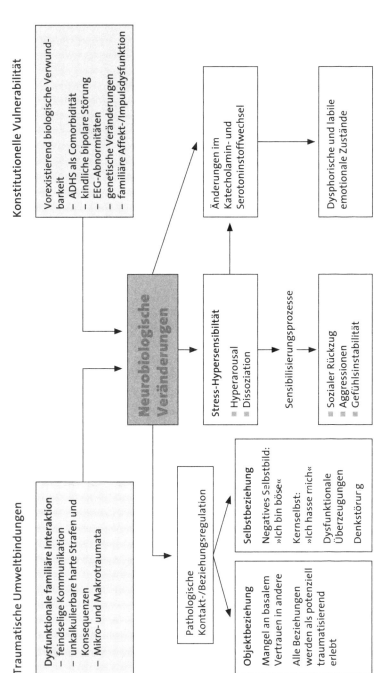

Abbildung 7-1: Das Equifinalitätsmodell von Santoro et al.

fenden Bedrohung erfährt, d.h., das Bindungssystem wird im potenziellen Helfer aktiviert. Wenn sich dieser Zustand von psychotraumatischem Stress häufig wiederholt und somit das Reaktionsmuster generalisiert, dann kommt es zu Veränderungen im neurobiologischen Stresssystem (siehe Perry 1994, 1999, 2001; Perry et al. 1994, 1998; Schore 1994, 1996, 1998, 2000a+b+c, 2001a+b+c, 2002). Unglücklicherweise bringt aber das Schreien des misshandelten Kindes den Verursacher des Traumas kaum dazu, das Kind zu verteidigen oder für das Kind zu kämpfen – der Täter ist paradoxerweise gleichzeitig der ersehnte potenzielle Retter. In Abwesenheit eines liebevoll umsorgenden Elternteils und nach vielen bitteren Enttäuschungen wird das Kind das Schreien als Copingverhalten bei Bedrohung aufgeben und abhängig vom Alter des Kindes und der Art der Traumatisierung in das Hyperarousalkontinuum als einer kindlichen Variante der Kampf-Flucht-Reaktion oder ins dissoziative Kontinuum übergehen. Die Folge des Hyperarousal sind eine gesteigerte Schreckhaftigkeit, die ständige ängstliche Beobachtung der Umwelt auf bedrohliche Reize und eine verbesserte Fähigkeit, aus dem Verhalten, der Stimme oder der Mimik eines Gegenübers dessen potenzielle Gefährlichkeit und Neigung zur Grenzüberschreitung herauszulesen. Santoro nennt das die Entwicklung einer »relationship control phobia«, eine kreative kindliche Anpassungsleistung, die nach der Manifestation der BPS in der Spätpubertät sich als die Kriterien eins und zwei nach DSM-IV manifestieren:

(1) Verzweifeltes Bemühen, tatsächliches oder vermutetes Verlassenwerden zu vermeiden.
(2) Ein Muster instabiler, aber intensiver zwischenmenschlicher Beziehungen, das durch einen Wechsel zwischen den Extremen der Idealisierung und Entwertung gekennzeichnet ist.

Diese fast schon paranoide Kontrolle der Umwelt verhindert den Aufbau eines Gefühles innerer Sicherheit und zerstört jegliches basales Urvertrauen. Die Grundannahme, dass alle Beziehung zu Außenstehenden zwar ersehnt, aber bedrohlich und überwältigend ist, wirkt sich natürlich auch auf die Herausbildung eines eigenen Selbstbildes aus: Das sich neuronal tief einbrennende negative Selbstbild ist die Übernahme dessen, was die anderen mir spiegeln – aus einem inneren Introjekt wurde durch Identifikation: ich bin dumm, böse, eine Last usw.

Der für viele Borderline-Patienten typische Selbsthass ist aus der Identifikation mit dem negativen Selbst-Bild »ich bin böse« entstanden, die Kriterien drei und sieben der BPS nach DSM-IV.

7.1 Die Identifikation mit dem Täter oder die Entstehung traumabezogener Ego-States

Das Dilemma, welches den Kern der psychotraumatischen Erfahrung für das Kind darstellt, ist der innere Kampf zwischen Bindungsverhalten, d. h. Aufrechterhalten einer lebensnotwendigen Bindung, und der Schutzreaktion vor aversiven, überwältigenden Reizen. In dieser chronischen Notfallsituation bilden sich Ego-States, die in ihrer Funktion als Überlebensstrategie gesehen und gewürdigt werden müssen. Eine Form ist die Übernahme des Täters als Introjekt in den Innenraum, als sogenanntes Täterintrojekt. Schon Ferenczi (1930, 1933) hatte darüber geschrieben, dass die Wünsche des Täters zum Mittelpunkt der kindlichen Identität werden können: Seinen Bedürfnissen und Wünschen zu entsprechen, versprach Hoffnung auf Überleben. Aber sich so intensiv mit den destruktiven Absichten eines anderen zu beschäftigen, dem man bedingungslos ausgeliefert ist, sich innerlich an seine Stelle zu setzen, um seine Absichten zum besseren Selbstschutz zu erahnen, das hinterlässt intrapsychische Spuren: Der andere beginnt in uns zu leben, als Rollenbild, als Interaktionsmodell, als Täterintrojekt, als Imitat. Mit diesen Ego-States will ich mich nun beschäftigen: mit den gelebten Täter/hasserfüllt-States der Borderline-Patienten, d. h. mit der aktiven Imitation des Täters in der Beziehung zu anderen, insbesondere aber auch mit Täterintrojekten, die als vernichtende, verurteilende innere Instanzen das traumatisierte kindliche Selbst bedrängen, als sei in realer Abwesenheit des Täters dieser ständig präsent. Aber auch mit den sogenannten Opferintrojekten, der Übernahme der Opferposition in das vorherrschende Selbstbild eines Menschen nach traumatischen Erfahrungen. »Opfer sein« als eine Form der gelebten Identität, hinter der alle selbstbewusste Eigenständigkeit zu verschwinden droht.

7.2 Über Täter- und Opferintrojekte

Um die innere Welt von Kindern mit durchlebten traumatischen Erfahrungen in der Frühzeit des Lebens besser zu verstehen, begebe ich mich mit Ihnen auf Spurensuche und stoße im ersten Schritt meiner theoretischen Überlegungen auf William Meissner (1984, 446 ff.).

Meissner, der in seinen Ausführungen eng an der psychoanalytischen Theorie bleibt, spricht von Introjekten, die in einem aggressiven und einem narzisstischen Sektor organisiert sind. Introjektion meint den Vorgang der unbewussten Internalisierung (Hineinnahme in die Innenwelt) von Merkmalen der Welt (besonders Aspekte von Personen) ins eigene Selbst, in einer Weise, dass die internalisierten Repräsentanzen die psychologischen Funktionen des externen Objektes übernehmen.

Diese durch traumatische Erfahrung in der frühen Kindheit gebildeten Introjekte zeigen die für narzisstische Patienten üblichen Vulnerabilitäten, Kleinheitsängste und Größenfantasien und aggressive Entäußerungen wie wütende Aggression oder hilflose Unterwerfung. Eine grafische Darstellung zeigt diese Dimensionen in Abbildung 7-2.

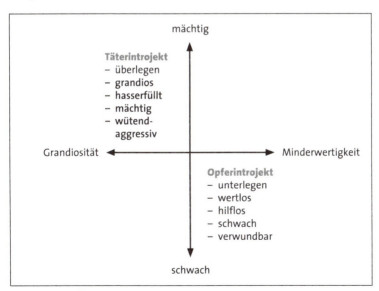

Abbildung 7-2: Täter- und Opferintrojekte nach Meissner

Beide Introjekte stehen sich polar gegenüber und werden durch vertikale Abspaltung (siehe Abbildung 2-1) voneinander dissoziiert gehalten. Was für die Therapie immens wichtig ist: Sie sind aber immer gleichzeitig auf der inneren Bühne vorhanden.

Dies alles soll uns als erste Anhaltspunkte dienen, um die Erkundung, warum Menschen, die chronischer Traumatisierung ausgesetzt waren, an einem bestimmten Punkt der Traumaszene beginnen, unbewusst die äußere Missbrauchssituation auf die innere Bühne zu verlagern. Dass und wie ein Täterintrojekt entsteht, scheint mir sofort einsichtig, wenn ich mir die Definition von »Introjektion« noch einmal durchlese. Aber bitte, was ist ein »Opferintrojekt«? Die Opferhaltung ist eine Selbst-Repräsentanz im Menschen, die sich z. B. bei chronischer Traumatisierung im interaktiven Prozess mit der äußeren Täter-Objektrepräsentanz im Inneren bildet – das ist im eigentlichen Sinne kein Introjekt. Aber vielleicht gibt es für die Opferhaltung auch Vorbilder außen, die introjiziert werden können?

Wenn es sinnvoll ist, diesen Begriff »Opferintrojekt« weiter zu verwenden, dann müssen wir seine Bedeutung genauer definieren.

Ein Opferintrojekt könnte sein:

- **Die Verinnerlichung einer beobachteten Rolle, Haltung oder** eines Schemas im Außenraum. Was ich meine: Ich sehe als 5-Jähriger, wie mein Vater regelmäßig den drei Jahre älteren Bruder schlägt, wenn er seine Hausaufgaben unkonzentriert macht, sehe, wie er weint und klagt – und von Mutter voller Mitleid ins Bett gebracht wird.
- **Die Verinnerlichung eines Täters, der sich als Opfer tarnt:** Ich denke an den Fall einer Patientin, die mir berichtet, dass sie im Alter zwischen 10 und 12 Jahren von ihrer Mutter heftig im Jähzorn mit allen erdenklichen Gegenständen geschlagen wurde und dass nach der »Prügelorgie«, wenn die Mutter sich abreagiert hatte, diese plötzlich weinend zusammenbrach und die Tochter um Verzeihung bat. Dabei erzählte sie von dem sexuellen Missbrauch und der Gewalt, der sie als Kind durch ihren Vater, den Großvater der Patientin, ausgesetzt war. Die Mutter wird in diesem Fall als Täterin von Misshandlungen introjiziert, ist aber eine verhängnisvolle Mischung aus Täterin sein und gleichzeitig Opfer sein – dieses Opferintrojekt ist ein spezielles Täterintrojekt und vice versa.

- Im Sinne der transgenerativen Übernahme der Opferrolle, ohne selbst Opfer zu sein. Dieses findet sich im Extremfall bei Nachkommen von jüdischen Holocaust-Überlebenden in der ersten und vor allem zweiten Generation. Aber auch in Therapien, in denen eine Patientin sich mit der Opferrolle der Mutter identifiziert und am eigenen Leib die Symptome einer PTBS entwickelte.

Nach dieser Klarstellung will ich mich wieder der traumatischen Szene zuwenden und der Verinnerlichung der Sicht des Täters auf das Objekt seines Übergriffs, als einer Art Unterwerfung des Opfers unter sein Diktat, um zu überleben.

Die Introjektion des Angreifers: eine stammesgeschichtliche Hypothese
Ich werde auf den nächsten Seiten eine Reihe interessanter psychologischer Theorien bemühen und Traumaexperten zu Wort kommen lassen, um diesen wunderlichen Vorgang der Introjektion besser zu begreifen. Vorab aber möchte ich ein paar interessante Gedanken dazu aus der Perspektive der Phylogenese wiedergeben, die ich auf der Homepage eines betroffenen Mannes im Internet fand[16]. Dazu kleide ich seine Gedanken in eine Fallvignette, die ich meiner klinischen Praxis entnehme.

Denken wir einmal an folgende Szene: Das sechsjährige Mädchen Paula wird von »Onkel« Heiner, einem ehemaligen Fremdenlegionär, den die Familie aufgenommen hat, regelmäßig über mehrere Jahre unter Alkoholeinfluss sexuell missbraucht; die meiste Zeit ist er aber lieb und nett zu ihr; die Familiensituation ist schwierig, der Vater arbeitslos, die Mutter körperlich krank und depressiv, man braucht das Geld, das »Onkel« Heiner für das Zimmer bezahlt. In der Familie gibt es viel Streit, und den Missbrauch scheint niemand zu bemerken. Warum geht Paula weiter zu »Onkel« Heiner und erzählt den Eltern nichts? Warum verteidigt sie sogar den »Onkel«, wenn die Eltern schlecht über ihn reden? Das, was alle kleinen Mädchen mit ihren Onkels machen, was wehtut, weil Paula Strafe verdient hat und was ein Geheimnis ist, wie der Missbraucher sagt, kommt eigentlich durch destruktive Gewalt zustande. Paula ergreift aber seine Partei, fühlt sich ihm loyal verpflichtet

---

[16] Siehe http://www.aufrecht.net/utu/angreifer.html.

und schützt ihn durch Schweigen. Es gelingt ihr, eigenes Leid abzuspalten und aus der Opferrolle in die Täterrolle zu wechseln, wenn sie seine Anschauungen übernimmt und sich sagt: Das ist doch alles gar nicht so schlimm, ich bin böse und dreckig.

Mit diesem unbewussten Denkvorgang setzt Paula die Erhaltung der Familie (Herde) als notwendiger Überlebenseinheit höher an als die eigene Unverletzlichkeit des Körpers und der Seele. Die individuelle Selbsterhaltung tritt hinter die Gruppen- und Arterhaltung zurück. Aber wer ist das Leittier in dieser Gruppe, dem Paula bereit ist, sich unterzuordnen? Normalerweise der Vater, der den Leitbullen, das Alpha-Tier repräsentiert. Aber hier? »Onkel« Heiner machte etwas mit Paula, was sie völlig überraschte und in ihr vom erstenmal an Todesangst, Schmerz, Panik und Hilflosigkeit verursachte. In ihrem Wunsch, wie jedes Kind zu vertrauen, in der schwierigen Familiensituation sehnte sie sich danach, etwas Geborgenheit und Aufmerksamkeit zu finden. Der traumatische Stress bewirkte, dass sie glaubte, die Gefahr käme von außen und sie müsse sich nur ganz den Wünschen von »Onkel« Heiner anpassen, dann gehe die Gefahr vorbei. Er bekam in diesem Moment für Paula die Position des Leittieres[17], welches in der Lage ist, die Gefahr abzuwenden – deshalb vertraute sie ihm in höchster Not blind. Auch bei der Fortpflanzung sorgt die Evolution dafür, dass »Liebe blind macht«, so steigt die Trefferquote und fördert die Durchmischung der Gene. Und hier? Die Sicherung des Herdenprinzips wird dadurch gewährleistet, dass der Einzelne blind gemacht wird für Fehler des Leittiers – stellen Sie sich nur vor, die Natur hätte diesen Schalter nicht eingebaut: Jeder würde seinen Verstand benützen und eigene Ziele verfolgen, über kurz oder lang löste sich die Herde auf.

»Die Perversion besteht darin, dass der ›Beschützer‹ in Wirklichkeit der Angreifer war, nur habe ich als Kind den Angriff nicht ihm zugeordnet (wahrscheinlich hätte ich das auch nicht können). Denn, dass erwachsene Leittiere gelegentlich auch schmerzvolle Opfer verlangen, damit die Herde als Ganzes überleben kann (bzw. es zumindest so *erscheint* oder *dargestellt wird*), ist die Erfahrung beinahe jedes Kindes«, so ein mir unbekannter Autor im Internet (Kursiv im Original). Damit

---

[17] Genau dieses Machtthema ist es, welches Täter, die sich macht- und hilflos fühlen, dazu treibt, sich an Kindern zu vergehen.

dieses gelingt, damit das Opfer sich über die wirkliche Natur des »Verführers« täuschen lässt, bedarf es einer Situation, die das Opfer verwirrt, seinen Bewegungsraum einschränkt, es ängstigt und Möglichkeiten des Reflektierens, Planens und Entscheidens verhindert – ihm wird die Wahrnehmung weggenommen, sagen wir etwas flapsig im Therapeutenjargon. Genau dies wird durch den Steuerungsverlust des präfrontalen Cortex über das Limbische System im traumatischen Stress erzeugt.

»Nach dieser These tritt der Angreifer als Führer auf, der diese Rolle zum *versteckten* Angriff ausnutzt. [...] Im Falle von Missbrauchs-Überlebenden spielt die bekannte ›Blindheit‹ gegenüber der Aggression, die bei andauernder **Reizüberflutung** gar nicht mehr als solche wahrgenommen wird, diese Rolle« (ebd., Hervorhebungen im Original). Blind vor Angst »sieht« das Opfer seine Rettung vor sich, das starke Leittier, dessen Macht es spürt, löst in ihm die Unterstützerfunktion aus, und es unterwirft sich ihm und seiner Sicht der Bedrohungslage, um den Bestand der Gruppe zu retten – »er wird wissen, was richtig ist, ihm muss ich blind vertrauen«. Der Arterhaltungstrieb steht hier über dem Selbsterhaltungstrieb.

Diese Verwechslung des »Angreifers als Retter« und der damit einhergehende unlösbare Konflikt kommt Ihnen vielleicht bekannt vor. Auch in der desorientiert/desorganisierten Bindung des 12 Monate alten Säuglings findet sich das Paradoxon: Die Typ-D-Kinder zeigen eine Aktivierung gegensätzlicher Verhaltensmuster, plötzliches Erstarren (freezing), unterbrochene Bewegungsmuster und dissoziative oder verwirrte Zustände. Die Aktivierung des Bindungssystems löst die Suche nach Nähe zur Mutter als einem bergenden Hafen aus, das Abwehrsystem sucht den Rückzug von ihr, da weitere Übergriffe erwartet werden. Dieses Bindungsdilemma scheint mir die »Mutter« aller destruktiven traumatischen Beziehungen zu sein, und deshalb werde ich mich im nächsten Kapitel ausführlicher damit beschäftigen.

7.3 Die desorganisierte Bindung

Das theoretische Konzept, welches ich in diesem Kapitel vorstellen möchte, versucht die Bildung von traumabezogenen, dissoziierten Ego-

States bei Menschen, die in ihrer frühen oder späten Kindheit und Jugend in ausbeuterischen, grenzverletzenden Beziehungen zu primären Bezugspersonen aufgewachsen sind, mit Rückgriff auf die Bindungstheorie zu erklären. Obwohl ich aus den Arbeiten von Ruth Blizard (2001) und Elisabeth Howell (2002) viele Inspirationen bezüglich meiner konzeptuellen Überlegungen schöpfen durfte, möchte ich deren Nomenklatur für die wechselnden Ego-States nicht übernehmen. Dort, wo sie von »victim/masochistic«- und »perpetrator/sadistic«-Ego-State sprechen, verwende ich die Bezeichnung Opferintrojekt und Täterintrojekt. Letzteres lässt sich je nach Täterverhalten weiter in einen nicht sadistischen und sadistischen Modus differenzieren. Ich stimme aber beiden Autorinnen ausdrücklich zu, wenn die eine von ihnen (R. B.) schreibt: »Dieser Artikel soll beschreiben, wie wechselnde, dissoziierte, masochistische und sadistische Ego-States die Grundlage für eine gemeinsame psychodynamische Struktur über das ganze Spektrum dissoziativer Störungen hinweg bilden, von der Borderline-Persönlichkeitsstörung [...] bis zur dissoziativen Identitätsstörung [...], bei all den Personen, die von ihren primären Bezugspersonen missbraucht wurden« (Blizard 2001, S. 38–39). Da die von Watkins und Watkins formulierte hypno-analytische Ego-State-Theorie einer generellen Anschauung über die Multiplizität unseres Selbst entspricht, lassen sich ihre Verstehenskonzepte für die Differenzierung und Integration von Selbstzuständen (Ego-States) entlang des dissoziativen Spektrums gewinnbringend für verschiedene traumabasierte Störungen anwenden.

Ausgangspunkt meiner Überlegungen ist das desorganisiert/desorientierte Bindungsmuster (Typ-D-Bindung) nach Main und Solomon (1986, 1990). Vorab noch ein paar erklärende Worte zur Bindungsforschung durch Bowlby und Ainsworth, Mitte des letzten Jahrhunderts.

Mary Ainsworth (geb. 1913) stieß 1950 zum Team von John Bowlby und betonte in ihren Forschungen die Bedeutung mütterlicher Sensitivität für die Bedürfnisse des Kindes und erkannte in einer sicheren Bindung des Säuglings zur Mutter einen »sicheren Hafen« für jede Exploration der Welt. Unter mütterlicher Feinfühligkeit (maternal sensitivity) verstand sie die Fähigkeit, Signale des Kindes wahrzunehmen, diese richtig zu interpretieren, um dann prompt und angemessen zu reagieren. Neugierige Exploration eines Kindes (z. B. neues Spielzeug erkunden) war erst dann möglich, wenn das Bedürfnis nach Sicherheit der Bindung abgesättigt war. Ainsworth entwickelte den Fremde-Situations-Test (Ainsworth et al. 1978) zur standardisierten Erfassung von Bindungsverhalten bei Kindern und ihren Müttern. Die bei dieser Untersuchung beobachteten Bindungsqualitäten wurden zunächst in drei Bindungsstile eingeteilt:

- Bindungsstil A: unsicher-vermeidend
- Bindungsstil B: sicher, balanciert
- Bindungsstil C: ambivalent-unsicher

Bei den Untersuchungen fanden die Forscher, dass eine Restkategorie von ca. 10% der beobachteten Säuglinge verblieb, die absonderliche und skurrile Verhaltensweisen und Bindungsmuster vom Typ B und C zeigten. Diese auffällige Bindungsverhaltensweisen wurden von Mary Main und Kollegen erstmals 1986 bei 12 Monate alten Säuglingen beobachtet und beschrieben und als desorganisiert/desorientierte Bindung (Typ-D-Muster) bezeichnet.

Dieses Muster ist besonders durch motorische Sequenzen von stereotypen Verhaltensweisen gekennzeichnet; einige Kinder halten im Verlauf ihrer Bewegungen inne, starren für einige Sekunden vor sich hin, ein Zustand, den man als »Einfrieren« oder auch als Dissoziation bezeichnen könnte. Kommt die Mutter nach einer Trennung wieder in den Beobachtungsraum zurück, laufen die Kinder auf die Mutter zu, halten plötzlich an, drehen sich um und laufen von der Mutter fort – dieses Hin und Her kann einige Zeit planlos andauern. Oder die Kinder laufen zur Wand, drücken sich mit dem Kopf gegen die Wand und schauen über die Schulter zur Mutter zurück. Andere nähern sich der Mutter an, indem sie rückwärts auf die Mutter zukriechen und immer wieder wie erschreckt verharren. Diese beschriebenen motorischen Auffälligkeiten werden durch averbale Zeichen von Angst und Erregung untermalt, die zum Ausdruck bringen, dass das Kind sich in Gegenwart der Bindungsperson unwohl und »irgendwie bedroht« fühlt.

Nach Carlson et al. 1989 findet sich dieses Bindungsmuster bei über 80% aller misshandelten Kinder. Auch in späteren Untersuchungen konnten diese Befunde bestätigt werden, häufig waren die Mütter dieser Kinder selbst in ihrer Kindheit traumatisierenden Einflüssen ausgesetzt gewesen. Auch im AAI, dem Adult Attachment Interview, einem Instrument zur Untersuchung des Bindungsverhaltens von Erwachsenen, zeigten 20% der Untersuchten einen inkohärenten Bindungsstil, der im Wesentlichen dem Typ D der Kindheit entspricht.

Der von dem englischen Psychiater und Psychoanalytiker John Bowlby (1907–1990) und seinen Schülern entwickelte Grundgedanke der Bindungstheorie ist, dass der Säugling im Laufe der ersten Lebensjahre auf der Grundlage eines angeborenen Verhaltenssystems eine starke emotionale Bindung zu einer primären Bezugsperson entwickelt, das angeborene Bindungssystem tritt in Kraft. Wird der Säugling oder das Kind mit einer Situation konfrontiert, die Angst – wie etwa bei Trennungen von den primären Bezugspersonen –, die Schmerz oder äußere und innere Bedrohung auslöst, wird sein Bindungssystem, als innere Verhaltensbereitschaft, aktiviert. Als klassische Bindungsverhaltensweisen nach Trennung kann man über alle kulturellen Unterschiede hinweg beobachten, dass das Kind nach der Bindungsperson sucht, ihr nachläuft und sich an ihr festklammert. Als beobachtbare Missfallensäußerungen finden sich Weinen und ärgerlicher Protest, womit es zum Ausdruck bringt, dass es die Trennung von der Bindungsperson verhindern möchte oder dass es Nähe dringend benötigt.

Auch wenn das Kind in einer missbräuchlichen und ausbeuterischen Beziehung aufwächst, muss es die Bindung an den Missbraucher aus Überlebensgründen aufrechterhalten, auch wenn er das Kind körperlich und/oder psychisch bedroht. Das Ergebnis dieses Anpassungsprozesses sind die oben beschriebene Typ-D-Bindung und die Aufspaltung des eigenen Selbst und die Objektrepräsentanz der primären Bindungspersonen im dissoziativen Spektrum in zum Teil konträre Ego-States.

Das Kind zieht sich also vom Missbraucher nicht nur zurück oder distanziert sich von ihm, um die lebensnotwendige Bindung aufrechterhalten zu können, es nutzt den Abwehrmechanismus der Dissoziation, um konflikthafte Erinnerungen, unterschiedliche Selbstzustände und Beziehungserfahrungen zum Außenobjekt voneinander zu trennen. Vor allem »gute« Erfahrungen des Versorgtseins, Geschütztseins müssen von »schlechten« Erfahrungen des Ausgeliefertseins, der missbräuchlichen Grenzverletzung getrennt werden. Auf diese Weise, so meint Blizard (2001), kann zumindest eine überlebenswichtige dyadische Selbst/Objekt-Einheit (Kernberg 1981) mental stabilisiert werden: eine episodische Repräsentanz eines nährenden und schützenden Objektes, in Bindung zu einem relativ stabilen, machtvollen, aber distanzierten Selbst. Ginge diese auch noch verloren, drohten dem Kind die totale Deprivation und der Rückzug in die anaklitische Depression.

Wenn wir nun wissen wollen, wie verschiedene traumatische Erfahrungen die dissoziative Aufgliederung in Ego-States begünstigen, dann finden wir bei Liotti wichtige Hinweise, die ich hier nur sehr verkürzt wiedergeben kann. Wiederum ausgehend vom desorganisiert/desorientierten Bindungsstil meint Liotti (1992, 1999, 2000), dass der Säugling in Reaktion auf das verwirrende, ängstigende und unkalkulierbare Bindungsverhalten der primären Bezugsperson (ich bezeichne dieses im Folgenden als desorganisierte Bindung) nicht in der Lage ist, ein kohärentes Selbst zu entwickeln, sondern dass multiple, inkohärente innere Arbeitsmodelle der Selbstidentität unverbunden, d. h. dissoziiert, nebeneinanderstehen. Für unsere Arbeit mit dem Ego-State-Ansatz interessant ist die traumabasierte Reihung der Ego-State-Bildung, die er vorschlägt:

(1) Desorganisierte Bindung mit einer Person, daneben aber die Erfahrung von stabilen Bindungen, keine Missbrauchserfahrung: ein dominierendes Arbeitsmodell von Selbst und Objekt kann sich bilden, relativ unbeeinträchtigte weitere Entwicklung.
(2) Dauerhaftes Ausgesetztsein einer desorganisierten Bindung, keine tragfähigen Neuerfahrungen, aber auch kein ernsthafter Missbrauch: milde dissoziative Störung mit Wechsel zwischen den verschiedenen Modellen des Selbst in Beziehung zu malignen Objektbeziehungen, keine amnestischen Barrieren zwischen den Ego-States.
(3) Dauerhaftes Ausgesetztsein einer desorganisierten Bindung, keine tragfähigen Neuerfahrungen, ernsthafter Missbrauch: unvereinbare Erfahrungen der missbrauchenden Bezugsperson können nicht in ein einziges, kohärentes Arbeitsmodell der Beziehung integriert werden, amnestische Barrieren zwischen den Ego-States.

Es liegt nahe, die unter (2) genannten Bedingungen der Borderline-Persönlichkeitsstörung zuzuordnen, die unter (3) genannten Parameter beschreiben dissoziierte Ego-States, wie wir sie bei DIS vorfinden.

Sosehr mich diese Hypothesen in Bezug auf die Ego-State-Bildung unter traumatischen Entwicklungsbedingungen überzeugen, so wenig bin ich mit dem Gebrauch des Dissoziationsbegriffs einverstanden: Bei Blizard, weniger bei Liotti, wird auf der Basis psychoanalytischer Theoreme die psychologische Dimension der Dissoziation als unbewusste Abwehrstrategie zu sehr betont – ein Problem, auf das ich wiederholt hingewiesen habe. Dissoziation, so wissen wir heute, ist ein sehr komplexes Phänomen, und vieles spricht dafür, dass es sich dabei um eine automatische Schutzreaktion handelt auf dem Boden biologischer und neurophysiologischer Prozesse. Im Folgenden möchte ich Sie mit Forschungsarbeiten zu dieser Seite der Dissoziation vertraut machen, die aus meiner Sicht der traumabasierten Ego-State-Bildung besser gerecht werden als die am psychoanalytischen Abwehrmodell orientierten Arbeiten.

7.4 Die Strukturelle Dissoziation nach Ellert Nijenhuis

Neben der Bindungstheorie soll nun ein zweites Theoriekonzept zum vertieften Verständnis der Bildung der Ego-States herangezogen werden, die Theorie der »Strukturellen Dissoziation« nach Ellert Nijenhuis und Kollegen (1998, 2004a + b + c).

Die holländische Arbeitsgruppe um Nijenhuis geht von zwei basalen Beobachtungen aus:

- Wir finden bei traumatisierten Menschen immer wieder das Phänomen, dass sie zwischen dem Wiedererleben der traumatischen Situation und einem Zustand, in dem ihnen die Traumatisierung und seine emotionalen Folge relativ fern und wenig bedeutungsvoll erscheinen, unterscheiden können.
- Bei einer weiteren Untergruppe handelt es sich dabei nicht nur um zwei mentale Zustände, sondern um eine Reihe oder ein Cluster von Zuständen.

In ihren Arbeiten verbinden sie nun die Fähigkeit zur Distanzierung vom Trauma und das plötzliche Wiedererleben der Traumatisierung mit der Theorie angeborener Handlungssysteme (action system), die zur Steuerung unserer Anpassungsfähigkeit zum Überleben in der Umwelt dienen.

»Handlungssysteme kontrollieren eine Reihe von Funktionen, aber einige sind komplexer als andere. Das Wiedererleben von Trauma steht in Verbindung mit dem angeborenen und in der Evolution ausgebildeten Verteidigungssystem, welches durch ernste Bedrohung aktiviert wird, vor allem bei Bedrohung der Integrität des Körpers. Wie jedes komplexe System besteht es aus verschiedenen Untersystemen, genannt sind Flucht, sich tot stellen, Kampf. Die Distanzierung vom Trauma ist nach unserer Ansicht mit verschiedenen Handlungssystemen (Panksepp 1998), z. B. mit denen, die das Funktionieren im Alltag kontrollieren (z. B. Erkundung der Umgebung, Kontrolle des Energiehaushaltes), und denen, die das Überleben der Art absichern (Reproduktion, Bindung mit und Sorge für den Nachwuchs), eng verbunden« (Nijenhuis et al. 2004, S. 2).

Um Ihnen einen schnellen Einstieg in das diesen Theorien zugrunde liegende Denken zu verschaffen, will ich die wichtigsten Aussagen von Nijenhuis und van der Hart kurz zusammenfassen: Für sie ist die Persönlichkeit eines Menschen ein selbstorganisierendes, psychobiologisches, selbststabilisierendes System, welches von Modulen oder auch Subsystemen gesteuert wird. Ziel dieser Aktionssysteme (Nijenhuis et al. 1999), emotional arbeitenden Operationssysteme (Panksepp 1998) oder motivationalen Systemen (Lang et al. 1998) ist es, sich den Herausforderungen der Umwelt in Aktion mental und verhaltensorientiert zu stellen. Kommt es in der Entwicklung eines Menschen zu einer frühen traumatischen Stresserfahrung, dann integrieren diese Aktionssysteme nicht ausreichend, entwickeln sich nicht zu komplexeren Einheiten und Bewältigungsstrategien weiter, sondern die entwicklungsgeschichtlich frühen Module, d. h. Aktionssysteme, dominieren. Die sich nun bildenden dissoziierten Ego-States verdanken ihre Entstehung diesen entwicklungsgeschichtlich »unreifen« Aktionssystemen. Abbildung 7-3 auf S. 124 zeigt die Hauptkategorien der Aktionssysteme.

Bezüglich der Strukturellen Dissoziation der Persönlichkeit und der Beteiligung der Aktionssysteme stellen die Autoren folgende Hypothese auf: Die Dissoziation umfasst eine strukturelle Aufteilung der Persönlichkeit in zwei oder mehrere Anteile, deren Ausbildung essenziell durch verschiedene Aktionssysteme oder auch Zusammensetzungen von Aktionssystemen vermittelt werden (Nijenhuis 2004c). Auch wenn die Möglichkeit der Aufspaltung der Persönlichkeitsanteile im Prin-

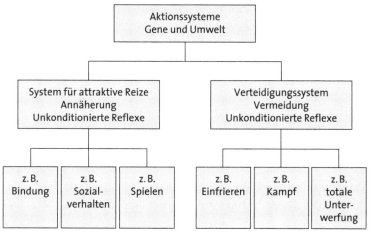

Abbildung 7-3: Zwei Hauptkategorien der Aktionssysteme nach Nijenhuis 2004c

zip unendlich ist, so sind manche Spaltungen wahrscheinlicher als andere – Ursula Gast spricht von den Sollbruchstellen des mentalen Systems (Gast 2004c). Nach diesen generellen Aussagen zurück zur Entstehung der verschiedenen Ego-States.

Nijenhuis und seine Kollegen gehen also davon aus, dass ernsthafte Bedrohung zu einer strukturellen Dissoziation[18] der prämorbiden Persönlichkeit führt, primär zwischen dem **Alltagssystem**, welches in die Organisation des täglichen Lebens und dem Überleben der Art involviert ist, auf der einen und dem **Verteidigungssystem** auf der anderen Seite. Diese beiden dissoziierten Selbst-Zustände oder Persönlichkeits-Anteile werden ANP (anscheinend normale Persönlichkeitsanteile)[19] und EPs (emotionale Persönlichkeitsanteile)[20] genannt, entsprechend einem Vorschlag von Myers (1940) auf Grund von Beobachtungen im Ersten Weltkrieg.

---

[18] Die Psychoanalytische Theorie wäre dagegen eine Theorie der funktionellen Dissoziation.
[19] Im Original: apparently normal personality.
[20] Im Original: emotional personality.

7.4.1 Der emotionale Persönlichkeitsanteil: EP

Ganz allgemein gesagt ist der emotionale Persönlichkeitsanteil einer Person ein dissoziativer Zustand, ein zeitstabiles, komplexes neuronales Netzwerk, auf der Grundlage eines oder mehrerer tierähnlicher Abwehrsysteme bei extremem Stress. Dieser unwillentliche Rückzug aus dem Realitätsbewusstsein gruppiert sich um eine Selbstrepräsentanz, die sehr rudimentär, aber auch sehr komplex – wie bei der DIS – ausgestaltet sein kann. Der EP ist an das Trauma und die assoziierten Ereignisse fixiert und repräsentiert das defensive System in einer Art Erstarrungszustand, im Angesicht einer aktuellen oder erwarteten überwältigenden Bedrohung der körperlichen Unversehrtheit. Die untergeordneten, d.h. angeborenen, Subsysteme des defensiven Systems umfassen Übererregung, Flucht, Kampf, Erstarrung (freezing), Anästhesie/Analgesie, totale Unterwerfung. Ein weiteres Subsystem aktiviert ein neuronales Netzwerk (panic-system, Panksepp 1998), welches bei Trennung von der Bezugsperson den »distress-cry« auslöst. Weitere Heilungssysteme dienen der Erholung und Reorganisation, so ein System für Wundpflege und dem Rückzug an einen dunklen Ort zum Schlafen.

Aus dieser Beschreibung folgt, dass das EP einer Person für ein mehr oder weniger komplexes, mentales System organisierter traumatischer Erinnerungen steht. Diese Erinnerungen können pathogene Einzelaspekte des abgelaufenen Traumas, komplette Erinnerungen überwältigender Ereignisse oder Serien dieser Ereignisse umfassen und sind in der Regel verbunden mit einer veränderten Wahrnehmung des eigenen Körpers und einem reduzierten, d.h. weniger komplexen, Selbsterleben. »Während narrative Erinnerungen verbal, entlang einer Zeitlinie angeordnet, sozial und rekonstruierbar sind, werden traumatische Erinnerungen oftmals so erlebt, als würde sich der überwältigende Augenblick hier und jetzt ereignen. Diese halluzinatorischen, ausgestanzten und unfreiwilligen Erfahrungen bestehen aus visuellen Bildern, Empfindungen und Handlungen, welche die gesamte Wahrnehmungswelt in Anspruch nehmen« (Nijenhuis et al. 2004, S.6–7). Sie sind auf der einen Seite zeitlos und unveränderlich, sind aber keine Kopien der überwältigenden traumatischen Erlebnisse, sondern deren subjektive Bearbeitung, inklusive Veränderung und Auslastung durch

Fantasietätigkeit. Diese traumatischen Erinnerungen zeichnen sich noch durch eine andere Besonderheit aus: Wenn der EP aktiviert ist, dann tendiert der Patient in diesem Ego-State dazu, den Zugang zu anderen Erinnerungsspeichern zu verlieren, die für die Alltagspersönlichkeit (ANP) normalerweise gut zugänglich sind.

Die klinische Forschung der letzten Jahre hat gezeigt, dass traumatische Erinnerungen sehr stark sensomotorische Züge tragen (van der Kolk & Fisler 1995) und dass traumatische Erinnerungen bei Patienten mit PTSD schon initial in Form dissoziierter mentaler Muster von sensorischen und affektiven Elementen eingespeichert wurden mit sehr wenigen oder gar keinen linguistischen Komponenten. Auch bei der Rückerinnerung an das Trauma zeigte sich, dass eine sprachliche Symbolisierung durch die Unterdrückung der linken Broca-Rinde massiv erschwert war. Traumarückerinnerung geschieht also in Form von sensorischen Wahrnehmungen und Verhaltensantworten.

7.4.2 Der »anscheinend normale« Teil der Persönlichkeit

Der ANP ist ebenso wie der EP ein mehr oder weniger komplexer dissoziativer Persönlichkeitsanteil, der den Kontakt zur Realität aufrechterhält und letztlich der Arterhaltung dient. Der ANP ist auf eine extrem phobische Vermeidung der Erinnerung an das Trauma fixiert, er zeigt sich im Rückzug aus der Bindung, dem Gefühl des Betäubtseins (numbing) und teilweiser oder kompletter Amnesie für das Trauma. Unter Verzicht darauf, das Trauma in die Lebensrealität zu integrieren, funktioniert der ANP als Fassade, als Gastgeberpersönlichkeit (host) oder Erwachsenen-Ich, zur Bewältigung der Aufgaben des täglichen Überlebens. Dieses kann nur gelingen, so meinen Nijenhuis und Kollegen, durch Entwicklung sogenannter negativer dissoziativer Symptome (Nijenhuis et al. 1998), wie ich sie oben beschrieben habe, nämlich

- Amnesie
- Depersonalisation
- Emotionale Betäubung.

Aus der Sicht des ANP bedeutet dies, das EP hat weder die traumatischen Erinnerungen integriert noch das mentale System, welches sich um diese unverdauten Erinnerungen herum gebildet hat. Dies führte dazu, dass der Patient im Zustand des Erwachsenen-Ich zwar über die Tatsache des Traumas informiert ist und auch über die Existenz seiner emotionalen Persönlichkeitsanteile, aber dieses Wissen bleibt noetisch – d.h. unbezogen zu einem Gefühl, als handelndes Selbst –, er bleibt irgendwie gleichgültig/entfremdet (detached). Die mit dem Trauma verbundenen relevanten Informationen bleiben semantisch (ein Teil des Faktengedächtnisses) und sind nicht autobiografisch, episodisch verkörpert.

So ist es zu erklären, dass viele Menschen relativ unbehelligt und ohne große Anstrengungen in ihrem Alltagsbewusstsein leben konnten, zwar auf Nachfrage von der Tatsache der Traumatisierung in der frühen und späten Kindheit wussten, aber in ihrer »normalen Biografie« dieser Tatbestand mit der eigentlichen emotionalen Qualität nicht repräsentiert war. Es kommt, wie Michaela Huber (2003) schreibt, zu einer Spaltung in Wissen und Gefühl, zumindest in Bezug auf die Traumaerfahrung. Durch die Abkopplung der traumatischen Erfahrung aus dem bewusst zugängigen Erinnerungsschatz gelingt es weitgehend bei vielen unserer Patienten, die intrusiven, hochemotionalen Traumerinnerungen unter Kontrolle zu bekommen, um eine längerfristige Destabilisierung zu vermeiden. Abspaltung oder Dissoziation ist somit der effektivste Abwehrmechanismus für Menschen nach Traumaerleben.

Wegen dieser komplizierten Struktur und Funktion des anscheinend normalen Teils der Persönlichkeit eines komplex traumatisierten und dissoziativen Menschen (DESNOS, DDNOS, DIS) schlägt Michaela Huber vor, nicht mehr von »host« zu sprechen, sondern die Begriffe ANP und EP zu benützen (2006, persönliche Mitteilung). Der Grund ist, dass der Terminus »host« oder »Alltags-Ich« eine kompakte Entität suggeriert, die den dissoziierten Anteilen scheinbar wie ein Fels in der Brandung gegenübersteht. Sowohl der ANP als auch der EP sind von der Persönlichkeit *vor* der Traumatisierung verschieden, sie sind notwendige Anpassungsleistungen unter dem Diktat chronischer Bedrohung.

7.4.3 Die Dimensionen der Strukturellen Dissoziation

Innerhalb eines angenommenen dissoziativen Spektrums, von leichter Dissoziation bei der akuten Traumatisierung bis hin zu schweren Dissoziationen bei der »Multiplen Persönlichkeit«, fällt die Aufteilung der ANPs und der EPs in weitere Kompartimente sehr unterschiedlich aus und lässt sich verschiedenen Krankheitsbildern zuordnen. Wichtig ist, dass nach Wang et al. (1996) die innere Struktur dieser sich bildenden dissoziativen Anteile sehr komplex sein kann. Er vermutet in diesen Anteilen – wir könnten auch sagen Ego-States – eine individuelle Mischung aus Verhaltensmustern, Gefühlen, Kognitionen, Bindungsmustern, Erinnerungen und Copingstrategien. Somit sind Ego-States bei traumabasierten Borderline-Patienten oder Alters bei der DIS nicht nur psychische Konfigurationen, sondern neuronale Netzwerke, die sich entlang eines zentralen Aktionssystems auf neurobiologischer Grundlage bilden. Die ausschließlich sympathikogen gesteuerten Aktionssysteme auf Bedrohung sind

- Hypervigilanz, d.h. erhöhte Aufmerksamkeit
- Wut
- Freeze, d.h. innehalten und nachdenken, was zu tun ist
- Angst
- Flucht
- Kampf.

Die parasympathisch gesteuerten Aktionssysteme sind

- Atonische Immobilisierung
- Unterwerfung und
- Totstellreflex.

Nach Bruce Perry (1998) reagieren Jungen und Mädchen bis zu einem Alter von sechs Jahren ausschließlich bei Gefahr und Bedrohung mit parasympathisch aktivierten Aktionssystemen, ab dem sechsten Lebensjahr wechseln Jungs zum sympathischen Modus, Mädchen verbleiben überwiegend parasympathisch aktiviert.

Die Zuteilung der einzelnen Formen der strukturellen Dissoziation zu einzelnen Diagnosegruppen findet sich in Abbildung 7-4 auf S. 129.

Traumabezogene Dissoziation	Krankheitstyp
Primäre strukturelle Dissoziation Ein ANP, ein EP	akute Belastungsstörung PTBS
Sekundäre strukturelle Dissoziation Ein ANP, mehrere EPs	komplexe PTBS Borderline-Störung DESNOS Andere dissoziative Erkrankungen
Tertiäre strukturelle Dissoziation Mehrere ANPs, mehrere EPs	Dissoziative Identitätsstörung

Abbildung 7-4: Strukturelle Dissoziation und traumabasierte Störung

Meine klinische Arbeit bezieht sich überwiegend auf den Abschnitt der sekundären Dissoziation mit einem alltagstauglichen ANP und unterschiedlichen EPs, das heißt Ego-States, bei den das zugrunde liegende Aktionssystem die Richtung der Anpassungsstrategie bestimmt: Die einen Ego-States nutzen hauptsächlich die sympathikotone Strategie des Flucht-/Kampfverhaltens, andere reagieren mit der parasympathisch initiierten Unterwerfung usw.

7.4.4 Das Handlungssystem, die masochistische und sadistische Abwehr

Was das eben Gesagte angeht, so beschreibt es nur die bekannte klinische Erfahrung, dass unsere Patienten in zwei verschiedenen Welten zu existieren scheinen: in einer Alltagsrealität, an die sie mehr oder weniger gut angepasst sind und in der sie mehr oder weniger erfolgreich funktionieren (ANP), und einer plötzlich einschießenden, hoch emotionalen und überwältigenden Traumawelt, in der ein oder mehrere Ego-State(s), die traumatische Erfahrung von damals

als ein zeitloses und unveränderbares Ereignis festhalten (EPs). Aber die einzelnen Ego-States, die innerhalb des emotionalen Persönlichkeitsanteils gebildet werden, unterscheiden sich deutlich voneinander; einige Formen traumabezogener struktureller Dissoziation scheinen in immer wieder ähnlicher Ausprägung bei unseren Patienten zu beobachten zu sein – Täterintrojekte, das verlassene Kind, das misshandelte Kind, Helfer- und Beschützeranteile usw. Andere Ego-States scheinen einer hoch individuellen Biografie zu entspringen. Die Verbindung zwischen Ego-State und Trauma findet sich auch in der klinischen Beobachtung von van der Hart (1997), die besagt, dass ein Kind nach extremer Traumatisierung vier voneinander abgrenzbare Ego-States oder Alters[21] bildet: das traumatisierte Kind, ein Täterintrojekt, ein innerer Beobachter und den ANP. Diese aufgrund von Autosuggestion, Trance und Stress gebildeten, voneinander getrennten Ego-States können in der weiteren Entwicklung subtil ausdifferenziert werden und verweisen bei traumabasierten Störungen immer wieder auf die Originalszene des Vorfalls. Dieses etwas holzschnittartige Modell traumatischer, dissoziativer Reaktion soll uns als Verstehensgrundlage dienen.

Die Ursache dieser kreativen Ego-State-Bildung ist, wie oben ausgeführt, die strukturelle Dissoziation; zur Erinnerung: EPs und ANPs werden überwiegend durch die Einwirkung konstitutioneller, psychobiologischer Systeme im Verlaufe der Traumaeinwirkung auf das Individuum hervorgebracht und dann im Entwicklungsprozess individuell ausgestaltet.

Das »emotional arbeitende System« (Panksepp 1998) und die »Funktions-Systeme« (Fanselow u. Lester 1988) oder Aktionssysteme, wie sie von Nijenhuis und Kollegen genannt werden, sind funktional in dem Sinne, dass sie verschiedenste Typen von affektiven Zuständen aktivieren, welche Tieren und Menschen helfen, Ereignisse in der Welt zu identifizieren, die entweder im biologischen Sinne hilfreich oder schädlich und die in der Lage sind, Anpassungs- und Antwortmuster auf viele Herausforderungen des Lebens zu entwickeln. So gesehen sind die unter Traumabedingungen sich durch strukturelle Einwirkung bildenden Ego-States funktional und Teil eines weit in die Stammesgeschichte

---

[21] Alters kommt vom Englischen to alter = wechseln, ändern.

zurückreichenden Anpassungsprozesses: Die basalen Verhaltensmuster, die im Handlungssystem aktiv sind, sind die der Annäherung (Bindungs-Aktionssystem) oder der Vermeidung (Verteidigungs-Aktionssystem). Soweit die Theorie in groben Zügen.

Der Wechsel zwischen masochistischer und sadistischer Abwehr
Ich will nun versuchen, die Veränderungen im psychischen Anpassungssystem eines kleinen Kindes in »Zeitlupe« zu beschreiben, welches über einen längeren Zeitraum im familiären Nahraum der Erfahrung von Missbrauch ausgesetzt ist. Unter Missbrauch durch eine primäre Bezugsperson verstehe ich zum Beispiel ein unberechenbares und zum Teil unangemessenes Verhalten, harte, ungerechte und inkonsistente Bestrafung, Vernachlässigung und Grenzverletzungen durch körperliche und/oder sexuelle Gewalt im sozialen Nahraum. Das Kind lebt somit eine dysfunktionale, traumatisierende Bindungserfahrung und hat in der Regel wenig Möglichkeiten, in andere Beziehung zu schutzgebenden Objekten auszuweichen. Die Folgen, die zu erwarten sind, haben wir bei der Darstellung des desorientiert/desorganisierten Bindungsstils beschrieben:

- Gleichzeitige Aktivierung von verschiedenen Motivationssystemen (Bindung, Exploration, Aversion).
- Der Wechsel zwischen Trennungswunsch und Wiederannäherung beim Kind wird sichtbar in stereotypen Mustern, stuporösen Zuständen, Angstüberflutung, Dissoziation.
- Folge beim Kind: kein Schutz durch anwesende Mutter, Inkonsistentes Trennungs- und Wiedervereinigungsverhalten, keine klare Bindungsstrategie oder Erwartungen an die Bindungsperson.
- Ursache: Bindungsperson hat selbst noch nicht verarbeitete Probleme, z.B. eigener Missbrauch oder andere traumatische Ereignisse, deshalb ist bei der erwachsenen Person das eigene Bindungssystem aktiviert und somit das Pflegesystem eingeschränkt: die Funktion als feinfühlige Bindungsperson kann nur unvollständig ausgeführt werden.

So weit die phänomenologische Beschreibung, welche man von außen bei 12–14 Monate alten Kleinkindern in der »Fremde-Situation« nach Ainsworth (1978) beobachten kann.

Aber was passiert auf der inneren Bühne eines Kindes – nennen wir es Paula –, wenn dieser Zustand Jahre anhält, welche kreativen Lösungen erfindet unser seelisches Anpassungssystem, um kaum erträgliche Situationen zu überleben?

In der Frühphase des Lebens, wenn die Schutzmöglichkeiten noch sehr begrenzt sind, in einer traumatischen Stresssituation, in der das Gefühl, sicher und liebevoll gebunden zu sein, nicht gewährleistet ist, wird Paula versuchen, ihr Bindungsverhalten zu maximieren. Sie wird sich die kleinen Momente der Nähe, des Versorgtseins mit der primären Bezugsperson »schönreden« und alles hinter die bewusste Wahrnehmungsschranke dissoziieren, was an Schmerz, Missbrauch, Todesangst usw. erinnern könnte. Paula hat gelernt, wenn sie Wut und Hass auf den Missbraucher zeigte und sich verteidigte, dass er sie noch härter strafte und Vergeltung übte. Ihren reaktiven Hass lernte sie zu verschlucken, deshalb fühlte sie sich schlecht, nicht wert, geliebt zu werden. Um sich vor dem Missbrauch zu schützen, verhielt sie sich zunehmend passiv und warb um den Täter, schmeichelte ihm, um ihn zu besänftigen. Paulas Ziel war es, die Bindung zum Missbraucher, von dem sie existenziell abhängig war, zu schützen und aufrechtzuerhalten. So entwickelte sie, wie Blizard (2001) das nennt, einen ängstlich/abwesenden Bindungsstil oder ein masochistisches, kindliches Ego-State. Hilfreich auf diesem Weg waren ihr verschiedene Aktionssysteme im Spektrum der strukturellen Dissoziation, die sie für diese Art Bindung typischerweise nutzte.

Wenn wir uns noch einmal die »Traumazange« von Michaela Huber ins Gedächtnis rufen, dann wissen wir: Nicht fliehen können (no flight) erzeugt Hilflosigkeit, nicht kämpfen können (no fight) erzeugt Ohnmacht, sagte ich in Kapitel 4.3.3. Die Hilflosigkeit, die Paula erlebte, als sie bei Bedrohung zu niemandem flüchten konnte, versuchte sie durch eine intensivierte, pathologische Bindung an den Missbraucher durch Abspaltung und Dissoziation zu mildern, aber der reaktive Hass, der sich aus dem Wunsch zu kämpfen aufstaute, den richtete sie in Selbstentwertung gegen sich selbst – das steigerte letztlich das Gefühl von Machtlosigkeit. Das Aktionssystem der totalen Unterwerfung und der Schmerzunempfindlichkeit halfen ihr, in Missbrauchssituationen abzuschalten und passiv zu werden – das nennen wir die **masochistische Abwehr.**

Je älter Paula wurde, umso mehr wurde das Gefühl der Ohnmacht zum Problem, zumal Macht/Ohnmacht, Aggression, »Nein-Sagen« zur normalen Entwicklungslinie eines Kindes gehören. Der verständliche Wunsch und das biologische Bedürfnis, sich zu schützen, machten es immer schwerer, den erlittenen Schmerz und den reaktiven Hass einfach wegzudissoziieren und gegen sich zu wenden.

In dieser Phase setzt sich, durch unkonditionierte Reflexe forciert, immer mehr Paulas Verteidigungssystem durch, und das Bindungssystem tritt zurück. Das unerträgliche Gefühl der Ohnmacht führt in die sogenannte »**sadistische Abwehr**«, das heißt, die Notwendigkeit der Bindung wird verleugnet und die »Macht des Täters« verinnerlicht: Durch die Täterintrojektion fühlt sich Paula für kurze Momente ebenso machtvoll, unabhängig und über allem stehend wie der Missbraucher. Dieses alles gelingt nur, wenn die gleichzeitig bestehenden Verlassenheitsängste und die Bindungssehnsucht dissoziiert werden. Diesen Bindungsstil nennt Blizard (2001) vermeidend/abweisend; in Paula ist ein sadistisches Ego-State, ein Täterintrojekt als innerer Verfolger entstanden. Das, was bisher als missbräuchliche Beziehung sich im Außenraum abspielte, ist jetzt das Dauerprogramm auf der inneren Bühne: Das Täterintrojekt geht auf das masochistisch kindliche Ego-State los und malträtiert es wie der äußere Missbraucher die kleine Paula.

Der adaptive Vorteil für das Kern-Selbst ist es, dass die Täter/Opfer-Beziehung jetzt auf der inneren Bühne sich abspielt und die Beziehung zur Bindungsperson im Außenraum entgiftet erscheint. Damit ist es möglich, den Bindungswunsch wieder in den Vordergrund zu rücken, um das Gefühl des Verlassenseins und der Einsamkeit zu verändern. Paula wechselt nun aus der **sadistischen Abwehr** der Bedrohung in die **masochistische** zurück. Dieses Hin- und Herpendeln zwischen Selbstschutz und Bindungssehnsucht wird im Anpassungsprozess häufig durchlaufen, und das traumatische Beziehungsdilemma bekommt an entwicklungsgeschichtlich markanten Punkten der heranwachsenden Paula besondere Akzentuierungen: Abhängigkeit und Autonomie in der oralen Phase, Trennungsloslösungskonflikte in der analen Phase, ödipale Konkurrenz und Entwicklung der weiblichen Geschlechterrolle usw. Abbildung 7-5 auf S. 134 zeigt die wichtigsten psychischen Reaktionsmechanismen bei masochistischer und sadistischer Abwehr.

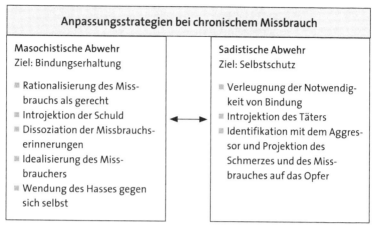

Abbildung 7-5: Die masochistische und sadistische Abwehr bei chronischer Traumatisierung

7.5 Die inneren Verfolger: Fremdkörper im Selbst oder innere Helfer?

Ego-States, so haben wir in früheren Kapiteln erfahren, können sich als Antwort auf immer wiederkehrende Kindheitserfahrungen herausbilden, als das Konzentrat einer Beziehungserfahrung, die in einem neuronalen Netzwerk abgelegt ist, aber auch als Antwort auf ein einzelnes überwältigendes Ereignis mit traumatischer Qualität. Ich-Zustände, die auf ungelöste negative Erfahrungen wie Missbrauch, Vernachlässigung und Entzug überlebenswichtiger Fürsorge durch Elternfiguren verweisen, scheinen in der Vergangenheit zu leben, aus Sicht des Erwachsenen-Selbst wirken sie kindlich und regressiv fixiert. »Einige Ego-States bilden sich als Introjekte heraus, sie sind Teile des Selbst, welche bedeutsame Rollenmodelle nachahmen – sowohl gesunde wie krankhafte« (Schmidt 2004, S. 13).

Die Übernahme von Rollen, die uns die Eltern vorleben, ins eigene Handlungsrepertoire durch Nachahmung stellt einen ganz normalen Lernschritt für uns alle in der Kindheit dar – er funktioniert aber auch noch heute bis ins Erwachsenenalter. Missbrauchte Kinder hören ständig die Ermahnung (Drohung), dass das Wohlergehen der Eltern von ihrem Betragen abhinge, dass sie schuld seien, wenn es Streit und Prügel in der Familie gäbe. Alles läge nur an ihnen, und gleichzeitig spüren sie, dass sie keine Chance haben, etwas richtig zu machen. Neben dieser Schuldzuschreibung sind sie unzähligen verwirrenden, meist widersprüchlichen und extrem abwertenden Botschaften vonseiten der primären Bezugspersonen ausgesetzt: »Wärst du doch nie geboren, ich hätte dich abtreiben sollen – wenn du immer nett bist und mir keinen Ärger machst, dann habe ich dich lieb!« Die verbalen und nonverbalen Botschaften bewirken, dass das Kind versucht, diese Erwartungen zu erfüllen: In ihm entstehen perfektionistische, gnadenlos selbstkritische innere Stimmen, die sein Tun kommentieren. Es sind die Stimmen der missbrauchenden Elternfiguren, die das Kind introjiziert hat. Typischerweise bieten diese Stimmen wenig Unterstützung, wenn man etwas gut gemacht hat (»Das ist doch selbstverständlich ...«), sodass selbststärkende und selbstanerkennende innere Botschaften fast gänzlich fehlen. Wenn dann später im Leben andere Menschen probieren, dieses Defizit durch Lob und Anerkennung aufzufüllen, dann scheint sich eine Art Loch aufzutun, ein Hohlraum, in dem alle positiven Gefühle versickern und mit einem »Ja schon, aber ...« wirkungslos gemacht werden.

In der Regel steht das Kind zwischen zwei Familienmitgliedern: dem aggressiven, machtvollen Missbraucher (Mann oder Frau) und dem schwachen, passiven, keinen Schutz bietenden Gegenpart des Erwachsenen (Mitläufer). Diese psychodramatische Rollenvorgabe in einem Familiensystem mit aktiver und passiver Wut saugt das Kind auf wie ein Schwamm. In einem solchen System voller Groll wird das Kind dazu tendieren, nach der Introjektion des Täters, sich auch in einem zweiten Schritt mit dessen machtvoller Aggression zu identifizieren – auch wegen der Enttäuschung, dass z. B. die Mutter als Mitläuferin nicht in der Lage oder willens war, das eigene Kind (aus selbstsüchtigen Motiven) zu schützen. In seinem Inneren entsteht eine »Identifikation mit dem Aggressor«, eine Imitation des Täters, wie Howell (2002) schrieb, und das Kind könnte denken: »Ich werde so wie er oder sie, und niemand kann mich dann mehr verletzen.« Die Position der Machtlosigkeit verwandelt sich zumindest in der Fantasie in narzisstische »Unverletzbarkeit« und Macht. Zugleich rebelliert das Kind gegen die Internalisierung des schwachen Erwachsenen, der wegen seiner Unfähigkeit, das Kind zu schützen, verachtet wird. Das Kind beginnt zwischen einem machtlosen Opfer-Ego-State und dem Ausleben des Täter/hasserfüllt-States gegen sich selbst und andere hin und her zu schwanken.

Gibt es verschiedene Arten von inneren Verfolgern?
Diese Beschreibung lässt uns ahnen, dass es womöglich verschiedene aggressiv aufgeladene Ego-States auf der inneren Bühne eines missbrauchten Kindes geben könnte, die sich aus unterschiedlichen Gründen und mit unterschiedlichen Funktionen bilden können. Nicht jedes sich abwertend, harsch und bösartig gebärdende Ego-State entspringt einer Introjektion mit einen Täterobjekt. Ich möchte versuchen, diese in der Arbeit mit Patienten, welche an den Folgen einer traumabasierten Borderline-Störung oder einer Ego-State-Disorder leiden, näher zu beschreiben und zu differenzieren.

Obwohl ich mich in diesem Buch nicht ausdrücklich mit der Ego-State-Theorie/Therapie der »multiplen Persönlichkeit« beschäftigen möchte, könnte ein Blick in die wissenschaftliche Literatur über »verfolgende Alters« (persecutor alters) hilfreich sein. Was da in Reinform als abgegrenzter Persönlichkeitsanteil imponiert, könnte uns helfen, die subtileren Formen der Ich-Zustände bei den Borderline-Patienten besser zu erkennen.

Auch wenn die Literatur sehr uneinheitlich ist, und das beginnt schon mit Nomenklatur und der Differenzialdiagnose, so sind sich die meisten Autoren über die Entwicklung von Verfolger-Alters darin einig, dass sie normalerweise ihr Leben als Beschützer und Helfer beginnen und sich dann, aus irgendeinem Grund, gegen den ANP, d. h. gegen das Erwachsenen-Ich wenden und zu Verfolgern werden. Ihrer Natur nach sind sie aggressiv, entwertend und gefährden häufig das Therapiebündnis zwischen ANP und Therapeuten. Namhafte Autoren in diesem Bereich wie Ross, Beahrs oder Bloch haben verschiedene Kategorien von aggressiven Alters definiert. Beahrs (1982) unterscheidet zwischen Verfolger und Dämonen, Bloch nennt sie entweder Verfolger oder Übeltäter (1991), während Ross die aggressiven Alters in weitere Untergruppen einteilt: unkooperative Alters, wütende Erwachsene oder innere Dämonen, die »eigentlich aufgefangen und geliebt werden wollen« (1989, S. 255 ff.). Der bei aller Unterschiedlichkeit bis dato geteilte Konsens der Forschergemeinde, dass alle Alters einmal Helfer waren und adaptive Funktion haben, unterläuft Ross in der gleichen Arbeit ein paar Seiten weiter. Er postuliert aggressive Alters, die »sadistischen Sexualmördern entsprechen, die zahllose Verbrechen begangen haben und jenseits aller Rehabilitation stehen« (ebenda, S. 259–260).

Das alles ist nicht wirklich hilfreich, weil sich die phänomenologische Beschreibung der inneren Verfolger bei fast allen Autoren an deren Verhaltensdimension orientiert und die übergeordnete Funktion oder der eigentliche Grund für das Verhalten verschleiert bleibt. Lisa Goodman und Jay Peters (1995) ist nur zuzustimmen, wenn sie vorschlagen, die aggressiven Selbstanteile hinsichtlich »Bedeutung und Ziel, Verhalten und Intention zu unterscheiden« (S. 93).

Ich kehre jetzt zur klinischen Praxis zurück und versuche die aggressiven und entwertenden Verfolger-Ego-States der Borderline-Patienten zu differenzieren und ihre Funktion und Entstehung zu beschreiben. Dazu müssen wir noch einmal zu Paula in ihrem traumatischen Beziehungsgeflecht und der Beschreibung der masochistischen Abwehr zur Befriedigung der Bindungssehnsucht und zur sadistischen Abwehr zur Stärkung des Selbstschutzes zurückkehren.

7.5.1 Der innere Verfolger, Typ 1: das radikale Helfer-Ego-State

Der Preis, den Paula bereit war zu zahlen, um ihre Verlassenheitsängste zu verringern und die Bindung an den Missbraucher zu verstärken, war eine selektive Wahrnehmung der Beziehungsperson – hier wird die für BPS so typische Kognition des Schwarz-Weiß-Denkens schon eingeübt – und die Blockierung des Schutzreflexes von reaktiver Wut und Kampf vor grenzüberschreitender Bedrohung. Paula hatte nämlich die Erfahrung gemacht, dass immer, wenn sie Wut und Hass auf den Missbraucher zeigte und sich verteidigte, er sie noch härter bestrafte und Vergeltung übte. Dieses ging aber nur, wenn sie vom sympathisch aktivierten Aktionssystem »Kampf« in das parasympathische Abwehrsystem »Unterwerfung« wechselte. D. h., sie verhielt sich in den Missbrauchssituationen passiv und wie automatenhaft ferngesteuert. Die ursprüngliche, jetzt dissoziierte schmerzliche Beziehungserfahrung wird mit all den dazugehörigen Kognitionen, Affekten, Körpersensationen, Bildern und Handlungsimpulsen in einem neuronalen Netzwerk des impliziten Gedächtnisses abgelegt. Ich stelle mir dieses Ego-State als eine Art Container oder Lagerplatz für schmerzliche Erfahrungen, unterdrückte Wut und aversive Emotionen vor. Die Watkins meinten auch, dass die Dissoziation in einer traumatischen Situation dazu führt, dass der reaktive Hass auf den Missbraucher separat in ein Ego-State abgespalten wird, welches »die Basis für die Ausbildung eines unbewussten, destruktiven, übelwollenden Ego-States bildet, welches der normalen Über-Ich-Kontrolle entzogen ist« (1988, S. 69). So gesehen hat das peri-traumatisch sich bildende Ego-State eine adaptive Funktion, ist ein Helfer-State und containt »all die Wut« (Ross 1989, S. 256), »übernimmt all das Leiden für die anderen« (Kluft 1985, S. 185) und bewahrt »die Affekte und Energie, die der deprimierten und apathischen nicht host aushalten kann« (Putnam 1989, S. 208). Aber warum erscheint uns dieses Schützer- oder Helfer-Ego-State beim erwachsenen Patienten so mit Aggression aufgeladen, dass in der Literatur der Verdacht geäußert wird, dieses kindliche Ego-State durchlaufe einen »Identitätswechsel« und präsentiere sich aus irgendeinem Grund übelwollend, verfolgend und entwertend? Ich schließe mich da der Meinung von Goodman und Peters (1995) an, die schreiben, Schützer-Ego-States bleiben Schützer-Ego-States, nur die Art und Weise, wie sie ihre Schutzfunktion ausübten, ändert sich. Durch den erweiterten Handlungs- und Bewegungsraum eines Adoleszenten und Erwachsenen, durch die Intensivierung von Liebes- und Sexualbeziehungen steigt auch die Gefahr der Retraumatisierung. Das kindliche Ego-State schätzt das Gefahrenpotenzial, welches im realen oder vermeintlichen Risiko-Verhalten des Erwachsenen steckt, nach seinen Maßstäben ein, und deshalb schlägt es Alarm. Die »Geschütze«, die es auffährt, um das Kernselbst vor erneutem Missbrauch, Schmerz und Reviktimisierung zu schützen, sind deshalb auch so durchschlagend und krass. Da bewahrheitet sich wieder einmal der Spruch: gut gemeint ist oft das Gegenteil von gut. Somit ist der innere Verfolger eigentlich ein radikaler Schützer-State. Ziel der Therapie muss es sein, ihm all die Wertschätzung zukommen zu lassen, die ihm für seine Arbeit gebührt, und ihn gleichzeitig ins Hier und Jetzt zu integrieren, in eine veränderte Zeit und eine größere Selbstbestimmung und Steuerungsfähigkeit des ANP.

7.5.2 Der innere Verfolger, Typ 2: das Täterintrojekt (täteridentifiziert)

Der Vorgang der Introjektion des Täters in den Innenraum hat, wie wir in dem Fall von Paula gesehen haben, vielfältige Funktionen. Eine davon ist, sich aus dem schier unerträglichen Gefühl der Machtlosigkeit zu befreien, welches durch die Unterdrückung aller aggressiven Abwehrimpulse entstanden ist. Eine andere ist eher strategischer Natur: Wenn Paula sich empathisch in den Täter hineinversetzt, ihm und seiner Sicht der Welt und der Bewertung ihrer Person Gültigkeit gibt, dann ist sie nicht nur mehr Opfer, sondern Teil einer Interaktion, die sie glaubt auch mitgestaltet zu haben: die Traumatisierung musste somit einen Sinn haben. Und eine weitere: Wenn ich mich mit seinen Augen sehe, dann verstehe ich, warum er das tut, und kann einen Rest an Einfluss und Kontrolle behalten. Alles gute Gründe, warum die Introjektion des Täters als eine Schutzfunktion für das Kernselbst, als eine Überlebensstrategie bezeichnet wird. Das Problem, welches sich das Opfer durch das »Verschlucken« des Täters einhandelt, ist ähnlich dem, wenn wir eine Kröte lebendig hinterschlucken würden: Sie lebt und quakt im Bauch weiter, alle unsere Aufmerksamkeit gilt dem Fremd-*Körper*, von dem wir uns bedroht fühlen. In dieser Stresslage verschwimmen die Grenzen zwischen Selbst und Objekt, die Unterscheidung: Hier ist das »eigene Selbst« und da das »fremde Andere«, wird porös und verwirrend. Das Resultat ist, dass wir uns von einem Fremd-*Körper* bewohnt fühlen, der uns irgendwie steuert. Ich vermute, dass für diese Grenzverwischungen primäre neurobiologische Vorgänge ursächlich sind, die ich mir als konstitutionell und/oder erworben vorstellen kann. Die Bedeutung der Spiegelneurone im menschlichen Gehirn für das empathische Verstehen und ihre Rolle bei den Grenz- und Wahrnehmungsstörungen der Borderline-Patienten habe ich an anderer Stelle ausführlich dargestellt (Peichl 2006). Durch diese Grenzverwischung zwischen Selbst- und Objektrepräsentanz und verstärkt durch erzwungene Deprivation in der Missbrauchssituation konzentriert sich die gesamte Wahrnehmung des Opfers auf den Täter, und im Sinne der Bindungstheorie nach Bowlby (1995) entsteht eine biologisch-physiologische Sehnsucht nach Anklammerung, die sich in Ermangelung hilfreicherer Alternativen auf den Täter richtet (Knauerhase u. Dulz 2006).

Den Vorgang der Täterintrojektbildung zeigt sehr schematisch die Abbildung 7-6 auf S. 141.

Die oben beschriebene sadistische Abwehr mit dem Ziel, das System am Überleben zu halten, muss dem Patienten in der Therapie erklärt und vom Therapeuten wertgeschätzt werden. Die Folgen dieser Introjektion des Aggressors sind aber verheerend für das Selbstwertgefühl und die weitere Selbstentwicklung. Ein nächster Schritt, die Identifikation mit dem Aggressor, kann zumindest kurzfristig helfen, sich zu entlasten: Paula in unserem Fall würde den Wunsch, andere sadistisch und grenzüberschreitend zu quälen, an ihrem kleinen Bruder oder ihrem Meerschweinchen Nico auslassen. Aber letztlich verstärkt das nur das Gefühl, böse und schlecht zu sein, und reaktiviert somit wieder den masochistischen Abwehrmodus. Der Patient erlebt dieses Introjekt in seinem Innenraum immer als vom eigenen Kernselbst getrennt, wie einen Fremdkörper und als eine ganzheitliche Repräsentanz des Missbrauchers, d. h. in der Sprache der Psychoanalyse: das Täterintrojekt ist ich-dyston. Der Patient hört die mahnende, verurteilende und fordernde Stimme des Täters, die sich Redewendungen bedient, die so auch während des Missbrauchs wirklich gesprochen wurden.

In der Therapie muss es darum gehen, den Patienten von dem Täterintrojekt zu entlasten und ihm zu helfen, sich davon zu distanzieren. Umbringen und aus dem Innenraum zu entfernen ist nicht möglich – genauso wenig, wie wir je vergessen könnten, dass wir einen Vater und eine Mutter hatten, auch wenn diese noch so enttäuschend waren.

7.5.3 Der innere Verfolger, Typ 3: aggressive Ego-States

Ich hatte schon erwähnt, dass Paula manchmal ihre aufgestaute Wut an ihrem kleinen Bruder oder ihrem Meerschweinchen Nico auslässt. Bei diesem Vorgang handelt es sich um eine Identifikation mit Aspekten des Täters, mit der Art oder Ausführung seiner Handlungen, aber vor allem mit Werturteilen über andere. Es sind aber immer nur Teilaspekte des Täters, und das Ego-State, welches diese Haltung repräsentiert, weiß meist nichts mehr von seiner Entstehung und Funktion im Zusammenhang mit einer Tätererfahrung – diese eigentliche Täterbotschaft ist

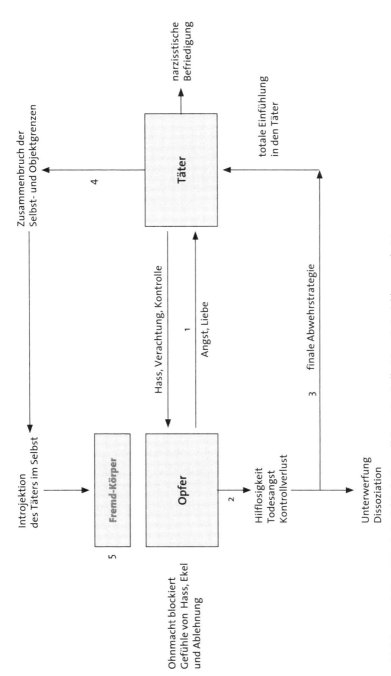

Abbildung 7-6: Das Täterintrojekt als Fremdkörper im Selbst in 5 Entwicklungsschritten

durch Identifikation ich-synton. Ich erinnere mich an eine Arbeit mit einer 28-jährigen Borderline-Patientin, alleinerziehende Mutter von zwei kleinen Kindern, die sehr unter Erregungs- und Aggressionszuständen litt. Sie kam aufgrund einer Auflage des Jugendamtes zu uns in Therapie, da sie ihre beiden kleinen Töchter mehrfach heftig geschlagen hatte. In der Arbeit mit ihr fand sich ein wütendes pubertäres Ego-State, welches für die Bestrafungsaktionen zuständig war und lautstark begründete, warum es richtig war, den »verzogenen Fratz« zu verprügeln. Wie wir später rekonstruieren konnten, tat dieser Ego-State dieses mit genau der gleichen Wortwahl, die der Stiefvater der Patientin ab ihrem 12. Lebensjahr benutzt hatte, während er sie heftig mit einem Lederriemen schlug. Mit der Haltung des Stiefvaters »Kinder brauchen Schläge, sonst tanzen sie einem auf dem Kopf herum« und »Frauen sind so und so nichts wert« hatte sie sich identifiziert, und dieser Ego-State gab die Tradition sozusagen »transgenerativ« weiter.

7.5.4 Der innere Verfolger, Typ 4: Mittäterintrojekte (täterloyal)

Es ist ein Unterschied, ob das traumatisierte Kind den Täter, der, wie wir oben sahen, in der Alpha-Position wahrgenommen wird, introjiziert oder die anderer anwesender erwachsener Personen. Das täterloyale Introjekt ist die Übernahme von Modi des Denkens, Fühlens, Handelns derjenigen Person(en) des Nahraumes, die die Handlungen des Täters durch Unterlassungen decken und das Opfer nicht schützen. Das ist in erster Linie bei einem männlichen Täter die Mutter des Kindes, aber auch Geschwister oder andere wichtige Bindungspersonen. Das Adjektiv »täterloyal« bezieht sich darauf, dass dem Kind als Opfer die Empathie und der Schutz verweigert werden; Gründe dafür sind meist die psychische Gestörtheit und die bestehende Abhängigkeit zum Täter. Die Folge ist, dass die Mutter in der Mittäterrolle die Handlungen des Missbrauchers bagatellisiert, sie versucht dem Opfer die Wahrnehmung des Erlebten wegzunehmen und bezichtigt das Kind, es so und nicht anders gewollt und verdient zu haben. Die Psychodynamik der pathologischen Täterbindung dieser Mitläufer (lebensuntüchtige, ängstliche Mutter, die häufig wegen eigener Traumatisierung masochistisch an den Ehemann gebunden ist) bildet den dynamischen Kern der täterloyalen Teile. Daraus resultiert die extrem starke masochistische Bindung des Opfers an den Täter.

7.6 Die Schutzfunktion der Täterintrojekte nutzen

In der therapeutischen Arbeit sind diese täterloyalen oder täteridentifizierten Selbst-Anteile – ein anderes Wort dafür stammt von Michaela Huber: »die inneren Boykotteure« – sehr störend und führen häufig zu abrupter Verschlechterung, zu plötzlicher Suizidalität und selbstverletzendem Verhalten. So ist es nicht verwunderlich, dass Therapeuten und natürlich auch Patienten diese »inneren Fremdkörper« loswerden wollen. Dass das »Täterintrojekt« so negativ konnotiert ist, hat viel mit der Theoriebildung der Psychoanalyse von Freud bis heute zu tun. Bei Ferenczi (1927) steht das Konzept der Identifikation mit dem Aggressor in Zusammenhang mit dem Modell der Über-Ich-Bildung: »Zuerst hat man Angst vor der Strafe, dann identifiziert man sich mit der strafenden Autorität. Dann mögen der wirkliche Vater und Mutter ihre Bedeutung für das Kind verlieren, es hat sich in seinem Inneren eine Art inneren Vater und Mutter aufgerichtet. So kommt das zustande, was Freud das Über-Ich nennt« (Ferenczi 1927, S. 363). Die Qualität dieser Über-Ich-Bildung ist maßgeblich vom Inhalt und der Art der Vermittlung durch die Elterninstanzen abhängig – fördernd/fordernd oder traumatisierend/lähmend. Für die theoretische Begründung der Entstehung der traumatischen Internalisierungsprozesse greift Ferenczi auf das eben dargelegte Freud'sche Modell der Über-Ich-Bildung zurück und beschreibt 1930 die Introjektion als unter traumatischer »Schockwirkung eintretende(n) psychotische(n) Abspaltung eines Teils der Persönlichkeit [...], der aber im Verborgenen fortlebt, endlos wiederholte Anstrengung macht, sich geltend zu machen« (Ferenczi 1930, S. 485). In der gleichen Arbeit verwendet er ein sehr drastisches Bild für die Konzeption des traumatischen Introjekts. Ferenczi vergleicht »die Seele des Neurotikers mit einer Doppelmissbildung [...], etwa dem sogenannten Teratom, das in einem versteckten Teil seines Körpers Bruchstücke eines zweiten entwicklungsgehemmten Zwillingsgeschwisters beherbergt« (ebd., S. 487). Dieser Vergleich mit dem Teratom und dem toten Zwilling erweckt Gruselvorstellungen, und es ist nur zu gut verständlich, dass man so etwas loswerden möchte. Später werden andere Autoren in der Tradition Ferenczis das Täterintrojekt als »malignes Introjekt«, »eingefrorenes Introjekt« und »Fremdkörper im Selbst« bezeichnen. Ich bin jedoch der Ansicht, dass die Täterintrojektion und die Über-Ich-Bildung unterschiedliche Dinge sind und deshalb getrennt voneinander betrachtet werden müssen.

Die Vermengung macht aus dem »Täterintrojekt« häufig eine rachevolle, sadistische Instanz, eine Art »Ober-Ich«, wie Grunberger (1974) das früh entstandene »Über-Ich« mit anal-sadistischen Zügen einmal nannte. Was dabei aber völlig übersehen wird, ist der Schutzcharakter der Täterintrojektion, der dem Überleben dient, im Sinne eines psychischen Notfallmechanismus.

Da Täterintrojekte in traumatisierten Kindern entstehen und bis in die Gegenwart hinein in Erwachsenen wirken, benötigen wir zum einen das Wissen, um sie im therapeutischen Prozess zu bemerken, und zum anderen Methoden, sie in die Arbeit am Problem des Patienten einzubinden. Sie entstehen, wie wir wissen, infolge der strukturellen Dissoziation und werden im weiteren Verlauf der psychischen Entwicklung und der überlebensnotwendigen Anpassung an die traumatische Wunde im Selbst strukturiert und imaginativ ausgestaltet; somit werden die Täterintrojekte immer wieder neu verdichtet, ergänzt und psychisch durchgearbeitet. Wir finden sie als Teil der konstriktiven Symptomatik bei Patienten mit PTSD, bei Patienten mit Borderline-Störung in Form von sadistisch und entwertend erlebten inneren Objekten und als mehr oder weniger abgegrenzte Selbst-Zustände (Alter-Persönlichkeiten) bei »Ego-State-Disorder« oder dissoziativer Identitätsstörung.

Nach jahrelangen psychoanalytisch motivierten Versuchen, diese Selbst-Zustände durch Deutung aufzulösen, musste ich mir mein Scheitern eingestehen. Das, was ich »negative therapeutische Reaktion« nannte und wieder zu meiner Entlastung in die Verantwortung des Patienten zurückschob, war im Grunde ein falscher Denkansatz: Ich empfand, wie mein Patient, diese Introjekte als bedrohlich und wollte sie durch »Einsicht« zum Verschwinden bringen. Erst die Beschäftigung mit dem hypnoanalytischen Ansatz von Watkins und Watkins, den Arbeiten von Reddemann, Sachsse und Nijenhuis zeigten mir einen neuen Weg durch die Inneren-Trauma-Landschaften meiner Patienten.

8. Der sadistische und der nicht sadistische Täter

In diesem Kapitel geht es um die Ausbildung traumabezogener Ego-States auf der inneren Bühne von Kindern und Jugendlichen, die oft schweren und lang andauernden kumulativen oder sequenziellen psychischen, physischen und/oder sexuellen Traumatisierungen ausgesetzt waren. Ihre pathologische Wucht und Potenz zur Persönlichkeitsveränderung übersteigt bei Weitem andere nicht traumatisch erzeugte Verinnerlichungen kritischer und bewertender äußerer Stimmen. Ein »kritisches Introjekt«, z. B. eine Introjektion eines beurteilenden Erwachsenen in der Kindheitsentwicklung (in der Transaktionsanalyse: critical parent), muss von diesen malignen »Täterintrojekten« deutlich unterschieden werden. Diese im Zuge traumatischer Dissoziation sich bildenden Ego-States sind Ausdruck ernsthafter Grenzverletzung zwischen Opfer und Täter und führen zur Desintegration des Identitätsgefühls im Opfer. Bis zu einem gewissen Grade sind sie noch als kreative Anpassungsleistungen an die traumatische Erfahrung zu sehen, jenseits einer nur individuell bestimmbaren Grenze sind sie aber schon Ausdruck einer »psychosenahen« Selbstaufgabe. Gerade der sadistische Modus, durch seine subtil gewalttätige, erzwungene Fusion zwischen Täter und Opfer, führt uns an einen Punkt, an dem sich das personale Selbst beginnt aufzulösen und sich als Implantat der Tätersicht – als letzte Überlebensstrategie der totalen Unterwerfung – rekonstruiert. Was lässt sich aus den Fallberichten in der Literatur, den verschiedenen Schilderungen von Patienten mit traumatischen Erfahrungen über das Täterverhalten und die Reaktion des Opfers lernen?

In meiner klinischen Arbeit mit Menschen, die an traumabasierten Persönlichkeits-Störungen litten, zeigte sich, dass man die Interaktion des Täters zumindest grob in einen **sadistischen** und in einen **nicht sadistischen** Modus des Täterverhaltens einteilen kann. Die hinter dieser Verhaltensstrategie aufscheinende verschiedenartige Psychopathologie des Täters führt aufseiten der Opfer zu einem unterschiedlichen Erleben der traumatischen Situation und in Folge zur Ausdifferenzierung unterscheidbarer Persönlichkeits-Störungen als Coping-Strategien. Kommt es beim Missbrauchsopfer zum Abwehrverhalten der Täterintrojektbildung, so spiegelt dieser »innere Verfolger« die Täterstrategie der Realsituation wider, auch die komplementäre Opferposition lässt sich in dem traumatisierten Opfer-Ego-State nachweisen.

Im Sinne eines zirkulären Geschehens ist aber auch zu vermuten, dass nicht nur ein differenzierbares Täterverhalten ein unterscheidbares Opferverhalten provoziert, sondern auch umgekehrt: Ein unterschiedliches Opferverhalten wirkt auf das Verhaltensmuster des Täters zurück. So wie wir auf der Täterseite ein eher sadistisches von einem nicht sadistischen Interaktionsangebot unterscheiden, so finden wir auf der Seite des Opfers ein Unterwerfungsverhalten im Gegensatz zu einem Verhalten von Kampf und Widerstand. Hilfreich für das Verständnis dieser oft existenziellen Beziehungsrelationen waren mir zum einen die Schilderungen vieler meiner Patienten, für deren Offenheit und Vertrauen ich mich an dieser Stelle besonders bedanken möchte, und die Arbeiten von Diane Poole Heller (z. B. 2000). Um die Unterschiede zwischen sadistischem und nicht sadistischen Bindungsstil aus didaktischen Gründen deutlich werden zu lassen, orientiere ich mich bei der Beschreibung an den eher akzentuierten Fallbeispielen meiner Praxis.

8.1 Die Verhaltensstrategie nicht sadistischer Täter

Das wesentlichste Kennzeichen dieser Art Opfer/Täter-Relation ist, dass der nicht sadistische Täter wenig oder gar kein Einfühlungsvermögen für sein Opfer zeigen kann und will. In den Beschreibungen des Tathergangs gewinnt man den Eindruck, als sähe der Täter sein Opfer gar nicht real vor sich, als sei der andere kein menschliches Wesen, sondern er trete mit einem entpersönlichten Gegenstand in Beziehung, den er für sich nutzen und gebrauchen möchte. In meiner Zeit in der forensischen Psychiatrie fand ich in meinen Therapiegesprächen mit diesen Tätern wenig entwickelte Fähigkeiten und auch kaum glaubhaft empfundenes Interesse, das Opfer zu verstehen. Dieses führt zu der Glaubensüberzeugung, das Opfer habe den Missbrauch gewünscht und den missbräuchlichen Kontakt, die schmerzliche Überwältigung selbst herbeigeführt und ersehnt. Diese Rationalisierung des Verhaltens soll das im Vordergrund stehende Streben nach einem Höchstmaß an Genuss der Befriedigung der eigenen Wünsche verdecken – das Opfer wird gebraucht und gleichzeitig ignoriert. Das Rational, der/die andere habe sich freiwillig den Bedürfnissen, Wünschen und Notwendigkeiten, die der Täter bestimmte, völlig freiwillig untergeordnet, soll aufkeimende Schuldgefühle sofort ersticken.

Während meiner Arbeit mit männlichen Tätern in der Forensik beeindruckte mich immer die Blindheit des Täters gegenüber den deutlichen Abwehrreaktionen des Opfers, seine hör- und sichtbaren Mitteilungen von Schmerz und Angst infolge der sexuellen oder körperlichen Gewalt. Der Mensch im Gegenüber mit seinen Reaktionen schien irgendwie nicht zu existieren, das Zeichensystem der Beziehungsabstimmung auf dem analogen Kanal von Gestik und Mimik schien außer Kraft gesetzt – der Täter sah nur das von ihm auf das Opfer projizierte Bild. Viele konnten auch nicht einsehen, dass an ihrem Verhalten irgendetwas falsch war und sie dabei waren, ihrem Gegenüber physische und seelische Verletzungen zuzufügen.

Was passiert nun auf der Seite des Opfers? Ein Kind ist nicht nur in den frühen Entwicklungsjahren maßgeblich in seiner Selbstwahrnehmung darauf angewiesen, vom Erwachsenen gespiegelt zu werden. Wenn wir uns nun vorstellen, der nicht sadistische Erwachsene spiegelt dem Kind durch seine Art des Handelns zwei Sichtweisen:

- du bist für mich *nicht* existent, du bist so, wie meine Fantasie dich erschaffen hat, und
- du möchtest das auch, was passiert.

Werden diese Projektionen vom Kind aufgenommen, so entsteht ein Zwiespalt zwischen der Selbstwahrnehmung und der Fremdwahrnehmung, es kommt zu Scham, Verwirrung und führt für das Kind zu einem inneren, schier unlösbaren Konflikt. Die Stimme des Täters, wie wir sie immer wieder in den Behandlungen als Täterintrojekt erleben, reflektiert die Internalisierung des falschen und extrem negativen Selbstbildes, welches durch einmalige heftige oder kumulative Traumatisierung im Opfer entsteht. In diesen Fällen finden wir Täterintrojekte, die mit der Stimme des Missbrauchers im erwachsenen Opfer überleben und in Form extrem strafender und totaler selbstentwertender Stimmen weiterexistieren. Diesen Vorgang nennen wir die *maligne Introjektion* der Täterprojektion, und im Laufe der Entwicklung beginnt sich das Opfer mit dieser Botschaft zu identifizieren und die Projektion des Täters zu internalisieren. Das Opfer ist dieser Projektion des Missbrauchers wie einer Gehirnwäsche ausgeliefert, da der Missbrauch sehr häufig in Isolation stattfindet und es somit niemanden gibt, der eine hilfreiche Gegenposition zur Meinung und der Sichtweise des Missbrauchs aufbauen kann, um diese innere Stimme infrage zu stellen. Es gibt sozusagen keine Unterstützung in Bezug auf Realitätstestung, auf Objektivität der Situation, um dem Opfer zu helfen, die Täterperspektive des Missbrauchers abzuschütteln. Die Folge dieser seelischen Deprivation ist eine tiefe Verunsicherung und eine wachsende Unfähigkeit, sich den Suggestionen und täterlastigen Beziehungsinterpretationen der Situation zu entziehen. Diese »verrückte« Interpretation des Geschehens wirkt sich natürlich für sehr junge Kinder, die auf die Unterstützung von Erwachsenen vertrauen, die ihnen helfen sollten, die Welt zu verstehen und von ihnen zu lernen, Situationen richtig wahrzunehmen, verheerend aus. Einige Täter, vor allem wenn sie aus dem Nahraum des Kindes stammen, sind derart geschickt in der Verdrehung der Tatsachen, dass sie Kindern einreden können, dass das, was passiert, völlig normal ist (»... das machen alle Kinder mit ihren Vätern«). Diese Art Gehirnwäsche führt dazu, dass Kinder, und selbst Erwachsene, sich gar nicht vorstellen können, in irgendeiner Form missbraucht worden zu sein. Besonders schwierig wird es dann, wenn der Täter dem Opfer in zwei Ego-States, zwei Selbst-Zuständen erscheint: auf der einen Seite unter Drogen, Alkohol oder einem »seelischen Ausnahmezustand« brutal, entwertend, Schmerzen zufügend durch einen Mangel an Empathie in der Missbrauchssituation (der Vater als »Monster«), aber außerhalb dieser Situation (z. B. wenn er wieder nüchtern ist) zeigt er ein schützendes, wohlwollendes und liebevoll zärtliches Verhalten dem Kind gegenüber (der Vater als »Knuddel-Bär«). Diese Situation finden wir auch bei erwachsenen Paaren in ausbeuterischen Beziehungen, wo die Männer, plötzlich wieder nüchtern, erkennen, was sie ihrer Frau angetan haben, und sich nun flehentlich bei ihr entschuldigen und von ihr sofort und gleich Verzeihung erlangen wollen. Diese dann erzwungene »Verzeihung und Wiedergutmachung« (häufig verbunden mit dem Wunsch nach Sex) ist nur eine andere Form von gewaltsamem Verstricktsein mit dem anderen und stellt nur einen Zwischenstand auf der sich immer weiter aufdrehenden Spirale dar.

Wenn wir die Perspektive des Opfers im Falle einer nicht sadistischen Täter/Opfer-Beziehung zusammenfassen, könnten wir sagen:

Im nicht sadistischen Missbrauch löst sich das Gefühl des Selbstwertes des Opfers praktisch auf, weil der Täter das Opfer nicht als ein eigenständiges Ganzes und als eine von ihm getrennte Persönlichkeit akzeptiert, sondern die Wünsche und Bedürfnisse des Opfers vom Tisch wischt. Das Opfer fühlt sich nicht gesehen, als spielte es in der Beziehung keine Rolle, was natürlich das fundamentale Gefühl, zu existieren, einen Wert als Mensch zu besitzen, massiv infrage stellt. Um ein eigenes Selbst zu entwickeln, müsste das Opfer hinter der Projektion, hinter der übergestülpten Maske durch den Täter sich selbst finden – ein wichtiges Ziel einer Psychotherapie.

Hat das Opfer die Fähigkeit verloren oder sie auch nie errungen, sich selbst zu sehen und für sich selbst zu sorgen, so entwickeln viele Opfer von nicht sadistischem Missbrauch eine Überempfindlichkeit und Überaufmerksamkeit für die Bedürfnisse der anderen. Um sich selbst besser vor Willkür zu schützen und um das eigene Verhalten auf das des Täters abzustimmen, haben sie gelernt, die Stimmung, die Bedürfnisse und die Nöte des Erwachsenen zu erspüren, um sich dann total darauf einzustellen. Das Opfer zeigt eine große Fähigkeit darin, die Gefühle der anderen zu lesen, deren Wünsche und Selbst-Zustände, aber es kann sich selbst nicht entdecken – es bleibt emotional unsichtbar und undefiniert. In ihnen finden wir Menschen, die nie gelernt haben, eigene Bedürfnisse auszudrücken, eigene Gefühle zu äußern, sich kaum von anderen abgrenzen können und die immer nur versuchen, darauf zu achten, dass es anderen gut geht. Die Zusammenfassung dieser Täter/Opfer-Beziehung zeigt Abbildung 8-1 auf S. 150.

8.2   Die Verhaltensstrategie sadistischer Täter

Im Gegensatz zum nicht sadistischen Täter kann der sadistische Missbraucher sein Opfer sehr genau »sehen«, genauer, als es dem Opfer lieb sein dürfte. Er ist ein Künstler der Einfühlung: er schlüpft in das Opfer

Die Beziehung zwischen **nicht sadistischem** Täter und Opfer	
Der nicht sadistische Täter meist wütend, explosiv oder verführerisch ■ Er kann keine Empathie für das Opfer empfinden, er »sieht« den anderen nicht als Mensch mit eigenen Bedürfnissen, Wünschen ■ Er kann die Signale von Ablehnung, »Nein«, Schmerzäußerung, seelischen Qualen nicht mit seinem Tun in Verbindung bringen ■ Er rationalisiert sein Verhalten, glaubt, das Opfer will das **Sein Motiv:** versucht Gefühle von Hass und Selbsthass loszuwerden, versucht eigene Ohnmacht in Macht zu verwandeln **Verfolger-Ego-State:** Seine Botschaft lautet: Du bist nichts wert, ich gebrauche dich, um meinen Hass loszuwerden und Macht zu spüren	Das Opfer des nicht sadistischen Täters Durch die Übernahme der Tätersicht: ■ Ich habe keine eigenen Bedürfnisse, Wünsche, Ziele – ich bin unbedeutend ■ Ich bin »unsichtbar«, ich existiere nicht ■ Ich werde »gebraucht« wie ein entpersönlichtes Objekt ■ Mein Selbstbild: ich bin machtlos, ich schäme mich, ich bin verwirrt, ich bin voller negativer Selbstüberzeugungen ■ Ich sehe mich durch die Augen des Täters **Selbstschutz:** ich kann niemandem vertrauen, bin ständig auf der Hut. Ich entwickle Antennen für die Wünsche, Bedürfnisse von anderen, kann mich nicht abgrenzen **Verfolger-Ego-State:** Die Stimme des Täters in mir ist strafend und harsch selbstkritisch

Abbildung 8-1: Die Beziehung zwischen nicht sadistischem Täter und Opfer

hinein und erkundet es sozusagen von innen, verfolgt aufmerksam jede emotionale Erwiderung, um seine Strategie genau anzupassen. Die zerstörerische Bindung zwischen Täter und Opfer läuft über den Augenkontakt, den der sadistische Täter mit Schmerz- und Drohungsanwendung vom Opfer erzwingt. Dieser erzwungene intime Kontakt durch seine penetrierenden Augen bringt den sadistischen Täter in eine Art euphorischer (sexueller) Erregung und erzeugt im Opfer das Gefühl des totalen Ausgeliefertseins, des Sich-nicht-verstecken-Könnens. Reißt der Kontakt über die Augen ab oder dissoziiert das Opfer, unterbricht der Täter und erzwingt den Kontakt erneut.

Um sich diese gnadenlose »Intimität« der Blicke vorstellen zu können, empfehle ich Ihnen einen Klassiker des Kinos: Augen der Angst (Original: Peeping Tom) von Michael Powell mit Karlheinz Böhm in der Hauptrolle. Kurz zum Inhalt:

> Der Kameraassistent Mark Lewis hat eine sadistische Obsession: Er tötet seine stets weiblichen Opfer mit einem ans Kamerastativ montierten Bajonett, während er die verängstigten Frauen zwingt, in die Linse der Kamera zu schauen und er sie filmt. Vor dem Objektiv montiert er einen halb durchsichtigen Spiegel, der es erlaubt, durch ihn hindurchzufilmen, während die Ermordeten sich selbst im Augenblick ihres Todes im Spiegel sehen können. Diese seine Faszination der Todesangst im Blick der anderen erklärt sich im Film durch ein Kindheitstrauma – der Vater des Täters filmte diesen kleinen Jungen, während er ihn bewusst in einen Zustand größter Angst versetzte (z. B. legte er nachts Spinnen auf sein Bett und weckte den Jungen), und nutzte diese Aufnahmen zu seinen psychologischen Studien.
>
> Dieser Spiegel, in den diese Frauen blicken und ihre eigene Todesangst sehen, ist nicht der Spiegel und das Spiegelbild im Sinne Lacans (1949/1975): im Spiegelstadium (18. Lebensmonat) erlebt der Säugling den Moment der Selbsterkenntnis und der Unterscheidung zwischen Ich und Du. Es ist das perverse Gegenteil: Nicht die Abgrenzung des Selbst gegen das andere, sondern die Auslöschung des Selbst im brechenden Blick. Und was sieht Mark Lewis, der Täter hinter der Kamera und der sadistische Täter im Spiegel der Augen seines sexuell missbrauchten, geschlagenen, gefolterten Opfers? Die eigene Angst, die eigenen angsterschreckten, weit aufgerissenen Augen der Kindheit, mit einem Unterschied: Er ist es, der die Situation steuert, er ist der Herr über Leben, Tod und Angst. Soziologisch gesehen ein perverser männlicher Herrscher-Blick auf die Frau als Opfer.

Wie wir gesehen haben, nutzt also der sadistische Missbraucher seine *penetrierende Empathie* in den anderen, um das Leiden, den Terror und das Gefühl des Ausgeliefertseins beim Opfer nach seinem Willen zu manipulieren. Wie wir aus vergleichenden forensischen Untersuchungen von nicht sadistischen und sadistischen Sexualtätern wissen (z. B. Abel et al. 1977, 1985), unterscheidet sich die Rolle und Funktion der Sexualität in diesen beiden Beziehungsformen des Missbrauchs: Der nicht sadistische Täter benützt körperliche Gewalt, um Sexualität als Befriedigung zu erzwingen, der nicht sadistische Täter sieht in der Sexualität Werkzeuge, um Schmerz, Demütigung und Entwertung bei seinem Opfer zu erreichen; er ist somit weniger an der sexuellen Befriedigung als solcher interessiert. Auf diesem Weg bekommen wir ein Verständnis für die Situation sadistischer Grenzüberschreitung: Ziel ist es, die Furcht und die Hilflosigkeit des Opfers zu steigern, um so ein intensives Gefühl der verschmelzenden Bindung und Machtausübung zu erreichen.

Das Opfer eines sadistischen Missbrauchs fühlt sich auf eine sehr schmerzliche Weise »durchschaut« und der Willkür des anderen total ausgeliefert, kontrolliert und beschämt. Das Opfer lernt rasch, dass alles, was es tut, alle seine Empfindungen, alle seine Lebensäußerungen dazu benutzt werden können, um noch tiefer in den Sog der Kontrolle durch den anderen hineingezogen zu werden. Die wachsende Fremdbestimmung geht mit einem stetigen Verlust des Gefühls für den eigenen Körper, für die eigene Selbstidentität einher. Alle gezeigten Bedürfnisse, Wünsche, Sehnsüchte oder Reaktionen bergen die Gefahr in sich, als weitere Vorgaben für noch geschicktere Manipulationen missbraucht zu werden. Längerer sadistischer Missbrauch in der Kindheit führt also dazu, dass das Kind beginnt, sich immer mehr abzuschließen, sich zu verstecken, um nichts von sich preiszugeben, was in irgendeiner Form gegen es benutzt werden kann. Diese Überlebensstrategie des Verbergens eigener Empfindungen kann sich dann später in erwachsenen Beziehungen zu einem unbewussten Reflex verstärken – eine automatisierte Beziehungsstrategie, um letzte Reste des eigenen Selbst und das eigene Selbstbewusstseins zu schützen. Nur so kann Sicherheit in einer unsicheren Situation erzielt werden.

Diese Opfer empfinden ihre Selbstverletzlichkeit und Situationen, in denen sie sich ausgeliefert fühlen, geradezu als unerträglich, und sie haben gelernt, vor der Beziehungsumwelt, in der sie leben, ihre eigenen Wünsche und Bedürfnisse zu verbergen, um der ständig drohenden Gefahr, über gezeigte persönliche Äußerungen erneut missbraucht und retraumatisiert zu werden, zu entgehen. Da jemandem zu vertrauen ein großes Risiko darstellt, sind spätere Beziehungen immer unsicher und mit Rückzug und Beziehungsabbruch bedroht – ein Dilemma, wenn gleichzeitig die Sehnsucht nach Nähe, Bindung, Sexualität und Partnerschaft durch einen Mann oder eine Frau geweckt werden. Das heißt, immer dort, wo »Selbst-Entblößung«, zum Beispiel in einer Liebesbeziehung, die bestehende Bindung vertiefen und das Vertrauen verstärken würde, dort wird gleichzeitig die Angst vor einer schmerzhaften Verletzung sichtbar. Und dann ist da noch die »Schweigedrohung« des Täters: Wenn sie sich mitteilen würde, könnte der/die Geliebte auch von der Rache des Täters verletzt und zerstört werden – eine unentrinnbare Falle.

Der sadistische Täter projiziert seine eigene Erkenntnis, im Grunde krank, pervertiert, dreckig und bösartig zu sein, auf das Opfer und erschafft durch erzwungene Übernahme dieser Sichtweise im Opfer ein extrem negatives Selbstbild. Indem es die Projektion des Täters als Täterintrojekt in sich aufnimmt, fühlt sich auch das Opfer genauso schlecht, genauso furchtbar und genauso schmierig wie der Täter. Die Gefühlsbindung und die Fusion zwischen dem Täter und dem Opfer sind im sadistischen Missbrauch extrem intensiv; durch den erzwungenen Blickkontakt beginnen sich die Grenzen zwischen ihnen aufzulösen, beide teilen für Momente einen gemeinsamen psychischen Raum der schmerzlichen Quälerei und des Missbrauchs. Während der sadistische Missbraucher nach der Tat das Schweigen des Opfers durch Drohung erzwingt und sich dann aus dem Geschehen wieder ablösen und innerlich abtrennen kann, hat das traumatisierte Opfer in der Regel extreme Schwierigkeiten, sich vom Missbraucher innerlich getrennt zu fühlen – viele sadistisch missbrauchte Frauen fühlen sich, als wenn der Täter tief in ihrem Körper und in ihrer Erfahrung ständig weiter existiere. Es ist, als würde der Täter als Fremdkörper, als malignes Introjekt ihren Körper bewohnen. Diese unerbittliche Totalität in der Fusion ist etwas, das im nicht sadistischen Missbrauch nach meiner Erfahrung in dieser Intensität nicht erreicht wird. Die Abbildung 8-2 zeigt die Zusammenfassung dieses Kapitels.

Die Beziehung zwischen sadistischem Täter und Opfer	
Der sadistische Täter meist kalt und beherrscht	Das Opfer des sadistischen Täters
■ Er hat hohe Einfühlung in sein Opfer und nutzt seine Empathie, um die Qual zu steigern; über den Augenkontakt wird eine totale Fusion erzwungen; die Grenzen lösen sich auf ■ Er kann die Signale von Ablehnung, »Nein«, Schmerz, seelischen Qualen genau erkennen und damit das Opfer beherrschen ■ Er sieht genau, wie das Opfer leidet, und erregt sich daran	Durch die Übernahme der Tätersicht: ■ Ich bin genauso wie er, er hat mich erkannt ■ Ich bin total offen,»sichtbar« und muss versuchen, nichts von mir zu zeigen, alle zu täuschen ■ Ich kann mich von ihm nicht lösen, er lebt in meinem Körper, meinem Denken weiter ■ Mein negatives Selbstbild: ich bin krank, pervers, böse und verdiene Strafe
Sein Motiv: Verschmelzung mit dem Opfer, um einen Verbündeten zu finden für sein Wissen: ich bin krank, pervers, dreckig, böse	**Selbstschutz:** ich darf nichts von meinen Wünschen, Gefühlen, Gedanken zeigen; ich darf nicht verletzbar sein, ich muss alle um mich täuschen
Botschaft: Du bist wie ich, ich sehe tief in deine Seele und deine Schlechtigkeit	**Verfolger-Ego-State:** Du kannst dich vor mir nicht verbergen – meine Augen sehen alles

Abbildung 8-2: Die Beziehung zwischen sadistischem Täter und Opfer

8.3 Die Entstehung unterschiedlicher Opfer- und Täterintrojekte

Wie wir gesehen haben, hilft uns das beobachtbare Kontaktverhalten des Täters zum Opfer, um eine nicht sadistische von einer sadistischen Missbrauchssituation zu unterscheiden. Im ersteren Fall ist der Täter an einer empathischen Nähe zum Opfer nicht interessiert oder auf Grund eigener Kontaktstörung dazu nicht in der Lage, im zweiten Fall benutzt der Täter gerade diese »teuflische Empathie«, um mit dem Opfer zu verschmelzen und eine tiefe Fusion herzustellen.

8.3.1 Ego-State-Bildung bei nicht sadistischem Missbrauch

In psychischen, physischen und sexuellen Missbrauchssituationen, die einzeln oder zusammen schon früh in der Kindheit beginnen und viele Jahre andauern können, finden wir Schilderungen von nicht sadistischen Tätern, die einmal, vor allem unter Alkoholeinfluss, sehr wütend und explosiv aggressiv sein können, ein andermal verführerisch, manipulativ, schwankend zwischen Vertrauen und Verrat. Der sich im Opfer bildende Ego-State (Opfer-Ego-State), der in der Regel einen kindlichen Selbstanteil aus der Zeit der maximalen Traumatisierung enthält, hat in sich all die Erfahrungen aufgespeichert, die die Patientin mit dem oder den Täter(n) der Vergangenheit gemacht hatte. Gibt es keine weiteren Ego-States, die andere selbstbewusstere Erfahrungen aus der Zeit vor oder nach dem Trauma tragen, dann kann dieses kindlich gebliebene Opfer-Ego-State breiten Raum einnehmen. Das Denken, Fühlen und Erleben des Patienten ist von der übernommenen Tätersicht vergiftet und durchdrungen, voller Scham zu sein, unwichtig, machtlos, unsichtbar als Person, wertlos und schlecht. Dieses Ego-State imponiert vor allem durch Selbstentwertung, Kleinheitsangst und Mangel an »Selbst-Identität« – deshalb möchte ich dieses Ego-State »**Die Selbst-Entwertung**« nennen. Daneben existiert ein Ego-State, eng mit der »Selbst-Entwertung« verbunden, das einen Versuch der Anpassung darstellt, sich den Ansichten des Täters zu unterwerfen, gehorsam zu sein, um der schmerzlichen Strafe zu entgehen: ein »**selbstloser Helfer-State**«. Dieser Selbstanteil kann nicht »Nein« sagen, sich abgrenzen, sondern versucht mit großen Radarantennen die geheimsten Wünsche der anderen zu erspüren, ist bescheiden, überangepasst und gefügig. Diese negativen Selbstbilder können sich noch weiter ausdifferenzieren und auf verschiedene Ego-States unterschiedlichen Alters verteilen, dennoch bleibt auf der Seite des Opfer-Ego-States, bei nicht sadistischem Missbrauch, ein Grundthema:

> Mich als Person gibt es nicht, ich bin das, was er aus mir gemacht hat, ich spiegele die Wünsche, Gefühle und Zustände der anderen wider.

Wenn wir nun einen tragfähigen Kontakt zum Patienten haben, so wird dieser bald berichten, er höre eine Stimme in sich, die ihn ständig ermahne, kritisiere, entwerte usw. Dieser Teil im Selbst, der als deutlich getrennt vom kindlichen Kleinheits-Selbst (Opfer-Ego-State) wahrgenommen wird, entspricht der Introjektion des Täters und wird als ein erwachsener Anteil und als sehr machtvoll beschrieben: ein **entwertendes Täterintrojekt**. Der Patient fühlt sich vor allem durch die Stimme beeinträchtigt, die als kalt, männlich (oder weiblich) und harsch beschrieben wird. In der Therapie gelingt es relativ leicht, mit diesem Teil Kontakt aufzunehmen, und es scheint, als warte es nur darauf, in gnadenlos strengen Worten das »Kleinheits-Selbst« erneut zu demütigen und zu kritisieren. Es fordert Strafe für die angebliche Minderwertigkeit (»Frauen sind allesamt nichts wert und brauchen harte Strafe«), verspricht, es sei sicher das Beste für das kindliche Selbst, von ihr eigentlich gewünscht und ersehnt. »Ohne mich wäre sie ein Nichts, eine Null, ein Stück Dreck … sie ist froh, dass ich ihr deutlich und hart sage, wie die Dinge funktionieren.« Nach Salter (1995, S. 117 ff.) beeindruckt diese innere Stimme durch drei Botschaften:

- der kindliche Selbstanteil ist wertlos
- das Opfer genießt den Missbrauch, auch wenn es dies leugnet
- das Opfer ist für all das Geschehen verantwortlich.

Wird diese Projektion des Täters vom Opfer übernommen, dann tauchen diese Inhalte in Form von Ich-Aussagen der Opfer-Ego-States wieder auf.

8.3.2 Ego-State-Bildung bei sadistischem Missbrauch

Die inneren Kindanteile der Patientinnen, die einem nicht sadistischen Missbrauch ausgesetzt waren, genießen es, durch unsere empathische Einfühlung und Wertschätzung endlich »gesehen« zu werden und der emotionalen Unsichtbarkeit entkommen zu können. Hier ist eine freundliche, die Grenzen respektierende therapeutische Beziehung eine mächtige korrigierende Neuerfahrung. Ganz anders bei den Patientinnen mit sadistischem Täterkontakt: Das Angebot empathischer Einfühlung kann Panik und Rückzug auslösen (bis hin zum Therapieabbruch), da gerade dieses »Verständnis« vom sadistischen Täter als

Waffe gebraucht wurde, um das Opfer von innen zu besetzen. In der Ego-State-Arbeit treffen wir auf »**verborgene Kinder**«, häufig unnahbar, spröde und misstrauisch, die wenig von sich preisgeben. Dabei konnte ich eine scheinbar paradoxe Reaktion beobachten: Hatte ich geglaubt, in einer Stunde einen Kindanteil gut zu verstehen, und mit ihm gewinnbringend gearbeitet, dann kam die Patientin oft deutlich verschlechtert in die nächste Sitzung, war panisch und unnahbar. Die Rekonstruktion zeigte, dass die Erfahrung eines kindlichen Ego-States, verstanden worden zu sein und sich »gezeigt« zu haben, bei anderen Anteilen traumatische Ängste der präpsychotischen Selbstauflösung ausgelöst hatte. Bei allem, was sie auf der inneren Bühne mit verschiedenen Ego-States tun, das sadistische Täterintrojekt ist wie ein geheimer Schatten, »der dritte Mann«, dabei. Die im sadistischen Missbrauch typische Verschmelzung zwischen Täter und Opfer bis an die Grenze der noch erkennbaren Selbst- und Objektunterscheidung setzt sich nach der Introjektion im Innenraum fort. Viele dieser Phänomene lassen sich durch die neuere Hirnforschung auf dem Gebiet der Spiegelneurone gut erklären (siehe dazu Bauer 2005, Peichl 2006, S. 249 ff.). Die Täterintrojekte wirken wie mit dem Denken, Fühlen und Erleben des Patienten »verbacken«, sie sind ich-synton und bilden mit den Opferintrojekten einen eigenen inneren psychischen Raum. Manchmal hat man den Eindruck, es gäbe ein Ego-State, das aus einer Fusion von sadistischem Täterdenken und angstvollem Opferverbergen besteht – eine Art parasitäres Opfer/Täter-Introjekt.

Ziel der Therapie ist es,

- unterscheiden zu lernen, welches Näheangebot ist hilfreich und welches ist eine Wiederholung sadistischer Ausbeutung,
- dass auf die Dauer Verbergen, Täuschen und Sichunsichtbarmachen keine erwachsenen Überlebensstrategien sind und
- dass das Zeigen von Verletzlichkeit in der Therapie nicht mit Folter und Ausbeutung beantwortet wird.
- Da Vertrauen ein »Fremdwort« ist, muss es erst gelernt und ausprobiert werden – zwischen zu wenig und einer naiven grenzenlosen Unbekümmertheit.
- Sicherheit ist etwas, was aktiv hergestellt werden muss; dafür sollte die Entstehung des Täterintrojekts als Überlebensmechanismus in

seiner Funktion anerkannt werden, die Inhalte seiner Tiraden aber infrage gestellt werden.
- Ziel ist es, das sadistische Täterintrojekt in einer gemeinschaftsdienlichen Form zu erhalten und dem Patienten zu helfen, sich maximal von seinem Anschauen zu distanzieren.

Mit Einzelheiten im Umgang mit kindlichen Ego-States und täteridentifizierten und täterloyalen Introjekten werde ich mich im Therapieteil des Buches beschäftigen (s. S. 215 ff.).

9. Die Praxis der Ego-State-Therapie: die Grundprinzipien von Brücke, Verschiebung und innerem Dialog

Ego-State-Therapie, so wie sie von John und Helen Watkins entwickelt und in ihrem Lehrbuch beschrieben wurde, ist ein eigenständiges Therapieverfahren für die Behandlung des gesamten Spektrums psychischer Störungen. Ihr hypno-analytischer Ansatz bezieht seine Lebendigkeit des Denkens und Handelns aus verschiedenen Zuflüssen:

- *Die Psychoanalyse:* Ausgehend von Paul Federn und Edoardo Weiss bleibt das Ehepaar Watkins den Energiekonzepten der frühen Freud'schen Psychoanalyse verpflichtet, nutzt das psychodynamische Wissen über das Unbewusste und verwendet das psychoanalytische Diagnoseschema. Auch wenn beide Forscher sich ausdrücklich zur Bedeutung von Übertragung und Gegenübertragung im therapeutischen Prozess bekennen, stellen sie ihre Behandlungstechnik auf andere Füße.
- *Die Hypnose:* Sie wurde zu »einem machtvollen therapeutischen Instrument, mit dessen Hilfe wir den Energieaustausch zwischen Ich und Objekt beeinflussen können« (Watkins und Watkins 2003, S. 38). Mit ihr war es möglich, direkt mit verborgenen Ego-States in Kontakt zu treten und sie therapeutisch zu beeinflussen.
- *Systemisch-lösungsorientiertes Denken:* Ihr Denken ist nicht problem- oder defektorientiert, sondern stellt die Ressourcen eines Patienten konsequent in den Mittelpunkt der Strategieplanung. Der »Dreh« (Steve de Shazer 1989), in problematischen kindlichen Ego-States, die sich unter traumatischem Stress bilden, die eigentlichen systemerhaltenden Kräfte zu sehen, ist ein eindrücklicher Perspektivenwechsel von der Problem- zur Lösungstrance (G. Schmidt 2004).
- *Psychodrama:* Die Nutzung von Elementen des Monodramas nach Jacob L. Moreno (1989, 1997) bietet als Handlungsmethode die

Möglichkeit, neben der Hypnose, die die Auflösung von dissoziativen Barrieren in und zwischen Ego-States auf der inneren Bühne ermöglicht, das Ego-State-System auf die äußere Bühne des Therapieraumes mittels Stühlen zu transferieren und durch Rollentausch Veränderungen zu initiieren.

Die Ego-State-Therapie der Pioniere Watkins und Watkins erfüllt somit ein wichtiges Kriterium, welches man heute an eine moderne Psychotherapie des 21. Jahrhunderts stellt: Innerhalb eines festen gedanklichen Rahmens braucht es viele flexible Elemente, die den besonderen Bedürfnissen, Fähigkeiten und Störungen unserer Patienten angepasst werden können.

Die psychoanalytischen Wurzeln der Ego-State-Therapie
Die Idee des multidimensionalen Selbst und die Methode der Ego-State-Therapie fanden in den letzten 30 Jahren zunehmend mehr Beachtung, und es waren vor allem Hypnotherapeuten, die die Methode in der Behandlung dissoziativer Störungen gewinnbringend nutzten. So kam es, dass die Weiterentwicklung der Ego-State-Theorie vor allem von Therapeuten aus dem Umfeld der Milton Erikson'schen Hypnotherapie und des hypnosystemischen Ansatzes getragen wurden. Dabei blieben analytische Grundüberzeugungen, die in den Schriften von John und Helen Watkins noch deutlich zu spüren waren, zunehmend auf der Strecke. Erfahrungen darüber, wie die Ego-State-Therapie effektiv in die psychodynamische Psychotherapie integriert werden kann, stehen noch aus. Hier sehe ich ein großes Potenzial für die Zukunft. Das Anliegen der beiden Pioniere der Ego-State-Therapie war es, entgegen den unendlich langen psychotherapeutischen Behandlungen der Psychoanalyse ein Instrumentarium zu schaffen, mit dem gute Erfolge für Patienten in relativ kurzer Zeit erreicht werden konnten, ohne sich als eigentliche Kurzzeittherapie zu etablieren. Sie begründeten ihre Entwicklung der »Hypnoanalyse« vor allem mit »einer ernsten ökonomischen Krise« (Watkins und Watkins 2003, S. 15), die jahrelange Psychoanalysen für »die Versicherungsgesellschaften und andere Organisationen« (ebenda) heraufbeschwören würden. So schlimm ist es nun doch nicht gekommen, dennoch sind diese Fragen der Kostenreduktionen im Gesundheitssystem heute mindestens genauso aktuell wie

1997, als dieses Buch im Original erschien. Ich glaube, John Watkins wollte nach seiner Lehranalyse bei Edoardo Weiss, »der seinerseits von Paul Federn analysiert und von Freud ausgebildet worden war« (J. Watkins in Watkins u. Watkins 2003, S. 12), mithilfe der innovativen theoretischen Konzepte von Paul Federn und seiner Beschäftigung mit Hypnose, das Wesen der multiplen Ich-Zustände seiner Patienten untersuchen, denen er in den 50er- und 60er-Jahren begegnet war. Zusammen mit seiner Frau Helen, die als Psychologin und ausgebildete Hypnotherapeutin am Beratungszentrum der Universität von Montana arbeitete, entwickelte er ab den frühen 70er-Jahren die Ego-State-Therapie weiter: John stand für die frühen, energiegeleiteten Libido-Konzepte Freud'scher und Federn'scher Psychoanalyse und Helen für das empathische Verstehen und die Arbeit mit der Hypnose. Wie sehr John Watkins in der Ego-State-Therapie eine praktische Anwendung der Psychoanalyse sah, zeigt folgendes Zitat. »Zwar handelt es sich bei der Ego-State-Therapie um eine analytische Behandlung, sie unterscheidet sich jedoch (sowohl konzeptionell als auch hinsichtlich des praktischen Vorgehens) in signifikanter Weise von der klassischen Psychoanalyse« (Watkins u. Watkins 2003, S. 23). Leider wurde der »analytische« Strang in der Verbindung unterschiedlicher Konzeptionen innerhalb der Ego-State-Therapie in den letzten Jahren nicht weiterentwickelt. Gerade der Trend zu kürzeren Behandlungssequenzen im Bereich von 25 Stunden Kurzzeittherapien (KZT) eröffnet der Verbindung tiefenpsychologischer Konzepte und Ego-State-Therapie einen großen Entwicklungsraum – die Voraussetzung dafür ist, die Scheu vieler psychodynamischer Therapeuten gegenüber der Hypnose zu überwinden.

Ego-State-Therapie als ein Baustein moderner Traumatherapie
Heute hat sich die Erkenntnis durchgesetzt, dass die Komplexität der Ursachen und Auswirkungen traumabasierter Störungen eine multidimensionale Sicht auf die Problematik, aber auch ein multimodales Angebot zu deren Lösung zwingend notwendig macht. Im Zeitalter der störungsspezifischen und evidenzbasierten Behandlungskonzepte ist es vorbei mit der irrigen Annahme, ein Deckel passe auf alle Töpfe und eine Strategie löse alle Störungsmuster. Da konnte es dann nicht mehr lange dauern, bis sich die Erkenntnis durchsetzte, nur reden allein hilft bei Patienten mit Traumata in der Vorgeschichte nichts oder verändert

zumindest nichts an der Physiologie der traumainduzierten Störung. Dieses »gut, dass wir darüber gesprochen haben!« wird dem Problem nicht gerecht, denn der Fokus auf Sprache zur Darstellung und Lösung seelischer Konflikte ist für das Trauma, als einer »funktionellen Gehirnpsychosomatose« (Reddemann u. Sachsse 1997, S. 119), denkbar ungeeignet. Einen weiteren Punkt nennt Klaus Eidenschink (2006) in Bezug auf die aus der psychoanalytischen Tradition kommenden, eher problem- und defektorientierten Therapieansätze: die einseitige Zentrierung der Interventionen in der Therapie auf die Vermeidungskräfte, d. h. die Reduktion der Abwehrseite, die Benennung der Problemseite. Er verdeutlicht dieses an einem einleuchtenden Beispiel: Die Vermeidungsseite eines Menschen wird repräsentiert durch die Bremse an einem Auto: Wer aus neurotischen Gründen ständig auf der Bremse steht, kommt nicht voran. Stimmt … aber wer von der Bremse geht, fährt noch nicht automatisch. Was es noch braucht, ist ein Gaspedal. Dieses hat de Shazer durch seine Zielorientierung und Ressourcenaktivierung in die Therapie eingeführt. Somit brauchen wir also in einer modernen, multimodalen Therapie beides: die Bearbeitung der die Veränderung behindernden Widerstände und Problemdefinitionen auf der einen Seite und ressourcengeleitete Zielorientierungen auf der anderen Seite. Aus diesem Grunde müssen wir unserem Patienten etwas zutrauen und ihn nicht nur vom Widerstand und der Abwehr beherrscht beschreiben – worauf ich anspiele, ist das unterschiedliche Menschenbild in der problem- oder lösungsorientierten Therapie.

Im Rückblick meiner therapeutischen Wanderjahre scheint es mir, dass dann Veränderungen in der Psychotherapie sich vollzogen, wo nicht nur vom Patienten etwas *verstanden* wurde, sondern wo etwas Neues geschah, und sei es nur in der *Imagination* oder dem Erleben eines *gefühlsmäßig* Berührtseins. Deshalb sind die Ressourcenorientierung und die Verwendung der Imagination in den modernen traumazentrierten Psychotherapien so entscheidend.

Ego-State-Therapie: Brücke, Verschiebung und innerer Dialog
Der Algorithmus der Ego-State-Therapie gibt uns ein Grundmuster vor, dessen Phasenablauf wir in vielen Traumatherapien, vor allem auch im EMDR-Protokoll finden: die Ego-State-Brücke (Ego-State-Bridge) und die Ego-State-Verschiebung (Ego-State-Shift).

Die Therapieschritte im Einzelnen:

1. Identifikation des Symptoms oder der traumatischen Erinnerung = aktuelles Ego-State im Hier und Jetzt: »Woran wollen wir heute arbeiten?«
2. Identifikation der einzelnen BASK-Komponenten: »Welche Gefühle, Gedanken, Körperempfindungen, Bilder, Handlungsimpulse usw. haben Sie dazu?«
3. Verstärkung der Wahrnehmung (Verkörperung!) der dissoziierten Ego-State-Komponenten durch Trance, EMDR, Screen-Technik usw. mit dem Ziel der Reduktion der Angstbarrieren.
4. Brücken-Technik: Assoziation hin zur Entstehung und Erstmanifestation des Ego-States im Dort und Damals = verborgenes, problematisches Ego-State, ehemals dissoziiert.

An diesem Punkt 4 ist die **Desensibilisierungsphase**, wie es im EMDR heißen würde (Phase 3), abgeschlossen: Wir haben jetzt Zugang zum neuronalen Netzwerk des problematischen Ego-States. Durch Anwendung von Trance, bilateraler Stimulation im EMDR usw. haben wir die Angst- und Dissoziationsbarrieren innerhalb des Ego-States reduziert oder gar aufgehoben. Im nächsten Schritt soll die »Problemdatei« unseres Biocomputers mit einer »Lösungsdatei« überschrieben werden. In der Ego-State-Therapie knüpfen wir bei den Ressourcen an und kreieren ein Helfer-Ego-State, welches das durch Entwicklungsstillstand festgefahrene State in einen neuen Sinn- und Entwicklungszusammenhang stellt (reframing). Im EMDR beginnt jetzt die Phase der Reprozessualisierung, die Phase 4 des Standardprotokolls.

5. Ein ressourcenreiches Helfer-Ego-State, von dem die positive Kognition (PK) im EMDR die kognitive Komponente im BASK-Modell darstellt, wird über das problematische Erinnerungsbild gedeckt. »Vielleicht könnte der Erwachsene das misshandelte Kind trösten … es in Sicherheit bringen … gehen Sie zum Ausgangsbild zurück und prüfen Sie die PK usw.«
6. Ego-State-Verschiebung: Das neue Ego-State wird in allen BASK-Komponenten imaginiert und im EMDR durch langsame bilaterale Stimulation verankert.
7. Körpercheck: Hat der Shift zu einer vegetativen Beruhigung geführt?

Kam es zur Auflösung der Angst- und Dissoziationsbarrieren, zu einer Reorganisation des Traumanetzwerkes? Anwendung von Lichtstromtechnik, innerer sicherer Ort usw.

Die einzelnen Brücken-Techniken der Ego-State-Therapie (Affektbrücke, somatische, kognitive Brücke) werde ich im Praxisteil (s. S. 198) noch ausführlich behandeln, vorab sollte durch das oben Gesagte das Grundprinzip von Brücke und Verschiebung veranschaulicht werden. Abbildung 9-1 zeigt die Ego-State-Brücke.

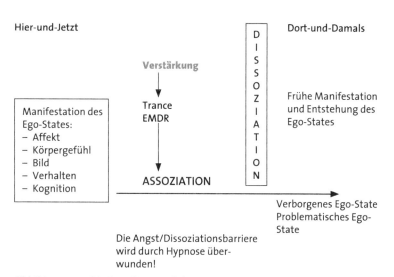

Abbildung 9-1: Die Ego-State-Brücke

Innerer Dialog: Manchmal gelingt es aber nicht, aus einem dysfunktionalen in ein funktionales oder adaptives Ego-State zu wechseln, was bedeutet, dass die Dissoziation nicht innerhalb eines Ego-States sich abspielt, sondern zwischen Gruppen von Ego-States, die verschiedene Überlebensinteressen verkörpern und anscheinend eine mächtige Lobby bilden. Alles, was wir versuchen, klappt nicht, und wir sind entnervt geneigt zu behaupten: »Der Patient ist im Widerstand.« Mark Lawrence, der sich über die Verbindung zwischen Ego-State-Therapie und EMDR viele Gedanken gemacht hat, schreibt dazu: »Dieser Widerstand jedoch drückt einfach aus, dass es ein Protektor-Ego-State gibt, welches glaubt, das System schützen zu müssen, und welches den Ego-State-Wechsel nicht erlaubt. In anderen Worten: Es gibt ein oder mehrere Ego-States, die gegen einen Wechsel im System opponieren, auch auf den Preis, dass der Patient keine Erleichterung von seinen Symptomen erfährt« (1998, Teil 1, S. 4).

Was wir jetzt tun müssen, ist, dieses Protektor-Ego-State zu explorieren, um zu erfahren, welche Bedenken es leitet, welche wohlgemeinten »Widerstände« es verkörpert – alles mit viel gezeigter Wertschätzung für sein Tun und der Überzeugung: Jedes Ego-State verfolgt eine systemschützende und systemerhaltende Funktion. Unser Ziel ist es nun, einen inneren Dialog zwischen den Ego-States anzuregen, die alles beim Alten lassen wollen, und denen, die für Veränderung sind. Auf diese Weise vermindern wir die dissoziativen Barrieren zwischen den States und vernetzen die neuronalen Netzwerke miteinander.

Ein ähnliches Vorgehen nutzen wir auch in der EMDR-Therapie, wenn wir feststellen müssen, der Patient reproduziert in der Phase 3 (Desensibilisierung) immer wieder die gleichen Assoziationsmuster zwischen den bilateralen Stimulierungen, der Assoziationsprozess scheint sich im Kreis zu drehen – wir sagen: der Patient »kreiselt«. Lawrence meint: »Die therapeutische Sackgasse, welche die Nutzung der Einwebtechnik fordert, wird durch ein verborgenes ›widerständiges‹ Ego-State verursacht, welches die therapeutische Verschiebung nicht gestattet. Dieses Ego-State trägt eine Kognition, die diese Opposition begründet, eine Denkblockierung« (1998, Teil 2, S. 2). Jetzt nutzen wir die sogenannte »Einwebtechnik«, um den Prozess voranzubringen: Wir gehen auf die Ebene einer erwachseneren Perspektive und weben kognitive Reflektionen über den Stillstand, über ähnliche Situationen im Leben und deren Lösung, die Frage nach Ressourcen usw. in den Prozess ein, begleitet von fortgesetzter bilateraler Stimulierung. Durch diese Technik führen wir die Erwachsenenperspektive ein – ein kognitiver Zustand, der in der traumatischen Situation noch nicht vorhanden war. Durch das Einweben verbinden wir das problematische Ego-State, das mit seiner Denkblockierung in der Assoziationssperre festsitzt, mit einer lösungsorientierten Kognition eines erwachseneren Ego-States – wir setzen eine Art inneren Dialog durch neuronale Assoziation zweier zustandsabhängiger Netzwerke in Gang. Dieses Einweben muss aber nicht nur auf die kognitive Komponente des Erwachsenen-Ego-States beschränkt bleiben, es ist denkbar, alle Teile des BASK-Modells und auch imaginative Ressourcenbilder zu nutzen, um den Assoziationsprozess voranzubringen. So viel zu den Parallelen zwischen Ego-State-Therapie und dem Vorgehen mittels des EMDR[22]. Im nächsten Schritt müsste es jetzt ein Leichtes sein, die Veränderungsstrategie der Bildschirmtechnik (screen-technique) mit identischen Modellen der Ego-State-Theorie zu erklären.

Konzepte einer multimodalen Traumatherapie
In den letzten Jahren beschäftigten sich weltweit Kollegen aus dem therapeutischen Feld damit, die verschiedenen Komponenten der multimodalen Traumatherapie aufeinander abzustimmen und die synergistischen Effekte der einzelnen Module zu optimieren. Stellvertretend für viele möchte ich die Arbeit des Ehepaars Terence und Darlene Wade aus Honolulu zur integrativen Psychotherapie erwähnen (2001), die sehr gewinnbringend die Ego-State-Therapie nach Watkins und Watkins, klinische Hypnose und EMDR unter dem Blickwinkel eines Erikson'schen psychosozialen Entwicklungskontextes (epigenetische Theorie) verbanden. Ihre angestrebten Therapieziele sind neben der korrigierenden emotionalen Neuerfahrung die Reduktion von Trauer und Trauma und vor allem Schaffung von Co-Bewusstsein und Ressourcenentfaltung.

Für Patienten mit Frühstörungsproblematik ohne erinnerbare Makrotraumata, d. h. psychische Dysfunktionen durch »abgebrochene psychosoziale Entwicklung (z. B. Mangel an ›basalem Vertrauen‹ im Zuge früher Bindungsstörung oder mangelhaften Fertigkeiten für ›Fleiß‹ oder ›Vertrautheit‹ usw.« [Wade, 2001, S. 237]), schlagen die Autoren ein eigenes Vorgehen vor, da sie mit Recht bezweifeln, ob das Basisprotokoll des EMDR hier ausreichend ist. Auch die Ego-State-Brücke und der Shift sind kaum hilfreich, zum einen, weil das verborgene, problematische Ego-State nicht erinnerbar ist (vor dem zweiten Lebensjahr) und weil »keine Ego-States in der Lage sind, mit der schwierigen Situation fertig zu werden, auf angemessene Ego-States nicht zugegriffen werden kann oder viele Ego-States an der Dysfunktion teilhaben«

---

[22] Weitere Konzepte zur Verbindung von Ego-State-Therapie und EMDR finden sich bei Carol Forgash 2004b.

(ebenda). Die beiden Autoren schlagen nun zur Bestimmung der Bedürfnisse für eine korrigierende emotionale Neuerfahrung folgende Vorgehensweise vor:
1. Bestimmung des Alters des dysfunktionalen Ego-States: »Wie alt fühlst du dich, was sind deine frühesten Erinnerungen?«, und/oder Einschätzung der Entwicklungspathologie aufgrund der Reife der Selbst-Objekt-Beziehungen.
2. Wenn es nicht gelingt, ein funktionelles Ego-State in Bezug auf die Probleme des Patienten zu kreieren, dann kann man basale Lebensbereiche abfragen: was macht dich glücklich, was entspannt dich, was bringt dich dazu, etwas erreichen zu wollen usw.
3. Ist das Ego-State identifiziert, dann wird »Familientherapie« eingesetzt, um die dysfunktionale Dynamik systemisch zu beschreiben und um Verhandlungslösungen zu initiieren.
4. Durch Einsatz von hypnotherapeutischen Übungen wie »Innere Stärke«, Altersprogression usw. können defiziente Ego-States gestärkt werden. Ich würde hier noch Bemutterungs- und Bevaterungstechniken erwähnen oder Shirley Schmiths »Healing-circle«-Technik, um Ego-States, deren Bedürfnisse in der Kindheit schwer missachtet wurden, zur Nachreifung zu verhelfen.

Die einzelnen genannten Techniken finden sich im Praxisteil des Buches genauer dargestellt.

Zur Vervollständigung möchte ich noch eine Arbeit von Annette Brink (2001) aus dem deutschen Sprachraum erwähnen, die sich mit der Kombination von EMDR und Hypnose beschäftigt, und zum selben Thema sei die Arbeit von Hollander und Bender (2001) mit dem Titel »ECEM (Eye Closure Eye Movements): Integrating Aspects of EMDR with Hypnosis for Treatment of Trauma« erwähnt.

10. Die Behandlungstechnik der Ego-State-Therapie bei traumabasierten Störungen

In diesem zweiten Teil des Buches möchte ich Ihnen einige Therapiestrategien der Ego-State-Therapie vorstellen, ohne den Anspruch zu erheben, ein Manual der Ego-State-Therapie schreiben zu wollen. Die »reinste Form« des therapeutischen Umgangs mit Ego-States finden Sie in den Schriften von John und Helen Watkins, besonders im Handbuch von 2003. Aber auch hier ist Ego-State-Therapie eine Mischung aus (traditionellem) psychoanalytischem Denken, Hypnose und den Weiterentwicklungen der Technik durch das Ehepaar Watkins. Alle ihre Schüler (W. Hartman, M. Phillips, C. Frederick, G. Emmerson, D. Beaulieu usw.) haben die Ego-State-Idee aufgegriffen und mit eigenen therapeutischen Grundannahmen amalgamiert, die einen mit der Erikson'schen Hypnotherapie, die anderen mit dem NLP oder dem EMDR.

Das ist mir als Schüler der nächsten Generation auch nicht anders gegangen – die Ego-State-Idee traf auf ein Feld gewachsener theoretischer Grundüberzeugungen und therapeutischer Techniken, die sich über die Jahre bewährt hatten. Aus diesem Grund kann ich Ihnen auch hier nicht *die* »Ego-State-Therapie« vorstellen, sondern nur meine höchst persönliche Integration der Methode in eine über Jahre entstandene Technik der Behandlung von Patienten mit traumabasierten Störungen in Klinik und Praxis.

Sie werden in vielem, was ich Ihnen jetzt beschreiben werde, die alte Leidenschaft des Psychodramatikers in mir wiederfinden, die neue Faszination an den suggestiven Techniken der Hypnotherapie, natürlich die Essentiales der Ego-State-Idee, aber auch psychoanalytische Grundüberzeugungen aus der Ära der Objektbeziehungstheorie von Otto Kernberg. An anderer Stelle habe ich den Versuch unternommen, die tragende psychoanalytische Säule der Ego-State-Theorie von Watkins und Watkins zu restaurieren und mit moderner Objektbeziehungstheorie von der veralteten Energie- und Triebtheorie Freud'scher Prägung abzulösen (Peichl 2006).

10.1 Grundlegende Techniken der Ego-State-Therapie

In der Psychoanalyse richte ich meine Ansprache an das Erwachsenen-Ich des Patienten, das Herrn Meier als kohärente Persönlichkeit auszeichnet und ihn in die Therapie gebracht hat. Mit diesem stabilen Ich-Anteil habe ich ein Arbeitsbündnis geschlossen mit dem Inhalt, dass wir beide die kindlich gebliebenen Anteile des Patienten untersuchen wollen, um die heutigen Probleme besser zu verstehen. Auch wenn der Patient auf der Couch in der Übertragung zu mir oder durch akute Konfliktbelastung regrediert, d.h. primärprozesshaftere Formen des Denkens und Fühlens vorherrschen, wende ich mich weiterhin an die stabilen Ich-Strukturen, um mit Herrn Meier diese Veränderungen in seinem Selbsterleben psychologisch zu untersuchen.

In der Ego-State-Therapie suche ich einen direkten Zugang zu den verschiedenen Ego-States im Individuum zu finden und mit ihnen direkt zu sprechen. Dies hat weitreichende Konsequenzen: Ich muss zu jedem Ego-State eine separate hilfreiche, therapeutische Beziehung aufbauen, eigene Arbeitsbündnisse schließen, eine angepasste therapeutische Technik benützen und auf state-spezifische Übertragung und Gegenübertragung achten. »*Die Therapie der Ich-Zustände beruht auf der Anwendung von Techniken aus Einzel-, Gruppen- und Familientherapie zur Lösung von Konflikten zwischen den verschiedenen Ich-Zuständen, die eine Selbst-Familie konstituieren*« (Watkins und Watkins 2003, S. 128, kursiv im Original).

Der Grundgedanke ist, dass in unserem Patienten (so wie in uns selbst) auf seiner inneren Bühne eine Gruppe von unterschiedlichsten Ego-States existiert, die alle zusammen die Person »Herr Meier« repräsentieren. Bitte denken Sie an ein Einfamilienhaus in Ihrer Nachbarschaft: Auf dem Klingelschild steht »Familie Meier«, im Haus leben auf verschiedenen Etagen und Zimmern zehn Menschen, Erwachsene, Kinder verschiedenen Alters, der strenge Großvater usw. Wenn Sie als Therapeut mit analytisch orientiertem Vorgehen an der Tür klingeln, kommt immer der Familienvorstand Herr Meier heraus, spricht mit Ihnen und schildert das, was gerade passiert, aus seiner »offiziellen« Sicht. Wenn Sie Glück haben, erlaubt Ihnen Herr Meier einen Blick auf die Familie am Abendessenstisch, beim Streiten oder Halmaspielen.

In der Ego-State-Therapie holen wir uns von Herrn Meier die Erlaubnis, mit allen Familienmitgliedern sprechen zu dürfen. Wir sollen Einzelne oder Gruppen zu uns herausbitten dürfen oder die ganze Familie zu einer Konferenz einladen. Für dieses Modell der Selbst-Familie gibt es ein paar Grundsätze:

- Alle Ego-States dienen mehr oder weniger der Anpassung, auch wenn das bei inneren Verfolgern zunächst schwer zu verstehen ist.
- Kindliche Ego-States tragen die Erinnerungen, Gefühle und Körpersensationen aus der Zeit, in der sie entstanden sind.
- Kindliches Denken ist konkretes Denken, kindliches Fühlen ist oft sehr archaisch.
- Einzelne Ego-States können nicht eliminiert oder getötet werden, sondern nur verwandelt.
- Der geringste Stress im System ist dann erreicht, wenn unterschiedliche Haltungen und Bedürfnisse nebeneinander existieren dürfen.
- Das Ziel der Therapie ist Integration und nicht Fusion oder Elimination.

Bevor ich nun zu einzelnen Techniken komme, noch ein Satz zur therapeutischen Haltung gegenüber den Ego-States. Wir müssen uns von vornherein klarmachen, dass die meisten Ego-States entstanden sind, als der Patient ein Kind war, und vor allem, dass diese States sich ausbildeten, um eine einmalige oder chronische traumatische Situation zu überleben. Unsere beste Art, uns darauf einzustellen, ist, wie ein Kind diesen Alters zu denken, zu fühlen und sich mit der Funktion dieses Ego-States zu identifizieren: Ich tue alles, was in meiner Macht steht, damit das System überlebt. Um sich ein Ego-State zum Verbündeten zu machen, ist es von Beginn an wichtig, Wertschätzung und Respekt für das auszudrücken, was es für das Gesamtsystem getan hat, und sich zu bedanken, dass es bereit ist, mit uns zu sprechen. Das Akzeptieren ohne die Sichtweise eines Ich-Zustandes zu kritisieren heißt nicht, seiner Wahrnehmung der Dinge zuzustimmen. Viele Interpretationen der Welt eines fünfjährigen, von seinem älteren Bruder missbrauchten Mädchens sind aus damaliger Sicht höchst funktional, aber veraltet, falsch und dysfunktional 23 Jahre später, wenn sich die junge Frau heute in einen Mann verliebt. Für das Gespräch mit den Ego-States gelten zwei wichtige Regeln aus der systemischen Familientherapie: Wir Therapeuten müssen Allparteilichkeit in Bezug auf die Ego-States pflegen, die innere Selbstfamilie ist ein sich selbst organisierendes System.

Sichtet man die Literatur über die dort beschriebenen Techniken, um Zugang zu den Ego-States zu bekommen, dann bietet sich eine Unterscheidung in nicht hypnotische und hypnotische Techniken an. Nach Emmerson (2003) gelingt der Zugang ohne Einsatz von Hypnose nur zu den oberflächennahen Ego-States[23], aber nicht zu den verborgenen, zum Teil sprachlosen Selbst-Zuständen oder getarnten Verfolgern. Das Ehepaar Watkins schreibt: »Wenn man mit einem Ich-Zustand arbeiten will, muss man zunächst einmal Kontakt zu ihm aufnehmen, und wenn der Patient keine echte multiple Persönlichkeit ist, muss man dafür gewöhnlich Hypnose anwenden. Es gibt viele Arten, mit Ich-Zuständen Kontakt aufzunehmen. Der direkteste Weg ist es, den Patienten in eine Hypnose zu führen und ihn dann zu fragen, ob es in ihm einen Teil gibt, der sich anders fühlt als die Hauptpersönlichkeit, oder etwas empfindet, das dem, was der Patient im normalen Tagesbewusstsein fühlt, entgegengesetzt ist« (2003, S. 142).

Hypnose in der Ego-State-Therapie, von der wir hier sprechen, hat nichts mit den effekthascherischen Showveranstaltungen zu tun, die wir aus dem Fernsehen kennen – das müssen wir auch den Patienten so erklären. Hypnose oder besser hypnotische Trance bedeutet zuerst einmal nichts anderes als »Aufmerksamkeitsfokussierung«. Der Patient soll seine Augen schließen und seine Aufmerksamkeit nach innen richten – das reicht fürs Erste. Wenn Sie mit tieferer Trance arbeiten wollen, sollten Sie eine entsprechende Ausbildung an einem Hypnose- oder Milton-Erickson-Institut machen. Für die Arbeit mit Patienten, die an einer traumabasierten Störung leiden (PTSD, komplexe PTSD, Ego-

---

[23] Er meint damit States, die für die Alltagsroutine zuständig sind und eine gute Kommunikation untereinander haben.

State-Disorder), hat sich für mich die Induktion einer leichten Trance bewährt – unter Umständen kann man auch komplett darauf verzichten – und der Einsatz von Techniken mit Stühlen, wie im Psychodrama üblich. Ich stelle Ihnen jetzt die Techniken im Einzelnen vor.

10.1.1 Nicht hypnotische Techniken

Die einfachste Technik, die Sie auch spontan innerhalb einer Behandlungsstunde anwenden können, auch wenn Sie keine Ego-State-Sitzung geplant haben, ist die

»Redewendungen-Technik« (conversational technique)
Sie kennen doch selbst so populäre umgangssprachliche Phrasierungen wie »Ein Teil von mir möchte das …, ein anderer Teil etwas ganz anderes« oder »Manchmal finde ich Sonja sehr nett und manchmal schrecklich blöd«.

Der Ego-State-Therapeut vermutet hinter diesen Äußerungen, dass sich zwei oder mehrere Teile in einer Person im Konflikt befinden, da sie unterschiedliche Bedürfnisse und Wünsche zu haben scheinen. Das Vorgehen ist wie folgt:

- Dem Patienten die unterschiedlichen Ich-Anteile in seiner Rede spiegeln und ihm so bewusst erlebbar machen
- Die Erlaubnis vom Patienten einholen, mit den Teilen in ihm sprechen zu dürfen
- Immer nur mit einem Teil sprechen, d. h., der Patient wird angehalten, sich ganz mit Teil 1 zu identifizieren und aus der Rolle zu sprechen
- Rollenwechsel: der Patient spricht aus der Perspektive von Teil 2
- Durch Wechsel zwischen Ego-States 1 und 2 oder durch Vermittlung einer dritten Position soll eine Lösung gefunden werden.

Dieser Dialog zwischen den zwei Ich-Zuständen, die abwechselnd den Mund und das Sprachvermögen des Patienten nutzen, findet in sensu statt.

Die »Leere-Stuhl-Technik«
Die »Leere-Stuhl-Technik« (empty chair technique), die Helen Watkins beschrieben hat, die aber mindestens auf Jacob Moreno zurückgeht, bringt den Konflikt von der inneren auf die äußere Bühne.

Die einfachste Variante ist, die in der Redewendungs-Technik angesprochenen »zwei Seelen wohnen, ach! in meiner Brust, die eine will sich von der anderen trennen« (Goethe: Faust I, Vers 1112–1114) im Außenraum auf zwei Stühlen zu platzieren und durch Rollentausch die beiden »Herzen« zu erkunden und eine Lösung des Problems anzuregen.

Das von Helen Watkins als »nicht hypnotische Technik mithilfe von Stühlen« (2003, S. 173) beschriebene Vorgehen möchte ich kurz erläutern und darstellen, wie ich es praktiziere.

Zuerst erarbeite ich mit dem Patienten eine Formulierung, die die unterschiedlichen Wahrnehmungen, Gedanken, Gefühle zu einem bestimmten Problembereich am präsisesten beschreibt. So ein Satz könnte lauten: »Ich habe Angst, in der Beziehung zu Thomas zu bleiben, aber furchtbar Schuldgefühle, die Familie zu zerstören, wenn ich gehe.«

Dann stelle ich sechs bis acht Stühle im Kreis auf und bitte den Patienten, auf einem Platz zu nehmen. Ich frage ihn (mit oder ohne geschlossene Augen): »Was nehmen Sie in sich auf diesem Stuhl wahr, wenn Sie den Satz hören: Ich habe Angst, in der Beziehung zu Thomas…« Da, wie ich weiter oben dargelegt habe, die Wahrnehmung multimodal läuft, frage ich entsprechend dem erweiterten BASK-Modell explizit nach: Gedanken, Gefühle, Körperempfindungen, Bilder, Handlungsimpulse und notiere alles, ohne nachzufragen, zu kommentieren oder zu werten, auf einem Zettel. Wenn der Patient meine Frage »Gibt es noch etwas auf diesem Stuhl?« verneint, bitte ich ihn, den nächsten Stuhl zu wählen – den Zettel lege ich auf Stuhl 1. Auf Stuhl 2 der gleiche Vorgang und immer weiter, bis der Patient mitteilt, ab hier sei nichts Neues mehr zu spüren. Wenn die Stühle nicht reichen sollten, können noch mehr in den Kreis eingefügt werden.

Im nächsten Schritt bitte ich den Patienten, sich neben mich zu stellen, und während wir auf den Stuhl 1 schauen wie auf ein Objekt und ich das Transkript vorlese, bitte ich den Patienten: »Geben Sie mir bitte eine kurze Beschreibung davon, wie Stuhl 1 ist – aber bitte in einer wertschätzenden, wohlwollenden Beschreibung. Was fühlt, denkt usw.

dieser Ego-State?« Diese »objektiven« Zuschreibungen notiere ich auf der Rückseite des Zettels, lasse dabei aber keine negativen Etikettierungen zu, wie z. B. »Der ist blöd« oder »Der soll verschwinden« usw. Im nächsten Schritt frage ich nach einem Namen für diesen Ego-State, dem Alter (»älter, jünger oder gleich alt?«) und nach dem Geschlecht (»weiblich, männlich oder sächlich?«) und notiere das auf dem Zettel, den ich dann auf den Stuhl lege, und so weiter, von Stuhl zu Stuhl.

Nach dieser »Erweckung« der Ego-States zu dem Themenbereich »Ich habe Angst, in der Beziehung zu Thomas zu bleiben, aber furchtbare Schuldgefühle, die Familie zu zerstören, wenn ich gehe« sage ich zur Patientin: »Dies sind alle Ihre Ego-States, die sich bei diesem Thema angesprochen fühlen und etwas zur Lösung beitragen wollen. Stellen Sie sich vor, Sie wären eine Bildhauerin und Sie würden den Auftrag haben, eine Skulptur mit dem Thema »Ich habe Angst, in der Beziehung zu Thomas zu bleiben, aber furchtbar Schuldgefühle, die Familie zu zerstören, wenn ich gehe« aus den Ego-States zu bauen – wie würde diese aussehen. Sie können alle Stühle dazu verwenden.« Dies ist der Anfang der eigentlichen Therapie; durch die Skulptur wird nun vieles durch unbewusste Inszenierung deutlich, welche Ego-States gehören zusammen, sind sie nah oder fern, wo stecken die Ressourcen, wo die größten Konflikte. Aus dem Chaos ist nun Ordnung entstanden, und der Patient nimmt auf einem Stuhl Platz und startet die Interaktion mit anderen Anteilen, tauscht die Stühle, antwortet sich selbst usw. Der Therapieprozess der Integration und Interessenharmonisierung hat begonnen.

Jetzt zu den Techniken, die mit einem hypnotischen Zugang zu den Ego-States arbeiten

10.1.2 Hypnotische Methoden des Zugangs

Ich denke, dass die Nutzung der Methoden des Psychodramas für die Erweckung der Ego-States sehr hilfreich sind und sie dem Patienten durch den »leibhaftigen« Rollentausch ein authentisches Gefühl »in der Rolle zu sein« ermöglichen – auch ohne tiefe Hypnose. Man kann auch beides verbinden, um die Ego-States zu visualisieren und zu inszenieren. Ich nenne diese Technik »Einladung zum Gespräch« und habe sie bei Woltemade Hartmann kennengelernt.

Einladung zum Gespräch
Vier Stühle stehen im Kreis, die Patientin sitzt auf einem Stuhl, ich neben ihr. Wir einigen uns auf ein Thema wie oben bei der Stuhltechnik von Helen Watkins oder auf eine Frage von der Art wie: »Kann ich noch etwas anderes außer Hass auf meine Mutter empfinden?«

Ich sage: »Um diese Frage zu beantworten, Frau Kramer, bitte ich Sie, einen Teil von sich auf den Stuhl dort einzuladen. Schließen Sie bitte die Augen ... *leichte Tranceinduktion (siehe unten)* ... was immer sich nun in Ihnen regt und rührt, was immer in Ihnen aufkommen mag, es ist willkommen. Wenn sich ein Teil von Ihnen meldet und Sie diesen beschreiben können, kommen Sie hierher zurück, in diesen Raum, zu diesem Stuhl, auf dem Sie sitzen, nehmen Sie sich die Zeit, die Sie brauchen, öffnen Sie die Augen und beschreiben Sie mir, wen Sie auf diesen Stuhl eingeladen haben.«

Nach der Beschreibung der Innenperson aus der Objektperspektive auf dem Stuhl gegenüber bitte ich um Rollentausch und Verkörperung des Ego-States ebenfalls in leichter Trance. Ich stelle dem Ego-State Fragen nach Alter, Geschlecht, Funktion und Gelegenheit seiner Entstehung. Am Ende bitte ich den State, eine Frage an den Erwachsenen-Teil zu formulieren mit dem Inhalt: »Was möchtest du, dass ich für dich tue?« Dann Rollentausch und Erfragung des subjektiven Erlebens der Patientin, wenn sie das hört, was der Ego-State gesagt hat (der Therapeut kann einzelne prägnante Sätze zur Intensivierung noch einmal wiederholen). Wenn nötig kann ein Dialog zwischen Erwachsenen-Selbst und Ego-State initiiert werden. Dann bitte ich die Patientin, die Position des Stuhles im Raum in Bezug zum Erwachsenen so zu verändern, dass damit die Qualität der Beziehung ausgedrückt wird. Danach geht es weiter, nachdem ich einen neuen Stuhl vor dem Patienten aufgestellt habe:

»Um die aufgeworfene Frage zu beantworten, Frau Kramer, bitte ich Sie nun, einen weiteren Teil von sich auf den anderen Stuhl dort einzuladen. Schließen Sie bitte die Augen ... *leichte Tranceinduktion (siehe unten)* ...« Die Zahl der Stühle kann variieren, die zu dieser Externalisierung benötigt werden. Danach beginnt das Durcharbeiten der unterschiedlichen Positionen, Bedürfnisse und Sichtweisen mit dem mittelfristigen Ziel der Integration.

10.2 Kontaktaufnahme mit Ego-States

Ich möchte das Thema der Kontaktaufnahme zu Ego-States noch etwas vertiefen. Wenn ich bei dem von mir beschriebenen Patienten mit einem Ego-State kommuniziere, gehe ich davon aus, dass alle anderen States zuhören – außer bei teilabgespaltenen, amnestischen States bei der Ego-State-Disorder (DDNOS) und natürlich bei der DIS. Wir unterscheiden zwei Formen der Ansprache: 1) ins System hineinsprechen (indirekt und direkt) und 2) einen Ego-State herausrufen.

10.2.1 Ins System hineinsprechen

Beim indirekten Hineinsprechen wenden wir uns an alle Zuhörer auf der inneren Bühne. Indem wir scheinbar mit dem erwachsenen Teil der Patientin sprechen, meinen wir die gesamte zuhörende Selbstfamilie.

Indirektes Hineinsprechen
»Wissen Sie, Frau Müller, jede menschliche Persönlichkeit besteht aus vielen Teilen. Das ist bei Ihnen so, es ist bei mir so und auch bei Herrn/Frau XXXX. Das Ziel all dieser verschiedenen Teile unserer Persönlichkeit ist es, **uns zu helfen**, besser im Leben zurechtzukommen. Das ist ihr eigentlicher Sinn und Zweck, auch wenn wir das manchmal gar nicht verstehen können – wenn sich so ein Teil zu Wort meldet und uns mal wieder unsere Versäumnisse und Fehler vorhält. Nun sind einige dieser Teile entstanden, um uns in unserer Kindheit bei sehr schwierigen Dingen **zu helfen,** und vieles von dem, was uns damals **geholfen** hat, uns vielleicht gar das Leben gerettet hat, ist uns heute gar nicht mehr so nützlich. Es kann sogar sein, dass einige Probleme, die Sie heute haben, von einem Teil verursacht werden, der immer noch versucht, Ihnen **zu helfen,** obwohl er eigentlich selbst **Hilfe bräuchte**, um eine Möglichkeit zu finden, die **für Ihr heutiges Leben** besser ist … und manchmal benötigen die Teile einfach **Hilfe**, damit sie **einander verstehen lernen** und **ihre Kommunikation miteinander verbessern** … aber wie wir auch mit Ihren Teilen arbeiten werden, Frau Müller, eines müssen wir bedenken: alle Ihre Innenteile **sind wichtig**« (modifiziert nach

Phillips & Frederick 2003, S. 99 – 100, fettgedruckte Phrasen sollen beim Sprechen betont werden).

Die Patientin könnte antworten, sie möchte den Teil, der die Symptome verursacht, einfach loswerden – ihn auf den Mond schicken. Ich gehe davon aus, dass jeder Zustand, da er ja glaubt, notwendig und hilfreich zu sein, beginnt, ums Überleben zu kämpfen, wenn er merkt, dass er entsorgt werden soll – damit würden sich die Symptome verstärken. Deshalb lauschen die Teile natürlich darauf, was ich jetzt sage:

»Ich kann verstehen, Frau Müller, dass Sie so empfinden, aber das brauchen wir gar nicht zu tun. Bedenken Sie, dass dieser Teil **Ihnen helfen** will. Wir müssen ihn oder sie – falls mehrere Teile daran beteiligt sind – **kennenlernen**, wir müssen den Teil kennen**lernen** und ihn **verstehen** … vielleicht mehr darüber herausfinden, was mit ihm los war, als er das Symptom erzeugte, das Ihnen zu schaffen macht … und wenn wir den Teil **besser kennen** … und wenn dieser Teil mit uns **zusammenarbeiten** kann, dann werden wir vielleicht **eine neue Möglichkeit finden**, wie der Teil **Ihnen helfen** kann.« (dito)

In diesen Sätzen ist eine Reihe direkter, aber auch indirekter Suggestionen versteckt, um den Ego-States ganz klarzumachen, dass ich ihre bisherige Arbeit würdige, sie alle wertschätze, sie um Kooperation bitte und nicht beabsichtige, gegen sie zu kämpfen. An dieser Stelle spielen Hypnotherapeuten wie Bernhard Trenkle, Gunter Schmid, Woltemade Hartmann und andere, die ich bei der Arbeit beobachten konnte, einen Trumpf aus, für den ich sie immer beneide: Sie erzählen Geschichten, erfinden Metaphern, in die sie indirekte Suggestionen einbetten – der Großmeister in dieser Technik war Milton Erickson (denken Sie an das Fallbeispiel, in dem er scheinbar über den Anbau von Tomaten mit dem Patienten sprach).

Das direkte Hineinsprechen
Hiermit versuchen wir Teile zu aktivieren, die von sich aus nicht sofort bereit wären, nach vorne auf die Bühne zu kommen und mit uns zu reden. Der Therapeut bietet Kooperation an, betont aber sehr das Arbeitsbündnis. Dadurch wird dem Patienten bewusst, dass er diesen Selbst-Anteil in sich hat und dass dieser an der Aufrechterhaltung des Konfliktes und zu der Entstehung der Symptome beiträgt.

»Ich weiß, dass es einen Teil in Frau Müller gibt, der weiß, warum es ihr so schwer fällt, sich zu konzentrieren und für die Prüfung in der nächsten Woche zu lernen. Ich weiß auch, dass dieser Teil wirklich versucht, ihr zu helfen, und das finde ich sehr interessant und wichtig. Ich würde diesen Teil wirklich gerne besser verstehen. Wer weiß? ... vielleicht können wir beide zusammen der Susanne, der Frau Müller, besser helfen, wenn wir zusammenarbeiten würden« (modifiziert nach Phillips & Frederick 2003, S. 101).

In der Regel – so die Autorinnen – wird sich der Patient dieses Teiles mental bewusst und entwickelt dazu ein Bild, oder es können auch sensomotorische Phänomene auftreten, ihm wird heiß, er bewegt sich ruckhaft, er wird unruhig oder gelassener. Oftmals passiert es, dass der Teil spontan antwortet.

10.2.2 Einen Ego-State herausrufen

Diese Technik kann in formaler Trance oder auch ohne sie angewandt werden. Ich bevorzuge die leichte Trance, um mit einem bestimmten Ego-State direkt und schnell in Kontakt zu treten. Meine Anweisung könnte zum Beispiel so aussehen, nachdem der Patient in Trance ist:

»Ich möchte jetzt mit dem Teil von Barbara sprechen, der weiß, was gestern Abend bei dem Streit mit Klaus passiert ist und warum sich Barbara später mit der Nagelschere versuchte, die Pulsadern aufzuschneiden. Ich würde dich/Sie bitten herauszukommen (nach vorne zu kommen) und durch Barbaras Mund mit mir zu sprechen. Wenn du/Sie da bist, sage einfach: ›ich bin da!‹.«

Dieses sind die wichtigsten Techniken der Ego-State-Therapie. Wie ich sie nun zusammen mit anderen Therapiestrategien in der Arbeit mit traumabasierten Persönlichkeitsstörungen einsetze, werde ich im Folgenden berichten.

10.3 Die Planung der Behandlung traumabasierter Störungen nach dem SARI-Modell

Die Darstellung der Therapiekonzepte für Traumapatienten ist in erster Linie für den Gebrauch in der ambulanten Praxis geschrieben. Für Traumatherapeuten, die das Übertragungsparadigma der Psychoanalyse hinter sich lassen wollen, ist es mittlerweile selbstverständlich geworden, mit ihrem Patienten, der wegen traumainduzierter Symptome in die Therapie kommt, eine Beziehung auf Augenhöhe herzustellen. Natürlich ist Übertragung und Gegenübertragung ein in Beziehungen zwischen Menschen alltägliches Phänomen, was mein Analytiker-Ego-State niemals ableugnen würde, aber ich arbeite nicht damit, d. h., Übertragung ist für mich nicht der Hebel zur Heilung von Patienten mit traumabasierten Persönlichkeitsstörungen. Ich möchte sogar noch weiter gehen: Ich finde Traumatherapie, die auf die Reinszenierung des Traumas in der Übertragung zum Therapeuten setzt, nicht nur wenig effektiv, sondern schlicht und einfach falsch. Die Gefahr der ungesteuerten Regression ist einfach zu wenig kalkulierbar, und deshalb droht Retraumatisierung. Die Behandlung einer traumabasierten Störung erschöpft sich nicht in der Therapie der eher sekundären Psychisierung des Missbrauchs im Sinne einer sekundären neurotischen oder charakterpathologischen Überarbeitung des Themas (natürlich haben Traumapatienten auch ödipale Konflikte), sondern Traumatherapie ist auch Reprozessualisierung einer primär neurophysiologischen Gedächtnis- und Stressstörung. Ich muss immer an das Bild von Ulrich Sachsse denken: Trauma ist vergleichbar einem abgekapselten Abszess unter der Haut; Ziel der Therapie ist es, diesen zu öffnen und freizulegen. Nach der Gabe von Antibiotika (Stabilisierung, Innere Stärke) und Säuberung (Exposition) sollen die Selbstheilungskräfte die Wunde abheilen lassen. Zurück zur Gestaltung der Patienten-Therapeuten-Beziehung in der Ego-State-Therapie.

Indem ich mich an das Erwachsenen-Selbst des Patienten wende, beschreibe ich die psychotherapeutische Beziehung zu mir *auch* als eine Dienstleistungsbeziehung. Damit stehen die Transparenz meines therapeutischen Tuns und die Psychoedukation an erster Stelle. Ich finde es wichtig, dem Patienten so verständlich wie möglich und so ausführlich wie nötig die physiologischen Zusammenhänge von Trauma, Gedächtnis, Stressreaktion des Körpers und Symptombildung zu erklären. Diese verständnis- und vertrauensbildenden Maßnahmen führen zum nächsten wichtigen Schritt, dem Aufbau einer positiven Beziehung. Diese ist Grundlage jeglicher psychotherapeutischer Behandlung und nicht das eigentliche Ziel der Therapie – wie uns Behandlungstechnik-Puristen immer wieder Glauben machen wollen, die ganz auf die heilende Kraft der Beziehung setzen.

Die eigene therapeutische Haltung wird in der Literatur immer wieder als »parteiliche Abstinenz« beschrieben, eine Haltung, die sich von der Neutralität und Abstinenz der Psychoanalyse bei diesem Klientel störungsspezifisch abheben muss – diesem Thema ist aus meiner Sicht nichts hinzuzufügen.

Der nächste und letzte Schritt in der Vorbereitung des Patienten ist die Entwicklung des gemeinsamen Behandlungsplans.

Judy Herman hat in »Narben der Gewalt« (1994) von den drei Phasen der Traumatherapie gesprochen,

1. der Stabilisierungsphase,
2. der Traumaexpositionsphase und
3. der Integrationsphase.

Luise Reddemann nennt etwas scherzhaft fünf Phasen der Traumatherapie: Stabilisierung, Stabilisierung, Stabilisierung, (schonende, ressourcenorientierte) Traumaexpositionsphase und die Integrationsphase.

Ich selbst orientiere mich an den vier Behandlungsphasen des **SARI**-Modells von Maggie Phillips und Claire Frederick (2003).

Diese vier Phasen sind:

- Sicherheit und Stabilisierung (**S**afety and **S**tabilisation)
- Schaffung eines Zugangs zum Traumamaterial und den damit verbundenen Ressourcen (**A**ccessing)
- Durcharbeiten der Traumaerfahrung und Restabilisierung (**R**esolving and **R**estabilization)
- Integration in die Persönlichkeit und Festigung der Identität (**I**ntegration and **I**dentity).

Entscheidend dabei ist es, dem Patienten klarzumachen, warum es so wichtig ist, sich um Sicherheit und Stabilisierung zu kümmern, bevor die Arbeit am traumatischen Material beginnen kann. Wichtig ist die

Haltung des Therapeuten in dieser Phase: Stabilisierung zu lernen ist die Aufgabe und die Verantwortung des Patienten. Wir sehen immer wieder Borderline-Patienten in der Klinik, die auf das Angebot von Imaginationsübungen, Qi Gong, Dissoziationsstopp usw. etwas abfällig antworten: Das kenne ich schon, das wirkt bei mir nicht. Diese Entwertung geht häufig von einem täterinfizierten Introjekt aus, welches überhaupt versucht, die Therapie zu sabotieren. Wenn man genauer nachfragt, hat der Patient nur einmal den »sicheren Ort« oder den »Tresor« versucht und dann nie mehr geübt. Täterintrojektarbeit, wie ich sie später beschreibe, kann helfen, die Motivation für das Erlernen der imaginativen Techniken zu verbessern. Auf alle Fälle sollte dem Patienten klar sein: Nur wer die Übungen »sicherer Ort«, »innere Helfer« und »Tresor« beherrscht, kann eine Traumaexposition durch EMDR, Bildschirmtechnik oder »Beobachtertechnik« relativ unbeschadet überstehen. Das ist zwar nicht das elfte Gebot auf dem Dekralog, aber dennoch »mainstream«.

Stabilisierung kann zwischen 6 Wochen und 2 Jahren dauern, vielleicht genügt diese Phase vielen Patienten, um sich wieder besser steuern zu können, vielleicht kann nicht viel mehr erreicht werden.

10.3.1 Die Phase der Sicherheit und Stabilisierung

Diese Phase konzentriert die Arbeit darauf, dem Patienten zu helfen, innere und äußere Sicherheit zu finden, das Management seiner Symptome zu verbessern und seine Alltagsfunktionsfähigkeit zu steigern. Wenn wir das in der Sprache der strukturellen Dissoziation ausdrücken: Der anscheinend normale Teil der Persönlichkeit (ANP) muss lernen, mehr Kontrolle über die EPs zu bekommen, und dazu muss der mediale präfrontale Kortex gestärkt werden. Eine tragfähige therapeutische Beziehung hat direkte regulative Funktion auf die Neurobiologie des Patienten, durch die Aktivierung des Bindungssystems, ausgelöst durch das Beziehungsangebot des Therapeuten; die Folge ist, dass der Patient ruhiger wird, was wiederum dazu führt, dass der präfrontale Kortex besser arbeitet.

Ganz allgemein gesagt braucht es mehr bewusste Kontrolle über das emotionale Gehirn (Limbisches System); die wichtigsten Pathways einer bewussten Gegensteuerung sind:

- Aktion, d. h. Mobilisierung, sich bewegen
- Aktivierung des Mediofrontalen Cortex und
- Steigerung des Tonus der X-Hirnnerven, des Nervus Vagus.

Alles, was dazu dient, ist gut: Joggen und sich bewegen, Förderungen der Bindungsressourcen, Atemtechniken, Massage, Joga, Qi Gong, AT oder Jacobson (PMR) und Funktionelle Entspannung.

Zu Beginn dieser Arbeit ist es hilfreich zu erkunden, wie stabil der Patient sich selbst einschätzt und worin er selbst seine Ressourcen und Stärken sieht. Für die Selbsteinschätzung habe ich einen Fragebogen entwickelt, den ich dem Patienten zusammen mit dem DES[24] und der Impact of Event Scale aushändige.

Dieser *Stabilisierungsfragebogen* besteht aus zwölf Fragen, jeweils vier zur körperlichen, zur psychischen und sozialen Stabilität, die ich aus den »Empfehlungen von Standards für die stationäre Traumatherapie« der DeGPT entnommen habe. Der Fragebogen ist nicht standardisiert und seine Ergebnisse sind nur Anhaltswerte (siehe Anhang 2). Der minimalste Wert für Stabilität ist nach meiner Berechnung die 12 (»überhaupt nicht« scored mit 1), der maximalste Wert ist die 48. Alle Werte unter 24 signalisieren, dass noch viel Energie und Aufmerksamkeit der Stabilisierung gelten muss.

Um die Ressourcen des Patienten kennenzulernen und auf verschiedene Stärken in der Ego-State-Arbeit zurückgreifen zu können, mache ich in den ersten Stunden der Stabilisierungsphase mithilfe einer Flipchart eine Übung, die ich die »Erkundung der Ressourcen« nenne (Anhang 3). Das Schema, das mir als Leitfaden für die Erkundung dient, erforscht verschiedene Bereiche des Alltagslebens und versucht die Fähigkeit des Patienten zu erfassen, in den Bereichen sozial, körperbezogen und psychisch aus eigenem Antrieb etwas zur Stabilität und Ressourcenentwicklung beizutragen.

Zusätzlich beginne ich in den Stunden mit dem Vermitteln einzelner Imaginationsübungen, wie sie von Luise Reddemann und Ulrich Sachsse beschrieben wurden. Zum Standardrepertoire, das der Patient beherrschen sollte, gehören: der innere sichere Ort, die inneren Helfer und die Tresortechnik. Jeder von uns hat die Übungen sicher dem

---

[24] DES = Dissociative Experience Scale.

eigenen Geschmack, der Sprache und dem Eigenrhythmus angepasst, sodass auch meine Version für Sie nur ein Vorschlag sein kann. Wichtig ist das Vorspiel, die »Tranceinduktion«, die Einleitung der Imaginationsübung. Viele Patienten tolerieren keine tiefe Entspannung, keine Induktion spontaner oder formaler Trance, wie sie in der Hypnotherapie üblich ist. Das ist auch nicht nötig; Sie können sich mit Ihrem Angebot ganz individuell dem Patienten anpassen. Dieses reicht von dem Verzicht auf jegliche Entspannungsinduktion bei geschlossenen Augen und nur der Bitte, einen Punkt vor sich auf dem Boden zu fixieren, bis zur Suggestion einer Treppe mit 10 Stufen, die der Patient hinauf- oder hinunterschreitet und dabei immer tiefer in Trance geht. Für die Therapieprotokolle (Formate), die ich im Folgenden für die Ego-State-Arbeit mit traumabasierten Störungen vorstellen werde, reicht eine leichte Trance, die man in einer dreischrittigen Skala[25] der Hypnosetiefe als Somnulenz bezeichnet, völlig aus. In diesem Stadium unterscheidet sich die Aktivität des Bewusstseins kaum vom Wachzustand, dennoch können einfache und logische Suggestionen über imaginative Techniken gut angenommen werden, und der Patient verspürt eine leichte Entspannung der Muskulatur.

Damit der Patient trotz meiner Induktion das Gefühl behält, die Kontrolle über alles zu haben und den Grad der Entspannung maximal selbst zu steuern, vereinbare ich mit dem Patienten ein Stopp-Signal; ich sage bei sehr ängstlich aufgewühlten, schreckhaften und dissoziativen Patienten:

> Für diese Übung können Sie zur besseren Konzentration die Augen schließen, Sie können sie auch geöffnet lassen. Dann lassen Sie den Blick bitte auf einem Punkt auf dem Boden vor sich oder an der Wand ruhen. (Pause) Bitte prüfen Sie zunächst, ob diese Übung hier und jetzt für Sie richtig und stimmig ist. Wenn Sie spüren, dass diese Übung für Sie im Moment nicht gut wäre, dann machen Sie meine Worte wirksam: Lassen Sie sie vorbeiziehen wie Wolken am Himmel oder vorbeirauschen wie Wasser im Bach. Geben Sie mir dann mit Ihrer rechten Hand ein Stopp-Signal. (Pause) [wenn der Patient keinen Stopp signalisiert, fahre ich fort]

---

[25] Leichte Trance (Somnulenz), mittlere Trance (Hypotaxie), tiefe Trance (Somnambulanz).

Wenn Sie sich jetzt entschlossen haben, die Übung zu machen, dann wählen Sie bitte eine Haltung, die für Sie die richtige ist. Es kann für Sie auch richtig sein, eine Muskelgruppe angespannt zu lassen: die Arme zu verschränken, die Beine übereinanderzuschlagen oder eine Faust zu ballen, um das Gefühl der Kontrolle zu behalten. Denn ist es wichtig, dass wir die Kontrolle haben über das, was in unserem Inneren geschieht. (Modifiziert nach Sachsse 2004)

Nach dieser für alle weiteren Imaginationen gleichen Einleitung schließt sich nun die eigentliche Übung an, der sichere Ort, die inneren Helfer usw.

Bei geübteren oder weniger dissoziativen Patienten reicht eine kurze Einstimmung, wie ich sie aus der Hypnotherapie kenne – ich sage:

Bitte schauen Sie gerade aus in mein Gesicht, Sie atmen jetzt tief ein und rollen Ihre Augen zur Decke, ich zähle bis drei – eins, zwei, drei –, und während Sie tief ausatmen, schließen Sie die Augen.

Daran schließt sich wie bei der oben beschriebenen Entspannung der Text für den inneren sicheren Ort an.

Der sichere Ort
Ich lade Sie ein, für einige Minuten Ihre Aufmerksamkeit nach innen zu lenken und Ihren sicheren inneren Ort aufzusuchen – jener Ort in Ihrer inneren Welt, den nur Sie allein erreichen können und an dem Sie sich völlig sicher und geborgen fühlen – an dem alles nur gut für Sie ist. Für manche ist dieser Ort eine einsame Insel, eine Höhle, ein Ort unter dem Meeresspiegel, ein ferner Berggipfel, ein anderer Planet oder ein Märchenreich. Sie können auch einen Ort nehmen, den es gibt, den Sie kennen. Dann schützen Sie diesen Ort bitte durch eine Tarnkappe, sodass kein anderer Mensch ihn mehr sehen kann.

Erreichen Sie diesen Ort mit allen Mitteln des Zaubers, der Vorstellung und der Magie, die uns zur Verfügung stehen. Ein fliegender Teppich kann Sie dorthin bringen oder ein großer Vogel oder ein Delfin oder eine Rakete. Sie können sich auch einfach dorthin zaubern und sind dann plötzlich da. *Pause.*

Und wenn Sie dort sind, prüfen Sie zunächst, ob die Grenzen dieses Ortes wirklich sicher sind. Manche stellen sich eine hohe Mauer vor, einen ganz dichten Wald oder eine riesige Meeresfläche. Vielleicht muss der Planet noch weiter von der Erde entfernt sein oder aber das Märchenreich noch deutlicher abgetrennt werden. Prüfen Sie, ob die Grenzen wirklich stabil und sicher sind. Wenn Sie den Eindruck haben, die Grenzen seien nicht wirklich sicher, dann verändern Sie sie bitte nach Ihren Vorstellungen, bis die Grenzen völlig sicher sind.

Danach prüfen Sie, ob alles, was dort ist, für Sie nur gut ist. Schauen Sie sich um. Wenn Sie etwas sehen, was für Sie nicht nur gut ist, dann verändern Sie es bitte nach Ihrer Vorstellung, bis alles, was Sie sehen, nur gut für Sie ist. *Pause*. Dann hören Sie, ob alles, was Sie hören, für Sie nur gut ist. Vielleicht müssen Sie innerlich auch noch das eine oder andere verändern, was Sie hören, bis es für Sie nur gut ist. *Pause*. Prüfen Sie, ob alles, was Sie riechen und schmecken, für Sie gut ist; eventuell verändern Sie es. *Pause*. Dann spüren Sie bitte in sich hinein, ob Sie sich an diesem Ort körperlich völlig sicher und geborgen fühlen und ob jetzt alles für Sie nur gut ist. *Pause*. Wenn Sie sich wirklich völlig sicher und geborgen fühlen, dann können Sie diesem Zustand auch einen Namen geben, sich ein passendes Wort dafür ausdenken, um diese Vorstellung in Ihrem Gedächtnis zu verankern. *Pause*.

Spüren Sie, wie es ist, sich völlig sicher und geborgen zu fühlen. Es ist gut zu spüren, wie es ist, wenn man sich völlig sicher und geborgen weiß. *Pause*.

In dem Wissen, dass Sie zu Ihrem sicheren inneren Ort jederzeit und überall zurückkommen können, wo und wann Sie es wollen, bitte ich Sie, sich für jetzt von dort zu verabschieden und in Ihrer Zeit hierher in diesen Raum zurückzukehren.

Sie beschließen jetzt, die Aufmerksamkeit nach außen zu lenken, Sie hören die Geräusche von außerhalb, spüren den eigenen Körper und spannen die Muskeln an; holen Sie tief Luft und nehmen Sie wieder Kontakt zu mir auf. (Modifiziert nach Sachsse 2004, S. 233)

Auf gleiche Weise machen Sie es in einer anderen Therapiesitzung mit der Imaginationsübung »Die inneren Helfer«, die ich Ihnen auch beschreiben will.

Die inneren Helfer
Ich möchte Sie jetzt bitten, dass Sie mit einem oder mehreren hilfreichen Wesen Kontakt aufnehmen. Wichtig ist, das diese inneren Helfer nur gut zu Ihnen sind, es nur gut mit Ihnen meinen. Alle anderen Gestalten, die jetzt vor Ihrem inneren Auge auftauchen sollten, bitte ich Sie, aktiv mit Ihren Gedanken wegzuschicken oder so zu verändern, dass sie nur gut zu Ihnen sind. Diese inneren Helfer können Menschen sein, müssen es aber nicht. Wenn es Menschen sind, dann ist es sinnvoll, wenn es keine realen Menschen sind, die Sie kennen, sondern menschliche Wesen, die nur gut zu Ihnen sind. Es können aber auch andere Helfer sein, Tiere, Zwerge, Riesen, sprechende Bäume, Steine, eine Fee, ein Schutzengel oder auch etwas ganz anderes. Wie sieht Ihr innerer Helfer aus? Ist er nahe oder fern? Wie fühlt sich ihr innerer Helfer an? Spricht Ihr innerer Helfer zu Ihnen? *Pause.*

Spüren Sie jetzt, wie Ihre hilfreichen Wesen Ihnen zur Seite stehen, ... liebevoll ..., schützend ... und tröstend ... für Sie da sind. Spüren Sie den Trost, die Geborgenheit und die Wärme – nehmen Sie die Sicherheit und Gelassenheit wahr, die von Ihrem inneren Helfer ausgeht. Spüren Sie die Kraft und die Stärke, die er auf Sie ausstrahlt. *Pause.*

Genießen Sie einen Moment dieses angenehme Gefühl und legen Sie sich innerlich ein Depot an, von dem Sie zehren können, wenn Sie Ihren inneren Helfer wieder verlassen und in Ihren Alltag zurückkehren. *Pause.*

Wenn Sie sich nun sicher und geborgen fühlen, bedanken Sie sich bei Ihrem inneren Helfer und verabschieden Sie sich von ihm. Sie können zu ihm zurückkehren, wann immer Sie wollen. Vereinbaren Sie mit ihm ein Zeichen, das Sie jederzeit zu Ihrem inneren Helfer zurückbringt. Vielleicht eine Berührung, vielleicht aber auch ein Wort, das diese ganze Szene beschreibt. Wenn Sie nun dieses Zeichen mit ihm vereinbart haben, dann berühren Sie sich mit diesem Zeichen oder sprechen Sie das vereinbarte Wort innerlich laut vor, während Sie an Ihren inneren Helfer denken. *Pause.*

In dem Wissen, dass Sie zu Ihrem sicheren inneren Ort jederzeit und überall zurückkommen können, wo und wann Sie es wollen, bitte ich Sie, sich für jetzt von dort zu verabschieden und in Ihrer Zeit hier, in diesen Raum zurückzukehren.

Sie beschließen, jetzt die Aufmerksamkeit nach außen zu lenken, Sie hören die Geräusche von außerhalb, spüren den eigenen Körper und spannen die Muskeln an; holen Sie tief Luft und nehmen Sie wieder Kontakt zu mir auf. (Modifiziert nach Sachsse 2004, S. 237)

Für beide Übungen gilt, dass sie umso besser gelingen, je öfter man sie übt und in der Not anwendet. Häufig braucht es eine Woche und länger, bis die Übung vertraut ist und funktioniert. Auf kleine Enttäuschungen am Beginn der Übungsphase der Imaginationen sollte der Patient unbedingt hingewiesen werden. Auch sollte mit ihm besprochen werden, wo und wann er täglich die Übungen macht, ob er sie mit einem Ritual verbindet, zum Beispiel Tagebuchschreiben, Meditieren oder Übungen aus dem Qi Gong machen – alles, was das beruhigende parasympathische Nervensystem aktiviert, ist hilfreich für Menschen, die ständig in einem mittleren Hyperarousal leben.

Als Letztes noch die Tresorübung. Sie hilft zum einen dem Patienten, aversive Traumaerinnerungen (innere Traumafilme, intrusive Bilder, Töne, Gerüche usw.) wegzupacken und Ambivalenzen, die manchmal inneren Helferobjekten anhaften, sicher zu verwahren, damit der Helfer nur gut ist. Zum anderen brauchen wir die Übung in der Traumaexpositionsphase, um Traumamaterial am Ende einer Sitzung (EMDR, Bildschirmtechnik, Ego-State-Arbeit usw.) wegzupacken, damit der Patient zwischen den Therapiesitzungen nicht überflutet wird.

Tresorübung
Bitte schauen Sie in Ihrem Inneren, ob es dort Dinge gibt, die Sie gerade bedrängen, Sie ablenken, sich Ihnen immer wieder aufdrängen und die Sie momentan einfach nur stören – unschöne Gedanken, Gefühle, Körperempfindungen oder Bilder.

- wenn es Bilder sind, stellen Sie sich bitte vor, Sie würden sie zu Polaroid-Fotos machen,
- wenn es Erinnerungssequenzen sind, können Sie diese Filme auf einem Video festhalten,

- wenn es Worte und Stimmen sind, dann speichern Sie diese auf einem Tonbandgerät oder einer Kassette ab,
- wenn es Gefühle sind, so können Sie ihnen eine Gestalt und eine Farbe geben. *Pause.*

Jetzt überlegen Sie einmal, wie ein Tresor beschaffen sein müsste, in den Sie diese Dinge sicher verpacken könnten. Er sollte ganz sicher sein, groß genug, und den Schlüssel dafür haben nur Sie allein. Vielleicht brauchen Sie so einen großen Tresor, wie Sie ihn aus Banken kennen, in den man hineingehen kann – mit vielen Regalen und Schubladen. Manche stellen sich eine einsame, abgelegene Höhle mit einer ganz festen Tür vor oder was auch immer für sie absolute Sicherheit bietet. Und jetzt packen Sie bitte die Dinge, die Sie stören, in diesen inneren Tresor und schließen Sie diesen sicher ab. Sie hören, wie das Schloss mit einem Geräusch einrastet – Klick – die Tür ist jetzt fest verschlossen. Rütteln Sie ruhig dran – es ist fest zu. *Pause.*

Wichtige Dinge werden wir im Rahmen der Therapie gemeinsam wieder hervorholen und gemeinsam in einem sicheren Rahmen betrachten und würdigen. Bis dahin sollen diese Dinge sicher weggepackt sein, bis Sie sich entschließen, sie hervorzuholen. Und jetzt prüfen Sie noch einmal, ob der Tresor wirklich sicher verschlossen ist. *Pause.*

In dem Wissen, dass Sie zu Ihrem sicheren inneren Tresor jederzeit und immer zurückkehren können, wo und wann Sie es wollen, bitte ich Sie, sich für jetzt von dort zu verabschieden und in Ihrer Zeit hier, in diesen Raum zurückzukehren.

Sie beschließen jetzt, die Aufmerksamkeit nach außen zu lenken, Sie hören die Geräusche von außerhalb, spüren den eigenen Körper und spannen die Muskeln an; holen Sie tief Luft und nehmen Sie wieder Kontakt zu mir auf. (Modifiziert nach Sachsse 2004, S. 240)

Manchmal fragt man sich, wie Patienten all die Verletzungen, Demütigungen und Verwirrungen überstanden haben, die ihnen von Menschen angetan wurden, von denen sie total abhängig und für die sie auch noch phasenweise eine verzweifelte Liebe empfunden haben. Warum dämmern die meisten nicht in chronischen Abteilungen von psychiatrischen Landeskrankenhäusern dumpf dahin, sondern versuchen verzweifelt, das Unaussprechliche zu ertragen? Neben dem schieren Überlebensinstinkt ist es eine innere Kraft, die Frederick und McNeal (1999) den Ego-State der »Inner Strength« genannt haben. Dieses ist ein Ich-Zustand, so alt wie die Menschheit, den wir in der Therapie vor uns haben, unveränderbar und der zum eigenen Selbst zugehörig erlebt wird. Diese innere Kraft können wir in der Stabilisierungsphase als eine sehr potente Ich-Stärkung nutzen und dem Patienten als eine hilfreiche Ressource zu Bewusstsein bringen. Ich nutze dazu eine hypnotherapeutische Übung, die ich von Woltemade Hartmann übernommen hatte. Sie geht zurück auf McNeal und Frederick (1993). Sie können mit dem Patienten ideomotorische Zeichen vereinbaren, damit er Ihnen Rückmeldung während der Imagination geben kann.

Skript: Der inneren Kraft begegnen
Tranceinduktion (siehe oben).
»Ich möchte Sie nun einladen, eine Reise in Ihr Inneres anzutreten, an einen Ort, der sich wie das innerste Zentrum des Seins anfühlt, einen Ort, an dem es sehr ruhig ist ... und friedvoll ... und still.

Wenn Sie an diesen Ort gelangen ... haben Sie vielleicht das Gefühl, dass Sie einen Teil von sich selbst finden ... einen Teil, den ich als *innere Kraft* bezeichnen werde.

Dieser Teil von Ihnen war seit dem Augenblick der Geburt immer da ... auch wenn Sie manchmal Schwierigkeiten haben, ihn zu spüren ... und er ist auch jetzt bei Ihnen. Dieser Teil ermöglicht Ihnen zu überleben ... und Hindernisse zu überwinden, wann immer Sie damit konfrontiert werden. Vielleicht wollen Sie sich einen Moment Zeit nehmen, um zu diesem Teil von Ihnen Kontakt aufzunehmen ... Dabei können Sie darauf achten, welche Bilder ... oder Gefühle ... welche Gedanken ... welche Körperempfindungen Sie mit Ihrer inneren Kraft verbinden. Und wenn jene Bilder oder Gedanken oder Gefühle oder Körperempfindungen oder was auch immer Sie bemerken, klar vor Ihrem inneren geistigen Auge stehen und wenn Sie das Gefühl haben, dass die Erfahrung für Sie abgeschlossen ist ... dann kann sich Ihr ›Ja‹-Finger erheben.

Und wenn Sie in Zukunft erneut mit der inneren Kraft in Kontakt treten wollen ... werden Sie feststellen, dass Sie das können, indem

Sie sich einfach diese Bilder, Gedanken, Gefühle und Körperempfindungen vergegenwärtigen, und wenn Sie dies tun, werden Sie wieder mit Ihrer inneren Kraft in Kontakt sein.

Und wenn Sie mit diesem Teil in Kontakt sind, werden Sie sich zuversichtlicher fühlen ... weil Sie sicher sind, dass Sie in sich alle Ressourcen haben, die Sie wirklich brauchen, um Schritte in die Richtung zu gehen, die Sie gehen wollen ... um sich Ziele zu setzen und sie zu erreichen ... und um zu erleben, dass Träume in Erfüllung gehen können. Wenn Sie mit diesem Teil in Kontakt sind, können Sie sich ruhiger und optimistischer fühlen und der Zukunft erwartungsvoll entgegensehen. [An diesem Punkt können spezifische Ziele, die der Patient dem Therapeuten genannt hat, erwähnt werden.]

Und in den nächsten Tagen und Wochen werden Sie vielleicht merken, dass Sie Ihrem Leben ruhiger und optimistischer gegenüberstehen ... und Sie werden feststellen, dass Sie zu jeder Zeit im Laufe des Tages zu Ihrer inneren Kraft in Kontakt treten können, indem Sie einfach einen Moment die Augen schließen, Ihre Hand zur Stirn führen, sich das Bild Ihrer inneren Kraft vergegenwärtigen und sich daran erinnern, dass Sie in sich ... alle Ressourcen haben, die Sie wirklich brauchen. Je öfter Sie auf diese Weise mit Ihrer inneren Kraft in Kontakt treten, umso stärker werden Sie Ihrem Selbst, Ihrer Intuition und Ihren Gefühlen vertrauen, und umso mehr werden Sie sich von ihnen führen lassen können« (Phillips & Frederick 2003, S. 122–123).

In dieser ersten Phase des SARI-Modells steht unsere Ego-State-Arbeit unter den Überschriften: Stärkung, Stabilisierung, Schaffung von Schutz und Sicherheit. Wir beginnen mit unserer Arbeit an der Stelle, an der wir beim Patienten die positivsten und ressourcenvollsten Ego-States vermuten. Der Weg dorthin führt über die Imaginationsübungen, die ich oben beschrieben habe. Mit ihnen verstärken und bahnen wir schon vorhandene, aber vergessene, sicherheit- und haltgebende Ego-States (die guten Mutterintrojekte) oder helfen dem Patienten, im Zuge der Imagination neue zu bilden. Die imaginäre Kontaktaufnahme mit dem »Inneren Kind« und die zunehmende Dialogbereitschaft helfen, das »Unaussprechliche« der geschehenen Ereignisse zu visualisieren und sich aus einer Erwachsenenposition damit in Bezug zu setzen.

Auch die psychoedukative Phase hatte nicht nur die Vermehrung kognitiven Wissens zum Ziel, sondern sollte auch zur Relativierung von Selbstanklage und negativer Symptombewertung dienen. Die Weckung eines Verständnisses dafür, dass traumabezogenes Verhalten wie Dissoziation, Selbstverletzung, Introjektion damals ein sinnvoller Schutz- und Überlebensmechanismus war, hilft, die eigene Erfahrung in einen neuen Rahmen zu stellen (»reframing«) und sie vom Geruch des »Verrückten« zu befreien.

Um am Ende der Stabilisierungsphase nicht den Überblick über die einzelnen Ressourcen und wichtigsten Ego-States meiner unterschiedlichen Patienten zu verlieren, trage ich die gewonnenen Erkenntnisse in ein Arbeitsblatt ein, welches Sie im Anhang finden (Anhang 4).

10.3.2 Schaffung eines Zugangs zum Traumamaterial und den damit verbundenen Ressourcen

Wenn wir nun den Eindruck haben, der Patient habe ein ausreichendes Maß an Stabilität und Sicherheit im Inneren und Äußeren erreicht, dann können wir uns an die Offenlegung der traumatischen Erfahrungen machen, aber immer mit einem Blick auf die zur Verfügung stehenden Ressourcen. Es gilt dabei ein wichtiger Merksatz: Ein traumatischer Ego-State kann nur dann die Bühne betreten, wenn schon ein ressourcenvoller Ego-State da ist; Yvonne Dolan hat das einmal »sicheres Erinnern« (safe remembering) (1991) genannt. Ich bevorzuge einen Wechsel in den Themenschwerpunkten der Sitzungen: eine Sitzung weiter konsequente Ressourcenarbeit, eine Sitzung Offenlegung und Rekonstruktion traumatischen Materials.

Neben den vorhandenen und reproduzierbaren Erinnerungen an das Trauma im autobiografischen Gedächtnis ist es aus meiner Sicht das Körpergedächtnis, welches die traumatische Erfahrung festhält – »The body keeps the Score« hat van der Kolk (1994) eine wissenschaftliche Arbeit zur Traumaerinnerung einmal überschrieben. Wie gelange ich dorthin, wo das Trauma im Körper des Patienten eingeschrieben ist?

Zuerst beginne ich in der »Ressourcenstunde« des Patienten mit einer positiven, konfliktfreien Erinnerung und bediene mich dabei des »Conflict-Free Somatic Imagery Protocol« von Maggie Phillips (2006).

Conflict-Free Somatic Imagery Protocol

Schritt 1
Um eine konfliktfreie somatische Erfahrung des Patienten identifizieren zu können, muss ich nach einem Bereich des Funktionierens im Alltag fragen, in dem der Körper relativ frei von Symptomen ist und der Patient keine Ängstlichkeit und Furcht verspürt.

Meine Instruktion lautet:

»Denken Sie bitte jetzt an eine Zeit in Ihrem täglichen Leben, wenn der Körper sich so anfühlt, wie Sie es sich immer wünschen – Sie verspüren keine Angst, Furcht oder Anspannung. Dieses sollte ein Augenblick sein, wo all Ihre Energie positiv auf etwas gerichtet ist und sie nur positive (oder neutrale) Gefühle über sich oder Ihren Körper registrieren.«

Schritt 2
Kann der Patient so einen inneren Zustand erinnern, dann helfe ich ihm, daraus ein konfliktfreies Bild/Imagination zu machen. Dieses entstandene Bild wird nun getestet, ob es wirklich nur positive (oder neutrale) Gefühle enthält. Negative Empfindungen können abgetrennt werden und mit der Methode »Verpacken von Gefühlen« und »Tresortechnik« verwahrt werden (Entgiftung positiver Bilder). Gelingt das nicht, zurück zu Schritt 1.

Das nun ganzheitlich konfliktfreie Bild soll dann in leichter Trance imaginiert und verankert werden. Wer mit EMDR arbeitet, kann das Bild mit sechs bis zehn langsamen Augenbewegungen verstärken.

Schritt 3
Bitten Sie den Patienten, an eine nicht traumatische, aber ängstigende Situation zu denken (Belastungsgrad: mittel); wenn die Erinnerung da ist, soll er sofort das konfliktfreie Bild darüberblenden. Das konfliktfreie Bild muss stärker sein als die Angsterinnerung, sonst zurück zu Schritt 1.

Schritt 4
Noch einmal mit EMDR das konfliktfreie Bild ankern und verstärken.

Die Erkundung der Ego-States des Patienten
Jetzt ist es auch Zeit, sich einen Überblick zu verschaffen, welche Ego-States der Patient selbst in sich verorten kann. Zu der Identifikation der inneren Anteile können verschiedene Methoden eingesetzt werden.

Die Landkarte der Ego-States

- Direkt fragen: was wissen Sie über Ihre inneren Teile?
- Was rührt sich in Ihnen, wenn Sie an … (Traumathema einsetzen) … denken? Gibt es eine innere Stimme, die sich meldet?
- Mapping: Huber (2003b) beschreibt eine Methode, eine innere Landkarte der Ego-States zu erstellen (S. 121 ff.).
- Gestaltung: Man kann Patienten bitten, die innere Familie zu zeichnen, aus Ton oder Plastilin zu formen oder einfach zu einem bestimmten Thema »herumzukritzeln« (»doodling«, wie Helen Watkins das nennt), um zu schauen, was das Unbewusste alles freigibt.
- Tagebuch schreiben, einen Brief an die innere Familie schreiben, mit Handpuppen die Teile darstellen usw.

Wenn man die Ego-State-Arbeit mit einer Übung aus der imaginativen Traumatherapie nach Luise Reddemann verbinden will, hat sich der Einsatz der Imaginationsübung »Inneres Team« sehr bewährt, die ich Ihnen in leicht veränderter Form vorstellen will.

Übungen zur inneren Selbst-Familie
Leichte Trance
Bitte begeben Sie sich in Gedanken in einen großen, hellen Raum … einen Raum, der für Sie nur angenehm ist … sehen Sie sich um … nehmen Sie alles ganz genau wahr … und wenn alles für Sie in diesem Raum in Ordnung ist, nehmen Sie an einem großen runden Tisch in der Mitte des Zimmers Platz … ein Platz, gegenüber einer Tür, die noch verschlossen ist. Sollte etwas nicht in Ordnung sein, verändern Sie es aktiv so lange, bis Sie sich in diesen Raum nur wohlfühlen können.
Pause.
Sie sitzen in diesem Raum, in einem Zustand von Ruhe und Entspannung … und gleichzeitig der freudigen … und neugierigen Erwartung, was sich in den nächsten Minuten ereignen wird … Sie sitzen

hier als der bewusste und handelnde Teil Ihrer Erwachsenenpersönlichkeit, der für die Organisation des täglichen Lebens zuständig ist ... der Teil, der Sie heute früh hierher gebracht hat, der Ihr Leben vernünftig plant, Zeitung liest, Auto fährt, Steuern zahlt und erwachsene Entscheidungen trifft. *Pause.*

Hier an diesem Tisch wissen Sie aber auch ... dass es Teile in Ihnen gibt ... die Sie mehr oder weniger gut kennen ... Teile, die Ihnen gut vertraut sind ... Teile, die Sie nur ahnen und die Ihnen auch gänzlich unvertraut oder gar suspekt sind ... und Teile, die Ihnen ein gewisses ungutes Gefühl bereiten ... Sie wissen aber, dass alle diese Teile zusammen Sie als Person ausmachen ... mit all Ihren Ecken und Kanten, Ihren Stärken und Schwächen ... und dass alle Teile Ihres Selbst zusammen Ihnen ein Gefühl von Kontinuität und Zusammengehörigkeit geben ... Teile, die aber für sich genommen eigene Erfahrungen Ihres Lebens repräsentieren, spezielle schöne und schlechte Erinnerungen ... spezielle Gefühle und Körperempfindungen. *Pause.*

Sie sitzen an diesem Tisch und sind mit einer Frage beschäftigt ... einer Frage, die schon lange eine große Wichtigkeit für Sie hat und für deren Beantwortung Sie sich Unterstützung wünschen ... zur Beantwortung dieser Frage möchten Sie vielleicht Ihr ganzes inneres Team um sich versammeln ... an diesen Tisch ... in diesen Raum, und Sie schauen erwartungsvoll auf die Tür, durch die gleich alle diejenigen Teile von Ihnen kommen werden ... die bereit sind, in den Vordergrund zu treten. *Pause.*

Nehmen Sie sich die Zeit, die Sie brauchen, alle diese Teile von sich um den großen Tisch zu versammeln. *Längere Pause.*

Wenn nun alle diese Teile von Ihnen ... in welcher Gestalt, Form und Farbe sie auch immer gekommen sein mögen ... um den Tisch versammelt sind, dann bitte ich Sie ... an Ihre innere Selbst-Familie die Frage zu stellen, bei deren Beantwortung Sie Unterstützung brauchen. *Pause.*

Hören Sie sich in Ruhe und mit der notwendigen Distanz all die Antworten und Ratschläge an, die Sie von den einzelnen Mitgliedern Ihrer inneren Selbst-Familie erhalten. Alle Ratschläge, alles, was gesagt wird, kann für Sie wichtig sein, auch wenn Sie es vielleicht im Moment noch nicht verstehen können ... nehmen Sie alles an ...

weisen Sie erst mal nichts zurück und verwahren Sie es in Ihrem Gedächtnis. *Pause.*

Wenn Sie das Gefühl haben, jetzt von Ihrer inneren Familie genug bekommen zu haben, verabschieden Sie diese Ihre inneren Teile Ihres Selbst ... bedanken Sie sich für die Ratschläge und hilfreichen, aber vielleicht auch kritischen Anmerkungen, die Sie erhalten haben, und schließen Sie hinter dem Letzten die Tür. *Pause.*

Genießen Sie für einen Moment den Augenblick, hier in diesem inneren Raum, allein sein zu können. *Pause.*

Verabschieden Sie sich von der Szene ... werfen Sie einen letzten Blick auf diesen Ort der inneren Konferenz und kommen Sie nun mit Ihrer Aufmerksamkeit wieder hierher ... in diesen Raum ... diesen Stuhl, auf dem Sie sitzen, und nehmen Sie langsam wieder zu mir Kontakt auf. (Modifiziert nach Reddemann und Sachsse 1997)

Arbeit mit Bühnenmetaphern
Bevor ich nun zu den »Brücken-Techniken« komme, noch eine Variante der Metapher von der inneren Bühne, auf der sich das psychische Geschehen abspielt. Sie können den Patienten in eine leichte Trance versetzen und dann bitten, sich eine Theater-Bühne oder eine Kinoleinwand in einem »Lichtspiel-Theater« (ein ziemlich altmodisches Wort) vorzustellen; er und Sie sitzen in dem sonst leeren Theaterfoyer und blicken auf die Bühne respektive Leinwand. Um das Thema, zu dem Sie Erinnerungen sammeln wollen, einzukreisen, können Sie nach dem Titel des Theaterstückes/Filmes fragen. Wenn es klar ist, um was für eine Inszenierung es geht, dann sagen Sie im Falle der Theaterbühne:

»Alles ist nun bereit, wir schauen auf die offene Bühne ... Arbeitslicht ... und sind gespannt, wer die Bühne als Erster oder Erstes betreten wird. Stellen Sie sich vor, eine Tür hinten im Bühnenraum hat sich gerade geöffnet ... sie fällt ins Schloss ... Sie hören Schritte ... von links oder von rechts? ... jetzt tritt jemand aus dem Halbdunkel ins Licht ... lassen Sie mich wissen, wenn jemand auf die Bühne gekommen ist ... beschreiben Sie bitte, was Sie sehen.«

Diese kleine Übung können Sie natürlich Ihrem Stil und der Persönlichkeit des Patienten angepasst modifizieren. Wichtig ist, einen Rahmen zur Imagination (Bühne, Leinwand, Fernsehbildschirm, Waldlichtung usw.) vorzugeben, den Patienten in eine distanzierte Position zu bringen, Ihre Begleitung und Nähe auf dem Platz neben ihm anzubieten und ein Spannungsmoment aufzubauen, damit der Patient neugierig wird. Wichtig ist, dass keine Traumaszenen oder Traumafilme ablaufen, sondern nur Ego-States erweckt werden. Es geht mir in dieser Phase um imaginative Symbolisierung, um Visualisierung der inneren Anteile und noch nicht um das Durcharbeiten von Traumasequenzen. Aus diesem Grund ist es hilfreich, die Position des Betrachters zu stärken, damit dieser (mit Ihrer Hilfe) auf der Bühne, z. B. als Regisseur, eingreifen kann.

Bei sehr ängstlichen und beunruhigten Patienten bediene ich mich des Fernsehschirms, der als imaginierter großer Plasmabildschirm an der Wand hängt. Der Patient sucht sich einen für ihn gut erträglichen Abstand zum Schirm, hat in der rechten Hand die Fernbedienung, mit der er das Bild, den Ton, die Farbe usw. verändern kann. So können die spontan auftretenden Ego-States modifiziert werden.

»Home base/Work space«-Technik
Carol Forgash hat sich in mehreren Veröffentlichungen und Workshops (2002, 2004a + b, 2005) bemüht, die Ego-State-Arbeit und das EMDR zu integrieren; von ihr möchte ich eine Technik weitergeben, die sie »Home base/Work space« nennt. Ziel ist es, dem Patienten und dem Ego-State-System zu helfen, sichere und stabile innere Strukturen aufzubauen, die dem Management des Alltags und der Symptome dienen, aber auch die Grundlage zu schaffen, dass diese Struktur für eine spätere Traumaexposition genutzt werden kann.

> **Schritt 1: Einen Raum zum Leben und Spielen für das Ego-State-System schaffen**
> Dafür wird der Patient aufgefordert, sich einen Ort vorzustellen, der als eine Metapher die »home base« (den sicheren Hafen) aller Ego-States abgeben könnte: ein Platz in der Natur, ein Haus auf dem Lande, am Strand, eine Waldhütte, ein Raum in der Wohnung des

Patienten usw. Dieser imaginierte Ort sollte sich von den realen Orten des Patienten unterscheiden, an denen dieser Ruhe und Entspannung finden kann. Dieser Ort wird nun imaginiert und, wenn Sie EMDR-Therapeut sind, mit langsamen Augenbewegungen verstärkt. An dieser Stelle werden Sie bemerken, dass einige Selbstanteile des Patienten sich als innere Stimmen bemerkbar machen und deutlich demonstrieren, dass sie mit so einer »verrückten« und »blöden« Idee gar nicht einverstanden sind. Ein Patient, der in einem chaotischen, missbräuchlichen Elternhaus aufgewachsen ist, hat das ja gerade zeitlebens vermisst – aber auch immer ersehnt. Für die überkritischen Verfolgerintrojekte kann man noch mal darauf hinweisen, dass das Ganze ja nur eine Vorstellung ist, eine Art Gedankenspiel, eine Idee im Kopf des Patienten, und dass man auch Sie herzlich einlädt, sich an der Gestaltung zu beteiligen – bei allem Respekt für Ihre Distanzierungswünsche, die wir voll respektieren.

Wenn der Aufbau einer »Home base« gelungen ist, müssen wir einen Ort schaffen, an dem die therapeutische Arbeit (»Work space«) stattfinden soll. Das kann ein Konferenzraum, ein Wohnzimmer oder ein anderer gemütlicher Raum im Haus sein oder außerhalb davon auf einer Wiese, einem extra angebauten »Diskussionsschuppen« oder was auch immer. Was wir brauchen, sind: ein großer ovaler Tisch als Konferenztisch, viele leere Stühle. Sehr bewährt hat sich eine Leinwand oder ein Fernsehapparat, damit man Filme aus der Vergangenheit, Gegenwart und Zukunft zeigen kann. Für viele im Schrecken der Vergangenheit lebende Ego-States ist es gar nicht vorstellbar, dass der Patient heute relativ sicher ist. Aus diesem Grund ist ein Kalender an der Wand mit dem aktuellen Datum wichtig.

Schritt 2: Die beiden Räume in der Imagination nutzen
Ziel ist es, sich immer wieder zu Zusammenkünften im Konferenzraum zu treffen. So lernt der Patient sein Ego-State-System zunehmend kennen, er erfährt, wer welche Funktion hat, wer welche Erinnerungen der Vergangenheit trägt und wer sich hinter den inneren Stimmen verbirgt. Auch wenn nicht alle Ego-States bereit sind, sich zu zeigen, so wächst doch ein Gefühl dafür, dass hinter einer bestimmten Stimmung, einem Symptom oder einem Flashback ein noch un-

> bekanntes Ego-State stecken könnte. Die Reaktionsbreite der Gefühle bei diesen Treffen entspricht der üblichen bei realen großen Familienereignissen: Freude, sich zu sehen, Spass, Ärger, Missgunst, Neid, Hass, Entwertung usw. Ziel dieser Übung ist es, die Diskussion untereinander zu fördern, Informationen auszutauschen und das Zusammengehörigkeitsgefühl zu stärken.

Wem diese Arbeit mit Ego-States am runden Konferenztisch zusagt, dem empfehle ich die Publikationen des Kanadiers George Fraser[26] (z. B. 2003), der die »Dissociative Table Technique« entwickelt hat – eine Revue kreativer Techniken, um die Ego-States rund um einen Konferenztisch miteinander in Kontakt zu bringen und intrasystemische Konflikte zu lösen.

Die Brücken-Techniken
Eine weitere Möglichkeit, um einen schonenden Zugang zum Traumamaterial zu eröffnen, sind die **Brücken-Techniken**. Der Grundgedanke dahinter ist, dass durch die Dissoziation – in der oben beschriebenen Frakturierung (Kapitel 4.3.3) während der traumatischen Stresssituation – Teile des ganzheitlichen Erlebens abgespalten wurden und dass diese H-A-K-K-B-B-Elemente nun einzeln oder gemischt in den traumagenerierten Ego-States der Opfer traumatischer Erfahrungen wieder auftauchen. Somit sind nicht nur einzelne Ego-States voneinander dissoziiert wie bei der DIS (verborgene Ego-States), sondern hier findet die Dissoziation innerhalb *eines* Ego-States statt. Dissoziation bedeutet, wie wir schon gesehen haben, die Aufteilung des Bewusstseins in Bruchstücke (im Englischen: compartmentalization of consciousness), sodass ein Teil des Selbst sich anderer Aspekte des Selbst nicht bewusst ist. Für einzelne Ego-States heißt dies: ein traumatisches Ereignis erinnern können ohne Affekt, eine flashbackartige Körpererinnerung ohne irgendeinen biografischen Bezug, ein Handlungsimpuls ohne Gefühlsauslöser usw. Ziel ist es bei der Nutzung der Brücken-Technik, die Hier-und-Jetzt-Manifestation eines Affektes, körperlichen Empfindung, eines Bildes, Verhaltens oder Kognition bewusst wahrzunehmen,

---

[26] Weitere Informationen über Georg Fraser finden Sie unter www.anxietyandtraumaclinic.com.

diese Ego-State-Komponente in Trance zu verstärken und spontane Assoziationen zu anderen Ego-State-Komponenten, inklusive historischer und anamnestischer Bruchstücke, zu initiieren. Wichtig dabei ist: Dies ist eine Zeitbrücke, die wir anstoßen, und keine Brücke zu einem anderen, bis dato verborgenen Ego-State.

Wir unterscheiden drei verschiedene Ebenen der damit verbundenen Altersregression (Zeitregression):

- **Die kognitive Brücke:** Durch diese Brücke regen wir den Patienten an, Gedanken und Bilder aus dem Hier und Jetzt zurück in die Vergangenheit zu verfolgen, wo diese ihm schon einmal begegnet sind.
- **Die Affekt-Brücke:** Diese Technik wurde 1971 von John Watkins erstmals beschrieben. Das Ziel dieser Technik ist es, von augenblicklich erlebten und benannten Gefühlen in Trance eine Assoziationskette in die Vergangenheit zu schlagen, hin zu anderen Situationen aus der Biografie des Patienten, die meist eine analoge oder komplementäre affektive Tönung haben. Dies erlaubt dem Patienten zu erkennen, dass seine Gefühle zu einem früheren Ursprungsereignis gehören, um das sich ein Ego-State gebildet hatte.
- **Die somatische Brücke:** Diese Technik wurde entwickelt, um ein Symptom (Schmerz oder unangenehme Körpersensationen wie Tinnitus, Bauchkrämpfe, Schwindel usw.) für sich sprechen zu lassen, eine Art Symptomdialog. Durch diese Anthropomorphisierung von Symptomen gelingt es, etwas über ihre Entstehung, Zweck und Ziele zu erfahren.

Wenn wir uns mit den kinästhetischen Qualitäten unseres Körpers beschäftigen, aktivieren wir Körpererinnerungen, die uns wie ein Tiefenradar zu frühen traumatischen Erfahrungen oder anderen unbewussten Gedächtnisinhalten führen können. Der ganze Körper und nicht nur das Gehirn ist der Container für das unbewusste Erleben. Der Körper verschlüsselt mit einem physikalisch-chemischen Code die gelernten Symptome, neurotischen Abwehrmechanismen und Reaktionsmuster im limbisch-hypothalamischen System. Heilung geschieht dadurch, dass wir Zugang zu diesen verschlüsselten, gelernten Reaktionen bekommen, indem wir der affektiven oder somatischen Brücke zurück zu dem mentalen Zustand folgen, in dem diese erzeugt wurden (zustandsabhängiges Lernen), um sie dann in einen neuen Zusammenhang zu stellen (reframing).

Um Ihnen einen Eindruck von der Instruktion zu geben, die man bei der Affektbrücke verwendet, wähle ich ein Fallbeispiel von John Watkins, das dieser in dem Ego-State-Lehrbuch (2003) anführt. Er beschreibt einen jungen Mann mit Autoritätsängsten und gibt ihm folgende Suggestion:

»Deine Angst ist sehr groß. Alles andere tritt dahinter zurück. Du vergisst alles, was mit dem Büro und dem Personalchef zu tun hat. Alles, was du zu empfinden imstande bist, ist Angst, Angst, Angst. Du reist nun in der Zeit zurück, wie mit einer Eisenbahn, deren Schienen aus nichts anderem bestehen als Angst. Du gehst zu einer Zeit zurück, in der du diese Angst zum ersten Mal verspürt hast. Wo bist du? Was geschieht?« (S. 156)

Bei der Somatisierungsbrücke ist das Vorgehen sehr ähnlich, nur sagt man dem Patienten, dass er zurückkreisen soll an den Punkt der Vergangenheit, an dem das Symptom das erste Mal aufgetaucht ist.

In den nächsten Abschnitten wollen wir uns nun mit dem Durcharbeiten des traumatischen Materials beschäftigen.

10.3.3 Die Auflösung der traumatischen Erfahrungen

In den letzten Jahren setzt sich immer stärker die Meinung durch, dass ein Wiedererleben des Traumas mit anschließender kathartischer Abreaktion allein nicht ausreicht, die traumatische Erinnerung langfristig ins biografische Gedächtnis zu integrieren. Im Gegenteil, es kann eine ungesteuerte Abreaktion auch zu einer Retraumatisierung führen mit Verschlechterung der Symptomatik. Es ist nur zu begrüßen, wenn Phillips und Frederick (2003) schreiben: »Augenblicklich herrscht die Meinung vor, dass der primäre Fokus bei der Offenlegung traumatischen Materials auf der Integration und Regulation der Affekte mit dem Ziel der Verbesserung der Selbstkontrolle liegen sollte, also weniger auf der emotionalen Entladung und dem emotionalen Ausdruck« (S. 73). Die heute gängigen Methoden (neben der Traumakonfrontation in der kognitiven Verhaltenstherapie) kreisen um diese drei Schritte: Offenlegung, Durcharbeitung und Integration des traumatischen Materials.

Um dies zu bewerkstelligen, sind die »Bildschirmtechnik«, das EMDR und die hypnoanalytischen Techniken der Ego-State-Therapie nötig. Dass ich übertragungszentrierte Verfahren, wie die Psychoanalyse, hier nicht erwähne, soll bedeuten, dass ich, wie schon öfters erwähnt, dieses Verfahren für wenig effektiv, ja sogar kontraproduktiv erachte. Im Folgenden werde ich mich auf die Darstellung der hypnoanalytischen Techniken von Watkins und Kollegen beschränken.

Bei den nicht hypnotischen Techniken zur Erweckung von Ego-States habe ich die von Helen Watkins entwickelte Stuhltechnik beschrieben. Wenn der Patient beginnt, einen Dialog zwischen den einzelnen Ego-States zu initiieren, er im Rollentausch zwischen Stühlen Meinungen austauscht, Probleme erörtert und den Platz von Stühlen zueinander verändert, dann ist das das Gleiche, wie wenn unter Hypnose einzelne Ich-Zustände miteinander sprechen und das System beginnt, sich zu integrieren. H. und J. Watkins schreiben dazu: »Jeder Stuhl, der von dem Klienten eine Bezeichnung bekommen hat, muss gehört werden, indem er einen anderen Stuhl anspricht. Jetzt findet Interaktion statt. [...] Wenn ein kleines Kind weint, dann ist es hilfreich, sich neben dem Stuhl niederzukauern, um nicht so groß zu sein, oder diesen Gefühlszustand an der Schulter zu fassen. Jeder Ich-Zustand muss wissen, dass Sie da sind, nicht um das Problem zu lösen, sondern um Zeuge zu sein. Der Therapeut/Therapeutin sagt sehr wenig, abgesehen davon, dass er/sie den Patienten auffordert, sich immer wieder auf einen anderen Stuhl zu setzen. An einem bestimmten Punkt ist der Prozess abgeschlossen, es kommt zu einer Lösung...« (2003, S. 175).

Nicht wir finden eine Lösung für den Patienten – auch wenn hilflose Ego-States versuchen, uns an diesem Punkt in die Pflicht zu nehmen –, sondern der Patient soll versuchen, sein inneres Gleichgewicht neu auszutarieren. Wenn ich den Patienten anleite, sein inneres Kind zu trösten, dann ist das so, wie wenn Freud den Patienten zum Probehandeln auffordert. Aber meist ist gerade das Leichte schwer: Die erschöpfende Arbeit in dieser Phase besteht darin, dem Patienten zu helfen, seine abgelehnten, verhassten inneren Kindanteile anzunehmen, zu trösten und, wenn sie sich bedroht fühlen, in Sicherheit zu bringen. Wir dürfen nicht vergessen: Je jünger das Kind war, als die pathologische Introjektion oder das Trauma geschah, umso infantiler und »primitiver« ist das daraus resultierende Ego-State; die Ego-States frieren an diesem Punkt der Entwicklung ein und nehmen an der weiteren Reifung der Persönlichkeit nicht teil und umso tiefer ist das Introjekt in die Textur des Selbst verwoben.

Watkins schreibt über die Schwierigkeiten, die Objektbesetzung von dieser Introjektion zu entfernen: »Sie abzuziehen ist der größte Teil der Arbeit, den wir mit unserer psychologischen Chirurgie vollbringen müssen. Wie schmerzhaft sie auch sein mag, so unglücklich sie das Individuum auch macht, sie zu besitzen, es hängt daran wie ein Ertrinkender am Strohhalm. Der Therapeut, der versucht sie anzugehen, muss mit grenzenlosem Widerstand rechnen, wenn er sie beseitigen will« (J. Watkins 1978, S. 401).

Warum sind diese Widerstände so hartnäckig und was kann man tun?

Stellen wir uns vor, eine 35-jährige Patientin hatte sich gut in der Phase 1 stabilisiert und Zugang zum traumatischen Erinnerungsmaterial aus der Zeit um das sechste Lebensjahr in der Phase 2 bekommen, im dem sie mehrfach vom Onkel, der mit im Haus lebte, sexuell missbraucht worden war. Der Erwachsenenanteil von Gabriele C. zeigte Wut, Verzweiflung und Trauer darüber und konnte diese auch ausdrücken; dies führte aber dazu, dass die fünfjährige kleine verängstigte Gabi vermehrt mit Panikattacken reagierte und sich vor Strafe durch den »Onkel Ferdinand«, ihrem Missbraucher, fürchtete. Wenn ich mit der kleinen Gabi Kontakt aufnahm, konnte ich mich von einigen kognitiven Mustern überzeugen, die vor 30 Jahren geprägt wurden und einem kindgerechten Denken einer Fünfjährigen entsprachen. Heute im Jahre 2006 glaubte die fünfjährige Gabi in der Patientin:

- der Missbrauch kann jeden Augenblick wieder passieren, es ist keine Zeit seit jeher vergangen, ich bin weiter in Gefahr (Zeit-Sperre),
- ich kann mich nicht wehren, es gibt keinen sicheren Ort (Ort-Sperre),
- wenn ich mich wehre, wird es noch schlimmer, wenn ich total brav bin, geht alles schnell vorbei (Affekt-Sperre),
- ich bin selber schuld, ich habe etwas falsch gemacht, ich habe Wut gezeigt (Schuld-Sperre) und

- wenn ich darüber rede und »unser Geheimnis« ausplaudere, geschieht Mama oder Papa etwas Schlimmes (Kontakt-Sperre).

Das ist die kognitive Denkwelt der kleinen Gabi vor 30 Jahren im Moment der sexuellen Gewalterfahrung und des kindlichen Gabi-Ego-States heute in der Patientin in der Therapiesitzung. Mit Logik richtet sie gegen diese fünf Sperren gar nichts aus, wenn z. B. der Erwachsenenteil der Patientin oder, noch »schlechter«, der Therapeut der kleinen Gabi versuchen würde klarzumachen, dass die Zeiten sich geändert haben und heute 2006 keine Gefahr mehr besteht, da Onkel Ferdinand nicht mehr da ist. Die Lösung muss sich dem Denkmuster der Fünfjährigen anpassen und kindgerecht – das heißt: dem Kind gerecht werden – sein.

Was gibt es für Möglichkeiten?

1. Das Kind schützen, wenn Erwachsene über Sachen reden, die nicht gut für Kinderohren sind. In diesem Fall hieße das, das Kind an einen »sicheren Ort« bringen, es zu Hause lassen, wenn die Erwachsenen beschließen, über Onkel Ferdinand zu reden; in der Fantasie eine Tarnkappe stricken, unter der man sich verbergen kann.
2. Ein älteres Kinder-Ego-State aus der Zeit nach Beendigung des Missbrauchs suchen, welches sich um die Fünfjährige kümmert und mit einem größeren Weitblick und mehr Lebenserfahrung zur kognitiven Umstrukturierung beiträgt. Es wäre auch sinnvoll, ein Helfer-Ego-State zu suchen oder zu imaginieren, welches das Kind unterstützt.
3. Die »Home base/Work space«-Technik von Carol Forgash einführen, wie ich sie oben beschrieben habe, und der Fünfjährigen ein Video vom heutigen Leben der Gabriele C. zeigen.
4. Der innere Beobachter: Wenn die Erinnerung an den Missbrauch für die Fünfjährige zu belastend ist, kann man sie an den sicheren Ort bringen und die Traumaexposition mit der Beobachtertechnik nach Luise Reddemann durchführen (siehe Reddemann 2004, S. 154 ff.).

Ziel dieser dritten Phase ist, um es in der Sprache der Hypnotherapeuten auszudrücken, die Reassoziierung dissoziierter Erfahrungen.

Etwas einfacher ausgedrückt heißt das: Die durch den emotionalen Schock des Trauma zerborstene ganzheitliche Wahrnehmung des Erlebens (BASK-Modell) muss aus ihren bruchstückhaften Komponenten der inneren Bilder, Körperempfindungen, Affekten, Kognitionen usw. wieder rekonstruiert, in Wachbewusstsein gehoben und neu prozessualisiert werden. Judy Herman schreibt: »Zusammen mit seinem Therapeuten muss der Patient seine bruchstückhaften Erinnerungen und seine eingefrorenen Gefühle ganz allmählich zu einem geordneten, detaillierten und chronologischen Tatsachenbericht zusammenfügen...« (1994, S. 249).

Im Zuge der Integration des traumatischen Materials besteht der eigentliche Schritt zur Heilung darin, durch unsere therapeutische Assistenz dem Patienten zu helfen, die wiedergewonnenen dissoziierten Traumaerinnerungen zu transformieren – eine emotional korrigierende Neuerfahrung könnte man das nennen. John Watkins schreibt dazu: »Es muss eine Veränderung, eine korrigierende Handlung erfolgen, entweder in der Fantasie oder in der Realität, und diese muss mehr beinhalten als eine kognitive Einsicht. Patienten müssen ihr Verhalten im regredierten Zustand so umorientieren, dass sich ihre Situation verändert und sie an das Geschehen eine positive Erinnerung zurückbehalten statt des Gefühls, versagt zu haben« (1992, S. 65).

Stellvertretend für verschiedene Techniken zur emotionalen Neuerfahrung (siehe Phillips und Frederick 2003, S. 183 ff.) möchte ich eine Vorgehensweise von Watkins vorstellen, die ich in der Therapie sehr gerne benutze. Er nennt sie: Erwachsene Ich-Zustände als Helfer (Watkins und Watkins 2003, S. 167).

Erwachsene Ich-Zustände als Helfer
Die Idee dahinter ist, dass ein erwachsener Ego-State in die Reinszenierung der traumatischen Szene eingreift und das bedrohte kindliche Ego-State rettet. Der Patient kann zwar sehen, was ihm als Kind widerfahren ist, muss es aber nicht noch einmal nacherleben. Die Idee funktioniert folgendermaßen:

Wir führen den Patienten in eine leichte Trance und geben die Anweisung, er möge sich einen angenehmen Raum vorstellen, an dessen einen Seite sich ein Einwegspiegel befindet. Von diesem sicheren Ort aus kann der Patient sehen, was auf der anderen Seite des Spiegels passiert. Wir suggerieren nun dem Patienten, er sähe auf der anderen Seite den Keller, den Dachboden, das Badezimmer damals in »Obertraumbach« usw. – ein Ort, der mit dem Trauma im Wachbewusstsein verbunden ist. Der Therapeut könnte sagen: »Schau genau hin, was jetzt auf der anderen Seite passiert … sind da Menschen? Berichte bitte, was du siehst!« Wenn der erwachsene Teil nun die Missbrauchsszene beobachtet, schlägt Watkins vor zu sagen: »Du weißt, dass du dir das nicht mehr gefallen lassen musst. Du kannst dorthin gehen und sie retten.« In diesem Moment besteht für den Patienten die Möglichkeit, in das Geschehen einzugreifen und den Ausgang der Szene zu beeinflussen. Vielleicht findet er eine Tür, um in den anderen Raum zu gelangen, oder er durchbricht den Spiegel. Im Anschluss daran sollte der Erwachsene den Kinder-Teil an den sicheren Ort bringen und für Schutz sorgen.

Wenn der Erwachsene im hypnotischen Zustand nicht in der Lage oder willens ist, dem Kind in der Traumaszene zu helfen, dann kann versucht werden, einen älteren, stärkeren Teil zu aktivieren oder einen inneren Helfer, der bereit ist, diese Aufgabe zu erfüllen. Wenn der Patient meint, dass da niemand sei und auch keiner komme, um zu helfen, dann mache ich mir den Rat von Watkins zu eigen und sage: »Du musst es wirklich wollen, dass jemand kommt!« Warum funktioniert das meistens? Weil nicht der Erwachsene, sondern das Kind in der Missbrauchsszene hinter dem Spiegel das Gefühl erzeugt hat, es kommt so und so niemand. Das resultiert aus der Erfahrung, vom Täter massiv entwertet worden zu sein und damit auch nicht wert zu sein, Hilfe zu erhalten und gerettet zu werden. Es ist das Täterintrojekt, welches durch das Kind spricht: Leider, leider … niemand da, der dem kleinen Luder helfen will. Durch den Appell »Du musst es wollen!« wird der Überlebenswille reaktiviert.

Emotionales Selbstmanagement verbessern
Diese Idee mit dem Einwegspiegel, hinter der die traumatische Szene abläuft, entspricht dem Grundprinzip einer anderen wichtigen traumatherapeutischen Methode, nämlich der Screen-/Bildschirm-Technik, wie sie vor allem von Lutz Besser in Deutschland gelehrt wird.

In der Ego-State-Arbeit schlage ich eine Variante der »Einwegscheibe« vor, deren Entstehung ich kurz beschreiben will.

Bei meiner Beschäftigung mit kognitiven Strategien zur Emotionskontrolle bei Borderline-Patienten bin ich auf Arbeiten von Kevin Ochsner von der Columbia Universität von New York und Silvia Bunge der University of California, Davis, gestoßen (Ochsner et al. 2002, 2005, Bunge et al. 2001). Die beiden Forscher zeigten Versuchspersonen, deren Gehirn mittels funktioneller Magnetresonanztomografie (fMRT) untersucht wurden, abstoßende Bilder von Operationen, Amputationen, todkranken Kindern und zähnefletschenden Rottweilern. Die eine Gruppe der Versuchspersonen sollte sich die Bilder betrachten, die andere Gruppe sollte versuchen, sich mittels einer vorher gelernten Strategie zu distanzieren: Die Strategie verfolgte das Ziel, die »Geschichte hinter den Bildern« kognitiv umzuschreiben: das Gesehene zu reframen. »Die Operation hat dem Mann das Leben gerettet«, »Das Kind hat überlebt und ist heute gesund«, »Der Hund steht ganz weit entfernt hinter einem meterhohen Zaun«. Diese Strategie zeigte Wirkung: In dieser Gruppe war der präfrontale Kortex deutlich stärker aktiviert – die Hirnregion über den beiden Augenhöhlen, die für die exekutive Kontrolle zuständig sind (planen, entscheiden, umsetzen von Handlungen). Je aktiver dieser Bereich war, umso deutlicher nahm die Aktivierung des limbischen Systems, vor allem der Amygdala (negative Emotionen), ab. Wenn also Gedankenstrategien Gefühlsreaktionen beeinflussen können, so dachte ich, dann müsste man dieses auch in der Traumaexposition einsetzen können. Ich nutze diese Idee heute, indem ich den Patienten in Trance die traumatische Szene auf einem Fernsehschirm oder hinter dem Einwegspiegel beobachten lasse und ihn bitte, sich innerlich vorzustellen, wie im Fernsehen bei einem Börsensender oder bei CNN: unten am Bild oder der Spiegelscheibe läuft ein Lichtband mit der Distanzierungsbotschaft. Bewährt haben sich: »Ich habe überlebt« oder »Es ist alles vorbei, ich bin in Sicherheit«. Es ist auch möglich, eine positive Kognition, wie wir sie im EMDR oder in der Bildschirmtechnik verwenden, permanent durchlaufen zu lassen: »Ich bin liebenswert«, »Ich verdiene, geachtet und geliebt zu werden« usw. Um das emotionale Selbstmanagement zu verbessern, müssen wir diese Technik natürlich häufiger einsetzen.

Einsatz von Imaginationstechniken
Zum Schluss dieses Kapitels möchte ich noch ein paar Imaginationstechniken kurz vorstellen, die in dieser Phase der Modifikation und Transformation der traumatischen Erfahrung sehr wirkungsvoll sind.

1. **Nachträgliche Selbstbemutterung**
   Die Idee ist, dass es in Trance gelingt, eine Neukonstruktion der subjektiven Erfahrung einer anderen Kindheit oder einer anderen mütterlichen Bezugsperson zu implantieren. Diese Techniken des nachträglichen Nährens (renurturing) und der kreativen Selbstbemutterung finden sich bei Joan Murray-Jobsis 1990 a+b, Phillips 2004.
2. **Durch die Tür des Vergebens gehen**
   Diese Technik wurde 1990 von Helen Watkins beschrieben. Sie kann angewandt werden bei Patienten, die primär unter Schuldgefühlen in Bezug auf das Trauma und/oder den Täter leiden, um diesen ein Stück Erleichterung zu verschaffen (siehe Watkins und Watkins 2003, S. 171).
3. **Die Reise zur »Inneren Beraterin«**
   Dies ist eine innere Reise zu einem Ratgeber, der die Vergangenheit, die Gegenwart und die Zukunft kennt – eine Variante, wie wir sie aus vielen Märchen und Sagen kennen (z. B. Turandot). Es soll der innere Dialog gefördert werden mit dem Ziel, neue Möglichkeiten des Umgangs mit dem Trauma oder dem Missbrauch zu finden (siehe dazu Bresler 1990).
4. **Der »Innere Kontrollraum«**
   Nach Hammond (1990) kann man diese Technik benutzen, um negative Botschaften von Täterintrojekten zu entschärfen. Wenn die Patientin immer wieder in ihrem Inneren eine Stimme hört, die sagt: »Du bist schlecht, alle Frauen sind minderwertig, die musst hart bestraft werden«, dann wird in einem ersten Schritt diese Botschaft genau formuliert und schriftlich fixiert. In leichter Hypnose soll sich die Patientin wie in dem Film von Woody Allen »Was sie immer schon über Sex wissen wollten ...« einen Schaltraum, einen Kontrollraum im eigenen Gehirn vorstellen, in dem an einem Arbeitsplatz alle Überzeugungen, Einstellungen und Verhaltensweisen gespeichert sind. Dann wird die Patientin gebeten, an einem Schalt-

pult genau den Hebel, den Stecker oder die Datei in einem Computerprogramm zu identifizieren, der mit der negativen Botschaft verbunden ist. Ist dies geschehen, wird die Patientin aufgefordert, auf irgendeine Weise diese Verbindung zu trennen, den Hebel umzulegen, das Programm zu löschen usw. – wobei heute in der Computerära das Drücken des »Delet-Knopfs« am wirkungsvollsten ist. Dann soll die Leitung mit einer positiven Botschaft verbunden werden.

10.4 Integration der Traumaerfahrung in den Selbst- und Weltentwurf

Ziel dieser letzten Phase ist es, dem Patienten zu helfen, eine eigene Identität jenseits der Opferrolle zu schaffen, in der die Traumaerfahrung sich einordnet in eine Reihe wichtiger Lebensereignisse auf einer kontinuierlichen Lebenslinie. Dieses Ziel klingt für viele Patienten überzeugend und motivierend, wird aber, so zeigt es die Praxis, nur mühsam oder auch nur phasenweise erreicht – einigen Menschen, die sich existenziell verletzt fühlen, bleibt nur die Hoffnung, auf die Milde des Alters zu hoffen.

Hermann (1994) konnte bei ihren Behandlungen traumatisierter Frauen beobachten, dass es wichtig ist, viele Themen, die die erste Behandlungsphase bestimmt hatten, jetzt erneut wieder aufzugreifen, damit die Patientinnen lernten, sich um ihren Körper, ihre unmittelbare Umgebung und ihre Beziehungen zu anderen Menschen zu kümmern. Die innere Haltung dazu war aber eine ganz andere: Statt einer rein defensiven Position grundlegender Sicherheit versuchten sie nun eine produktive, befähigende und proaktive Haltung zu entwickeln. »Oft gelingt es Patienten, deren Entscheidungsfindung lange Zeit von einem ›geteilten Selbst‹ beherrscht war, an ihren Bestrebungen aus der Zeit vor Entstehung der inneren Teilung anzuknüpfen, oder sie entdecken überhaupt zum ersten Mal eigene Ambitionen und Wünsche« (Phillips und Frederick 2003, S. 74).

Für diesen Prozess der Integration und Konsolidierung des »geteilten Selbst« ist die von Watkins und Watkins entwickelte Ego-State-Therapie sehr gut geeignet, da sie sehr zielgenau in der Lage ist, die zur kreativen Bewältigung des Traumas genutzte Dissoziation durch Förderung der Kommunikation zwischen den Ego-States zu reduzieren. Ziel der Therapie sind die Integration der einzelnen Teile in die Selbst-Familie, die Förderung von Kommunikation zwischen den Teilen, das Erreichen von Co-Bewusstheit im System und nicht die Verschmelzung des frakturierten Selbst zu einem »wahren Selbst« – was immer das auch ist.

Noch einmal zur Erinnerung: Nach Emmerson (2003) kann man die Ziele der Ego-State-Therapie mit drei Auftragsbeschreibungen präzisieren:

1. Die Techniken der Ego-State-Therapie nutzen, um Ego-States im Patienten zu lokalisieren, die Schmerz, Trauma, Hass und Enttäuschung beherbergen, und solche schaffen, die mit Erleichterung, Wohlbefinden und Stärkung verbunden sind
2. Die Kommunikation zwischen Ego-States fördern, die wegen ihrer unterschiedlichen Bedürfnisse, Einstellungen und Wünsche zu innersystemischen Konflikten führen
3. Dem Patienten helfen, seine Potenziale und Ressourcen besser zu nutzen, indem er sich seiner unterschiedlichen Ego-States bewusst wird und er sie kreativ zur Verbesserung seiner Genuss- und Leistungsfähigkeit einsetzt.

Die letzten beiden Punkte stehen nun in der Phase des Durcharbeitens des traumatischen Erlebens, bei zunehmender Distanzierung von den überwältigenden physiologischen Reaktionen, im Vordergrund. Ideal wäre es, wenn der Patient am Ende der Therapie sagen könnte: »Ich bin mit mir im Reinen« oder »Ich habe meinen inneren Frieden gefunden«. Am Anfang der meisten Therapien mit traumabasierten Borderline-Patienten stehen Sätze wie: »Ich hasse diesen Teil von mir, der immer so ängstlich ist« oder »Ich weiß nicht, was mit mir los ist, da ist ein Hass in mir, der mich schier zerreißt«. Bis zur inneren Befriedung ist es ein weiter Weg, und dieser vierte Teil im SARI-Modell nimmt manchmal die meiste Zeit in Anspruch.

Die Rolle des Therapeuten in der vierten Phase
Die Rolle des Therapeuten verändert sich nun wieder: War er bisher mehr in der Rolle des Beraters und Helfers für innere und äußere

Sicherheit und Expeditionsleiter zur Erkundung bekannter und unbekannter Trauma-Landschaften, so muss er nun in die Rolle des Verhandlers und Moderators schlüpfen. Sein Ziel sind die Verbesserung der Ego-State-Kommunikation, die Vermittlung zwischen Subgruppen und die Förderung einer »corporate identity« wie in einem großen Unternehmen.

Der Therapeut als Moderator der inneren Familie des Patienten braucht einen Blick für das Besondere jeden einzelnen States, seine Funktion und seinen Benefit für das Gesamtsystem. Die innere Gleichung des Therapeuten sollte an dieser Stelle radikal ressourcenorientiert, allparteilich und systemisch denkend sein.

Für die Rolle des Verhandlungsführers im Therapeuten hier ein paar Empfehlungen und Leitlinien für den Umgang mit den Ego-States des Patienten:

- **Respekt**
  Alle Ego-States müssen einander respektieren lernen, weil ein jedes einen Aspekt des gesamten Selbst-Systems ausdrückt. Ziel der Verhandlungsführung ist es, den Wert jeder dieser Haltungen als einander **gleichwertig**, aber **nicht gleichrangig** in einer bestimmten sozialen Situation begreiflich zu machen. Wenn ich morgen früh »Matheabitur« schreibe, ist es verständlich, wenn ich heute Abend Lust habe, meine Freunde in der Disco zu treffen, aber es ist nicht gerade sinnvoll. Werden diese unterschiedlichen Bedürfnisse nicht ernst genommen, sondern durch einen internen Kritiker entwertet, dann entstehen Disharmonie im System und zunehmend ein Mangel an Selbst-Akzeptanz und Funktionslust.

- **Rollenteilung und Zeiterleben**
  Ego-States, die sich durch eine soziale Rolle belastet fühlen, können diese an ein anderes Ego-State abgeben. Eine 50-jährige Patientin erlebte sich immer wieder klein, hilflos und angespannt, wenn sie ihren alten Eltern einen Wochenendbesuch abstattete. Das achtjährige Kind, das bei diesen Besuchen die Bühne betrat, erlebte immer wieder die ungelöste Vergangenheitsbeziehung, das Versagen in der Schule, die Angst um die drohende Scheidung der Eltern usw. Erst als die Patientin lernte, die hilflose Rolle des achtjährigen Ego-State mit der einer erwachsenen Frau mit zwei Kindern und einem an-

gesehenen Beruf zu tauschen und »die Kleine« bei diesen Wochenendbesuchen zu Hause zu lassen, begann sie die Zeit mit den Eltern zu genießen. Traumatisierte Ego-States kommen in der Regel dann nach vorne auf die Bühne, wenn sie eine Übereinstimmung der jetzigen Situation mit einer traumatisierenden Situation von damals vermuten – in unserem Fallbeispiel oben waren das der skeptische Blick der Mutter auf das neue Kleid der Patientin und die anschließende leicht ironische Bemerkung. Hier setzt die Fragetechnik des Moderators an, wenn er versucht, im System den Zeitunterschied zwischen damals und heute zu erfragen hinsichtlich Bewältigungsstrategien, innerer und äußerer Freiheiten und erworbener Unabhängigkeit.

- **Selbstheilungskräfte stärken**

Wie in einem guten Familien- oder Freundschaftssystem heißt Zusammengehörigkeit auch, von anderen Hilfe annehmen zu können und auch Hilfe anderen zuteil werden zu lassen. Dieses Problem zeigt sich zwischen verschiedenen Ego-States und noch mehr zwischen dem Erwachsenen-Selbst und einzelnen traumatisierten Kind-Anteilen. Diese Versöhnungsarbeit mit abgelehnten Aspekten unserer Persönlichkeit, versinnbildlicht in beschreibbaren Ich-Zuständen, ist die eigentlich Arbeit jeglicher Psychotherapie. Shirley Jean Schmidt, eine amerikanische Ego-State-Therapeutin aus Texas, hat hierfür eine Methode entwickelt, die sie in ihrem Manual »The Developmental Needs Meeting Strategy. An Ego State Therapy for Healing Childhood Wounds« beschreibt (2004). Sie geht davon aus, dass der Patient all die Ressourcen und Fähigkeiten bereits besitzt, die er braucht, um sich selbst zu trösten und zu helfen. Das Gehirn des Menschen besteht aus neuronalen Netzwerken; einige davon enthalten wünschenswerte Fähigkeiten und Charaktereigenschaften für den reifen Erwachsenen, andere beinhalten problematische Eigenschaften. Zwei kurze Imaginationen werden initiiert, wobei mithilfe einer Liste von 24 erwünschten elterlichen Fähigkeiten zwei Ressourcen-Ego-States kreiert werden: ein »Nährendes Erwachsenen-Selbst« (Nuturing Adult Self) und ein »Schützendes Erwachsenen-Selbst« (Protektive Adult Self). Dies gelingt dadurch, dass der Therapeut dem Patienten eine Eigenschaft nach der anderen vorliest (z. B. mitfühlend, nachsichtig, verantwortungsbewusst, vertrauenswürdig usw.) und der Patient dann gebeten wird zu prüfen, wo er diese Eigenschaft bei anderen Menschen, Tieren, Pflanzen schon gezeigt hat. Da dies sicher immer (irgendwo und -wie) der Fall war, kommt es zu einer positiven Ressourcenverstärkung. Zusätzlich kann noch ein »Spiritual Core Selbst« etabliert werden, wobei die Frage, was für den Patienten »spirituell« ist, erfreulicherweise von Schmidt bewusst offengehalten wird: esoterisch, religiös, humanistisch. Alle drei Teile bilden dann in der Imagination den »Healing circle«, in dessen Mitte der bedürftige kindliche Anteil wachstumsfördernde Unterstützung erfährt – wie ich finde eine sehr schöne Form der »Selbstheilung« oder, systemisch betrachtet, der reflexiven Autoregulation des Selbstsystems.

▪ **Die Konstruktion eines Lösungsraumes**
Die Förderung der Kommunikation zwischen den einzelnen Ego-States zielt letztlich auf eine verbesserte Kooperation und Zusammenarbeit zur gemeinsamen Zielerreichung. Trotz eines gleichberechtigten Nebeneinanders braucht es aber einer hierarchischen Struktur, da diese hoch komplexen Systeme, wie wir aus der systemischen Familientherapie wissen, durch Überladung, Verwirrung und Handlungsunfähigkeit zur Instabilität neigen. Wir brauchen nicht mehr, sondern weniger Komplexität, und das heißt die Einführung einer steuernden Instanz, und damit verbunden, eine optimale Organisationsform des Systems. Dieser Organisator kann nur das Erwachsenen-Selbst der Person sein wie der Dirigent in einem Orchester. Wenn ich nun ganz radikal systemisch denke, dann muss ein Quantensprung aus der Kybernetik erster Ordnung in die der zweiten Ordnung erfolgen, um die Lösung voranzubringen. Die Lösung der ersten Ordnung, die Befriedung des »Heimat-Systems«, wie Gunter Schmidt (2006) das nennt, durch direkte Veränderung der »Symptomträger« ist wenig aussichtsreich und führt nur weiter in die »Symptom-Trance«. Auf der zweiten Ebene sind andere Dinge gefragt: Optimierung des Umgangs der Ego-States miteinander (»ich fühle mich nicht mehr ausgeliefert«) und Stärkung aller Versuche, die die Wahrscheinlichkeit für gewünschte Veränderung und damit die eigene Gestaltungsfähigkeit dramatisch erhöhen. Warum brauchen wir im Ego-State-System einen Dirigenten oder Moderator: Weil nur eine Instanz, die eine exzentrische Position einnimmt

(Hierarchie) und sich von den anderen unterscheidet, in Pattsituationen in der Lage ist, diese umzudefinieren, um eine Lösung zu erreichen. Das Ziel des Erwachsenen-Selbst ist die Konstruktion eines Lösungsraumes, eine Kybernetik zweiter Ordnung, wo nicht nur aufgelistet wird, was an Ego-States mehr oder weniger hilfreich, traumatisiert usw. ist, sondern die Konstruktion einer Gewissheit in das, was sich jeden Moment entwickelt und neu konstruiert – eine erzeugte Realität der Veränderung. Deshalb gilt in dieser Phase unsere ganze Aufmerksamkeit der synthetischen Funktion des Erwachsenen-Selbst.

■ **Die Neukonstruktion der Lebensgeschichte**
Das Wissen um das eigene Trauma im Dort und Damals schafft eine (oft trügerische) kausale Sinnzuschreibung für die Probleme, Symptome und Lebensenttäuschungen im Hier und Jetzt eines Menschen: Ich bin so, weil… Dadurch »bildet sich ein traumadeterminiertes System, in dem die Wirklichkeit, die zukünftige Interaktion und Kommunikation strukturiert werden durch das Erleben des Traumas und die Geschichten, die über das Trauma kommuniziert werden« (Oesterreich 2005, S. 50). Die Bewertung von Lebensereignissen erfolgt zum einen auf dem Hintergrund der eigenen persönlichen Bedeutung, veränderte sich in verschiedenen Lebensphasen eines Menschen und ist vom Erzählkontext abhängig. Eine Lebenserzählung, so sagt Oesterreich, wird immer wieder neu erfunden und neu erzählt, da sie aus dem jeweiligen Kontext heraus jeweils anders gesehen wird – jedes Narrativ muss in die Lebenssituation passen, in der es erzählt wird. Und hier liegt der entscheidende Punkt für uns Psychotherapeuten: Es macht einen Unterschied, ob der Patient wieder und wieder seine Geschichte als »Opfergeschichte« erzählt oder, wie ich das oben als Kybernetik zweiter Ordnung beschrieben habe, als Narrativ vom persönlichen aktiven Gestalten und Neukonstruieren. Es würde den Rahmen dieses Buches sprengen, Ihnen die systemischen Konzepte und Methoden im Einzelnen vorzustellen, die basierend auf einem ressourcenorientierten, salutogenetischen Ansatz und der Nutzung des primären Unterstützersystems (Familie, Freunde) entwickelt wurden, um traumatisierten Menschen zu helfen, ihre eigene Lebenserzählung neu zu konstruieren. Cornelia Oesterreich hat ihr

Therapiekonzept vor allem für Menschen nach Typ-1-Trauma beschrieben, viele ihrer Ideen lassen sich aber auch bei der Behandlung von Menschen mit Entwicklungs- und Beziehungstraumata sinnvoll nutzen.

11. Spezielle Techniken der Ego-State-Therapie: Umgang mit Quälgeistern, inneren Verfolgern und Täterintrojekten

11.1 Schurkenschrumpfen

Mary Goulding, die bekannte TA-Therapeutin, hat ein humorvolles Buch über unsere »Kopfbewohner« geschrieben, und ihre Tochter Karen Edwards hat es bebildert – ein bisschen wie ein Märchenbuch für Psychotherapeuten. Im Grunde ist das Thema gar nicht so lustig, kennen wir doch alle diese inneren Quälgeister, die uns um den Nachtschlaf bringen, wenn Miesepeter, Besserwisser, Katastrophalisierer und Co. glauben, mit uns nicht zufrieden sein zu können. Zu dieser inneren Chaosbande, diesen Kopfbewohnern, die mit Ausdauer und schier unendlicher Penetranz versuchen, uns ihre Fremdbestimmung aufzudrücken, gehören nach Goulding so absonderliche Gestalten wie der Tyrann, der verbitterte Jammerer, der maßlose Übertreiber, der nervöse Schwarzseher, der hysterische Plapperer und der gramerstickte Perfektionist – um nur ein paar zu nennen. Sie merken schon, die Liste derer, die uns dabei erfolgreich unterstützen, dass wir uns selbst Knüppel in den Weg werfen, uns selbst im Weg stehen, ist beliebig verlängerbar. Im Untertitel heißt das Buch von Goulding: »Wie du die Feindschaft gegen dich selbst mit Spaß und Leichtigkeit in Freundschaft verwandelst«. Wie ist Gouldings Rezept, welches wir für uns selbst, aber auch in der Therapie anwenden können?

Stellen Sie sich vor, Sie gehen an einem kühlen Herbstmorgen im Morgenmantel zum Briefkasten vor dem Haus, um die Zeitung zu holen ... patsch, die Haustür ist zu, Sie draußen ... der Schlüssel steckt innen. Jetzt hören Sie mal in sich hinein, welcher Unhold da gerade seine Kommentare abgibt. Geben Sie ihm einen Namen (z. B. Herr Besserwisser), lauschen Sie seiner Botschaft und stellen Sie sich vor, wie er aussieht. Dieses oder ein ähnliches »Katastrophenszenario« geben wir dem Patienten als Anregung vor.

1. Schritt: Identifikation
Was wir als Allererstes brauchen, ist ein Steckbrief, den wir auf der Flipchart notieren. Wir fordern unseren Patienten auf, den Unhold zu beschreiben:

- In welcher Situation meldet er sich?
- Geben Sie ihm einen Namen!
- Wie heißt seine Lieblingstirade?
- Was ist seine Botschaft?
- Was ist das Körnchen Wahrheit in seinem Text?
- Erscheinung: Kostüm, Körpersprache usw.

Um die Bösewichter zu vertreiben, schlägt Goulding vor, einmal in die Rolle des Bösewichtes zu schlüpfen und sich den Steckbrief als Rollenbeschreibung zu denken. Bitten Sie den Patienten, sich zum Beispiel als Herr Besserwisser auf einen Stuhl zu setzen und sich in der Manier des Unholds an den leeren Stuhl zu wenden, auf dem vorher der Patient gesessen hatte. Ermutigen Sie den Patienten durchaus zu einer schauspielerischen Ausgestaltung der Rolle. Nach dem Rücktausch bitten Sie den Patienten, die nützliche Information, das Körnchen Wahrheit, die in der Tirade des inneren Schurken steckte, genau zu formulieren, für sich selbst zu bewerten und auf dem inneren Notizblock zu formulieren. Notieren Sie diesen Satz auch auf der Flipchart.

2. Schritt: Des-Identifikation
Nach dem ersten Schritt der Identifikation kommt jetzt der Schritt der Des-Identifikation. Ich bitte den Patienten, die Augen zu schließen und seine Aufmerksamkeit nach innen zu richten (leichte Trance) und sich einen angenehmen Raum vorzustellen mit einem großen Flachbildschirm an der Wand. In der rechten Hand hat der Patient die Fernbedienung und kann den Fernsehapparat anschalten. Auf dem Bildschirm erscheint der Unhold von eben, z. B. Herr Besserwisser. Mit der Fernbedienung kann der Patient das Bild, besser den Film von Herrn Besserwisser, manipulieren: Großaufnahme mit und ohne Ton, während dieser seine Besserwisserei loswird, schneller Vorlauf, sodass die

Stimme quiekt wie ein Schwein, schneller/langsamer Rücklauf, Farbe grell usw. Ziel ist es, dass der Patient beginnt, sich von seinem Quälgeist zu distanzieren und die Gewissheit erfährt, *er* hat die Kontrolle über alles, was da passiert. Sie können nach einer Zeit fragen: »Wenn diese Show wirklich im Fernsehen gesendet würde, wie lange würden Sie zuschauen, bevor Sie ein anderes Programm wählen oder den Fernsehapparat ausschalten?« Wenn der Patient sich entschließt auszuschalten, dann wende ich im nächsten Schritt die Tresortechnik an und versorge das Videoband, welches die Fernsehshow aufgenommen hat, im Tresor. Auch hier gilt: Ego-States, wie Herr Besserwisser oder Frau Plappermaul, kann man nicht umbringen, nur verwandeln.

Will der Patient das Programm wechseln, dann mache ich Vorschläge:

- »Heute-Sendung«: was passiert gerade alles in meinem Leben?
- Familien-Sendung: was ist los in unserer Familie?
- Travel-Channel: meine letzte Urlaubsreise.
- Eine glückliche Erinnerung usw.

Sie können das Ganze verstärken, indem Sie den Patienten bitten, hin und her zu schalten, bis er das Gefühl hat, vom Schurken-Programm genug zu haben.

Das Wirkprinzip dieses Vorgehens ist der »Drachentöter-Metapher« von Luise Reddemann sehr ähnlich: der Drache *soll* getötet, sein Schatz *muss* gefunden werden (2004, S. 135). Für eingefleischte Ego-State-Therapeuten ist das Vorgehen nicht ganz korrekt, da wir doch sagten, jedes Ego-State erfüllt eine Funktion, dient der Anpassung und kann nicht entfernt werden. Um diese Vorgaben zu erfüllen, schlage ich vor, das Ganze etwas abzuwandeln und den Patienten in Entspannung zu versetzen (leichte Trance), das quälerische Introjekt zu rufen (hineinsprechen) und Folgendes im Dialog zu fragen:

- Was sind deine positiven Funktionen, deine guten Absichten?
- Welchen Gegenspieler hältst du damit in Schach?
- Wie lässt sich deine gute Absicht ohne so viel Nebenwirkungen und Begleiterscheinungen erreichen?
- Bitte einen kreativen Teil in dir, dir drei Vorschläge zu machen, wie du das Ziel »sanfter« erreichst!

11.2 Innere Stimmen und die Bearbeitung ich-syntoner Über-Ich-Botschaften

Diese zwei Methoden haben sich vor allem bei Patienten mit neurotisch geprägten Über-Ich-Problemen gut bewährt, mit inneren Stimmen, die wir alle mehr oder weniger als unsere inneren Quälgeister gut kennen. Bei Patienten mit traumainduzierter, nicht ins Über-Ich integrierter Introjektion hat man mit dem »Schurkenschrumpfen« Probleme. Die Patienten erleben zwar die inneren Stimmen als belastend und massiv drangsalierend, können sich aber durch die Übung nur kurzfristig von der Botschaft distanzieren.

Eine Patientin, Ende dreißig, mit einer schweren psychischen und physischen Missbrauchsgenese durch den Vater, die sich von einer inneren männlichen Stimme mit der Botschaft »Du bist fett und hässlich – nur wer perfekt aussieht, ist etwas wert« ständig gequält fühlt, konnte die Übung gut machen, meinte aber am Ende: »Aber die Stimme hat doch recht, nur wer perfekt aussieht, bekommt in dieser Gesellschaft Anerkennung.« Auf der logischen und »allgemein menschlichen Ebene« war dem so nicht beizukommen. Aus diesem Grund ist es wichtig, sich für die Übung »Schurkenschrumpfen« Folgendes vor Augen zu führen: Die Monster im Kopf, so schreibt Goulding (2000, S. 49 ff.), sind Ergebnisse des verfehlten Versuchs von Eltern, ihre Kinder perfekt zu erziehen – diese Botschaften haben wir im Kopf gespeichert. Der Patient muss nun bereit sein, sich von diesen Botschaften auch wirklich verabschieden zu wollen (und zu können).

... verabschieden wollen: Die Voraussetzung dafür ist: Ich muss den Wunsch ein für alle Mal aufgeben, meine Vergangenheit verändern zu wollen. Auf der Objektbeziehungsseite muss ich aufgeben zu wünschen, dass Mama mich meiner Schwester vorgezogen hätte, dass Papa die Familie nicht wegen einer anderen Frau verlassen hätte, dass meine Schwester Paula nicht so eine Zicke gewesen wäre, und auf der Seite der Selbstbeziehung: Ich muss aufgeben, mich anders zu fantasieren: glücklicher, intelligenter, sportlicher – als Glückskind eben. Der magische Wunsch, andere Eltern haben zu wollen, speist sich überwiegend aus der Sehnsucht, heute ein anderer zu sein als der, der man ist; und der Anfang dafür steckt in einer perfekten Kindheit, mit perfekten Eltern, wie in der Rama-Werbung: die glückliche deutsche Familie am Frühstückstisch.

Einen weiteren Schritt will ich mit Goulding nur als Frage formulieren: Würde sich wirklich was ändern, wenn Vater mir erklärte, warum er wegen einer zehn Jahre jüngeren Frau damals die Familie verlassen hatte und er sich heute dafür entschuldigt? Wenn Mutter es leidtäte, dass sie damals kurz nach der Geburt wieder arbeiten gehen musste und ich zur Oma »abgeschoben« wurde? Verändert das wirklich die »Kopfbewohner«, an die ich mich schon so gewöhnt habe? Ich glaube eher nicht!

... sich verabschieden können: All das, was ich eben beschrieben habe, sind letztlich neurotische Probleme, die wir alle von uns und unseren leichter gestörten Patienten kennen. Patienten mit traumabasierten Störungen zeigen diese Konflikte und inneren Quälgeister selbstverständlich auch, da sie neben der Traumatisierung ja eine »normale« konfliktzentrierte Sozialisation durchmachen. Die aus dem Überlebensmechanismus der Introjektion des Täters stammenden inneren Stimmen sind völlig anders entstanden, haben eine andere Funktion und bedürfen einer anderen therapeutischen Strategie. Ihre Botschaften sind ich-dyston, und die Introjekte sind nicht ins Über-Ich integriert, aber davon später. Zurück zu den Methoden zur Bearbeitung ich-syntoner Über-Ich-Botschaften.

Das »Wertequadrat« von Schulz von Thun

Das Wertequadrat, eine weitere Methode, basiert auf dem philosophischen Grundsatz: Jeder Unwert ist ein entgleister Wert und bringt

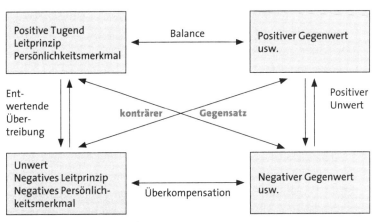

Abbildung 11-1: Wertequadrat

die Idee vom Spieler und Gegenspieler in eine grafische Gestalt. Es wird in dem Buch »Miteinander Reden 2« (2006) ausführlich beschrieben und vor allem im hypno-systemischen Coaching eingesetzt.

Meine Versuche damit bei schwerer gestörten Patienten waren nicht überzeugend, da die ganze Prozedur der Erstellung des Wertequadrates einen erheblichen kognitiven Akt bedeutet. Deshalb erwähne ich es nur und empfehle Ihnen, es selbst auszuprobieren.

11.3 Traumatische Introjekte: täteridentifizierte oder täterloyale Ego-States

Ich möchte mich jetzt mit den durch Traumaeinwirkung entstandenen täteridentifizierten oder täterloyalen Ego-States beschäftigen. Diese sehr hilfreiche Unterscheidung stammt von Michaela Huber (2003b, S. 227 ff.), und ich möchte sie zur Erinnerung noch einmal kurz darstellen. Auf der inneren Bühne traumabasierter Störungen (komplexe PTSD, BPS, ESD, DIS) können wir finden:

- **Täterintrojekte (= täteridentifizierte Anteile)**
  Die Übernahme von Modi des Denkens, Fühlens, Handelns des Täters, die dieser gegenüber seinem Opfer als Folge seines pathologischen Narzissmus lebt. Die Introjektion auf dem Höhepunkt der traumatischen Situation ist ein Abwehrverhalten zum Selbst-Schutz des Opfers auf dem Hintergrund peritraumatischer Dissoziation.
- **Täterloyale Anteile (Mittäter-Anteile)**
  Die Übernahme von Modi des Denkens, Fühlens, Handelns derjenigen Person(en) des Nahraumes, die die Handlungen des Täters durch Unterlassungen decken und nicht schützen. Das ist in erster Linie bei einem männlichen Täter die Mutter, aber auch Geschwister oder andere wichtige Bindungspersonen. Das Adjektiv »täterloyal« bezieht sich darauf, dass dem Kind als Opfer die Empathie und der Schutz verweigert werden; Gründe dafür sind meist die eigene psychische Gestörtheit und die bestehende Abhängigkeit zum Täter. Die Psychodynamik der pathologischen Täterbindung dieser Mitläufer (z. B. eine lebensuntüchtige, ängstliche Mutter, die wegen einer Traumatisierung masochistisch an den Ehemann gebunden

ist) bildet den dynamischen Kern der täterloyalen Teile. Daraus resultiert die extrem starke masochistische Bindung des Opfers an den Täter als Spiegelbild der Bindung des erwachsenen Mittäters an den Missbraucher.

- **Aggressive Reaktionen auf das Trauma**
Jeder Mensch, der traumatischer Gewalt ausgesetzt ist, reagiert darauf aversiv, staut Aggression und Hass in sich auf, auch wenn er in der traumatischen Situation aus Angst vor Rache durch den Täter versucht, diese nicht zu zeigen. Das hat mit den von Lichtenberg (1988) postulierten fünf angeborenen Motivationssystemen des Menschen zu tun, die sich nach der Geburt ausdifferenzieren:
1. die biologische Notwendigkeit, physiologische Bedürfnisse zu befriedigen
2. ein elementares Bedürfnis nach Bindung bzw. Verbundenheit
3. ein Bedürfnis nach Selbstbehauptung
4. das Bedürfnis, aversiv zu reagieren durch Widerspruch und Rückzug
5. das Bedürfnis nach sinnlichem Vergnügen und sexueller Erregung.

Das bedeutet, die ganze Palette der motivationalen Systeme wird in der traumatischen Interaktion aktiviert, sowohl das verstärkte Bindungsverhalten als Ausgangspunkt der Täterintrojektbildung als auch die Versuche einer Selbstbehauptung und des Rückzugs. Die Residuen dieser »abgewürgten« Wutreaktionen überleben als aggressionsbereite Anteile – der zornige Jugendliche, »Zorro der Rächer«, das wütende Kind. Huber (ebenda) unterscheidet: 1) rachsüchtige Anteile, 2) Anteile, die man nicht »in die Ecke drängen« darf, und 3) aggressive Selbst-Anteile.

In der praktischen therapeutischen Arbeit mit der Patientengruppe, um die es in diesem Buch geht, sollten wir davon ausgehen, dass wir zu wechselnden Zeiten den einen oder anderen Teil im Vordergrund sehen, dass wir viel Zeit in die Bearbeitung dieser traumatischen Selbst-Anteile investieren müssen und dass hier der größte Veränderungswiderstand im Selbst-System steckt. An dieser Stelle ist es auch notwendig, genau auf unsere Gegenübertragung und partielle Abstinenz zu achten, um uns nicht in einen fruchtlosen Machtkampf mit dem Täterintrojekt zu verstricken oder die Mittäter-Anteile für ihre passive Loyalität beginnen anzuklagen und zu verachten.

Techniken der Ego-State-Therapie bei Täterintrojekten
Auch hier gilt weiter der Grundsatz: Alle Ego-States erfüllen eine Funktion und sind entstanden, um das traumatische Selbst zu schützen. Bevor ich zum Praktischen komme, bitte ich noch um einen Augenblick Geduld; es ist mir entscheidend wichtig, zwischen Funktion und Inhalt der Täterintrojektion zu unterscheiden.

Funktion: Sie dient dem Überleben in einem Moment totaler Hilflosigkeit, Ohnmacht, Todesangst und Kontrollverlust – einer No-flight-, No-fight-Situation. Die Introjektion hat nun verschiedene Überlebensvorteile:

- Gegen die *Hilflosigkeit* hilft Aktivierung des Bindungssystems, d. h. die Herstellung einer »Liebesbindung« zum Täter,
- gegen die *Ohnmacht* hilft die Übernahme der Täterperspektive, denn dann bin ich auf der richtigen, der mächtigen Seite und nicht nur mehr Opfer,
- gegen den *Kontrollverlust* hilft, den Täter und seine Wünsche genau zu kennen, um durch Antizipation einen Rest Kontrolle über ihn zu bekommen.

Ist dies alles erfolgreich, dann reduziert sich meine *Todesangst*. Alle sind quasi-normale Reaktionen in einer verrückten Situation.

Inhalt: Durch die Introjektion, das »Verschlucken« des Täters, kommt sein pathologischer Narzissmus ins Opfer. Seine Sichtweise des Opfers ist menschenverachtend, grenzüberschreitend und bösartig und darf niemals in das Selbst-System des Patienten integriert werden.

Ziel unseres therapeutischen Vorgehens ist es, die Funktion des Täter-Ego-States für die Zeit des Traumas anzuerkennen, seine Inhalte aber abzulehnen und klar und deutlich zurückzuweisen. Der Satz »Du bist böse und verdienst Strafe«, mit dem innere Stimmen unsere Patienten drängen, sich selbst zu stören, ist Ausfluss schwarzer Pädagogik und atmet grandios narzisstische Kälte. Hier endet unser lösungsorientiertes systemisches Denken: Auch wenn ich die Täterintrojekte nicht als Problem, sondern als Lösung beschreibe (»alle Ego-States verfolgen eine hilfreiche Funktion in der Selbst-Familie, auch wenn es manchmal schwer zu erkennen ist«), so muss ich immer wieder gegenüber dem Patienten deutlich machen, dass ich ausschließlich die Funktion meine, nicht die transportierten Inhalte. So weit die Idee hinter dem Tun!

In ihrem Kapitel über den Umgang mit multiplen Persönlichkeiten, schreiben Watkins und Watkins in ihrem Lehrbuch etwas über die Arbeit mit nicht angepassten, bösartigen oder anachronistischen Ego-States, was wir gut für unsere Überlegungen nutzen können: »Eine der schwierigsten Aufgaben für einen MPS-Therapeuten ist der Umgang mit bösartigen Alter-Personen. Er hat mehrere Optionen. So kann er (oder sie) versuchen, den störenden Ich-Zustand zu *eliminieren* oder seinen Einfluss zu reduzieren, oder aber die Ziele, die dieser Ich-Zustand verfolgt, so zu modifizieren, dass seine Bestrebungen konstruktiver in das Ganze, die Gesamtpersönlichkeit, *integriert* werden« (2003, S. 92 ff.; Hervorhebungen im Original).

11.3.1 Umgang mit täteridentifizierten Ego-States

Als eine Möglichkeit des Umgangs mit der täteridentifizierten Introjektion möchte ich Ihnen ein mehrschrittiges Vorgehen von Gordon Emmerson vorstellen, welches sich in der Praxis bewährt hat (2003, S. 107 ff.).

Arbeit mit täteridentifizierten Ego-States
- Induktion einer leichten Trance und Kontaktaufnahme zu »Helfer-States« und nicht traumabelasteten Anteilen.
- Nach mehreren Wechseln zwischen den States (ego-state small talk) noch einmal die Grundhaltung für alle verdeutlichen. Ins System hineinsprechen[27]: »Ich möchte das von allen Teilen wissen, jeder von euch ist mir wichtig und bedeutsam und hat eine wichtige Funktion übernommen. Es geht mir darum, dies noch einmal ausdrücklich wertzuschätzen; ich beabsichtige auch nicht, irgendeinen State dazu zu bringen, die innere Bühne endgültig zu verlassen. Ich möchte mit jedem State zusammenarbeiten und alle dafür gewinnen, gemeinsam das Problem von Paula zu lösen.«

---

[27] Die Formulierungen sind natürlich nur Vorschläge, die Sie abwandeln können.

- Sich die Erlaubnis holen, mit dem »schwierigen Teil« zu reden, um die Kooperation zu erhöhen. Dann direktes Hineinsprechen: »Ich möchte jetzt direkt mit dem Teil sprechen, der für die innere Stimme ›Du bist fett und hässlich‹ zuständig ist oder etwas darüber weiß. Wenn du da bist, sag einfach: ›Ich bin da und bereit zu sprechen‹.«
- Das Vertrauen des States gewinnen: »Vielen Dank, dass du gekommen bist, es ist mir sehr wichtig, dich kennenzulernen. Du bist ein sehr machtvoller und starker Teil von Paula. Ich bin Dr. Peichl, der Psychotherapeut von Paula, und ich möchte Paula bei der Bewältigung ihrer Probleme helfen, und ich weiß, dass ich deine Hilfe dazu benötige. Allein würde ich es nie schaffen.«
- An die Funktion und ursprünglich Intention erinnern. »Du bist damals entstanden, um Paula in einer sehr schwierigen Situation zu helfen; du hast es ermöglicht, dass Paula bei alldem, was sie erlebt hat, nicht verrückt wurde und bis heute überlebt hat, dafür ist sie dir sicher sehr dankbar. Ich gehe davon aus, dass ich dich weiterhin dafür gewinnen kann, dass du und ich alles dafür tun, dass Paula am Leben bleibt und es ihr gut geht. Ich weiß nicht, ob du bemerkst, wie du dich manchmal auf die Seite des Täters schlägst und dich als sein Sprachrohr gebrauchen lässt – damit verletzt und kränkst du Paula erneut. Ich möchte gerne mit dir zusammenarbeiten, damit das nicht wieder vorkommt.«
- Die Funktion und den Inhalt unterscheiden. Dieses ist der wesentliche, aber auch härtnäckigste Teil der Arbeit und muss in vielen Sitzungen immer wieder geprobt werden. »Ich möchte es dir noch einmal sagen: Deine Absicht ist gut, du hast eine powervolle Bedeutung im inneren System von Paula. Du bist ein Teil von Paula und bist nicht ein Teil des Täters. Dieses sein Denken zu imitieren, so zu reden, wie er damals geredet hat, ist nicht hilfreich und aus meiner Sicht völlig unangemessen. Das ist schwarze Pädagogik aus dem vorletzten Jahrhundert. Mit solcher Unerbittlichkeit als Erziehungsmaßnahme ist noch kein Kind besser geworden, im Gegenteil…«
- Den Kontakt zu den anderen States fördern. »Ich glaube nicht, dass du dich so gut fühlst, wenn du bemerkst, wie du von den anderen Anteilen geschnitten und abgelehnt wirst. Möchtest du in der inne-

ren Familie nicht mehr Anerkennung gemäß deiner wichtigen Rolle? Ich schlage dir vor, mit mir darüber nachzudenken, wie du deine Funktion und Intention des Selbst-Schutzes auch noch anders ausüben kannst als durch Imitation der Rede- und Denkweisen des Täters. Die Hass-Energie, die du bisher eingesetzt hast und die Paula unglücklicherweise krank gemacht hat, kann genauso gut von dir dafür genutzt werden, Paula gesund zu machen.

- Die neue Rolle stärken, Kooperation im Selbstsystem fördern und einen neuen Namen für den State finden.

Dieses ist der Rahmen des Vorgehens. Entscheidend in der Haltung des Therapeuten muss es sein, dass er die Intention des täteridentifizierten Introjektes anerkennt, aber die Botschaft klar und eindeutig zurückweist. Es darf keine Unklarheit darin geben, dass wir den menschenverachtenden pathologischen Narzissmus des Täters missbilligen. Phillips und Frederick (2003) schlagen vor, innere Helfer zu aktivieren, die das Täterintrojekt umstimmen können und die es in seiner neuen Rolle beraten. In unserem Falle könnten sich alle einen Film über sinnvolle Pädagogik ansehen, wir könnten für das Täter-Ego-State ein Treffen mit dem »Meisterlehrer« Pestalozzi arrangieren oder den Unterschied zwischen Judo, dem sanften Weg und dem Draufschlagen diskutieren. Hier ist wirklich Kreativität gefordert.

11.3.2 Arbeit mit täterloyalen Introjekten

Ein weiterer Punkt ist der Umgang mit täterloyalen Ego-States. Wie wir oben gesehen haben, sind in ihnen die Reaktionen des Bezugssystems (Familie, Verwandtschaft, Peergroup usw.) auf das vom Patienten erlebte Trauma versammelt. In der klinischen Praxis berichten Patientinnen immer wieder von sehr typischen Reaktionsmustern innerhalb des familiären Nahraumes, wenn sich die Tochter z. B. der Mutter wegen der fortgesetzten grenzüberschreitenden Sexualisierung durch den Stiefvater oder einen älteren Cousin anvertraut. »Das kann doch gar nicht sein ... Du bist selber schuld, du hast ihn dazu herausgefordert ... hab dich doch nicht so ... es geschieht dir ganz recht ... usw.« Um die Dynamik dieser Introjekte zu verstehen, müssen wir uns klarmachen, dass hinter ihrer Botschaft das gescheiterte Lebenskonzept eines Menschen lauert, der nicht in der Lage ist, sein eigenes Kind (oder ein Pflegekind) vor den Übergriffen des Lebenspartners zu schützen. Damit wird auch eine Form abhängiger »Liebe« introjiziert, die sich nach Führung und Rettung durch einen starken Partner (Leittier) sehnt und den Erfüller dieser Sehnsucht versucht, durch Unterwerfung und Abhängigkeit zu belohnen. Der Kern der Botschaft, die vom Mittäter-Ego-State ausgeht, ist nicht die pathologisch-narzisstische Sicht des Täters, sondern die masochistische, in der Regel weibliche, Selbsterniedrigung, getarnt hinter der Beschuldigung des Opfers, Bagatellisierung der Tat und Inschutznahme des Täters. Die Wut, den Hass und die Verzweiflung, die die Opfer gegenüber diesen erwachsenen Mittätern (der »abwesende Beschützer«) verspüren, hat aus meiner Erfahrung eine ganz spezifische Einfärbung, die sich nur schwer in Worte fassen lässt. Ich erlebe immer wieder eine Mischung aus kalter Wut, Mitleid und verzweifelter Liebe, ein Gefühlswirrwarr, das häufig noch schwerer zu tolerieren ist, zumal es sich auf die primäre Bezugsperson, die Mutter, richtet.

Beispiel
Wenn wir in der Therapie von Elke D. von einem Ego-State erfahren, welches den sexuellen Missbrauch durch den Stiefvater vom elften bis dreizehnten Lebensjahr mit dem Satz kommentiert: »Da bist du selber schuld, das hast du doch so gewollt …«, dann bleibt erst mal unklar, ob wir es hier mit einem täteridentifizierten oder täterloyalen Introjekt zu tun haben. Der erste Schritt unseres Vorgehens ist die Erforschung des Ursprungs und der Funktion der Introjektbildung.

- **Steckbrief des Introjektes.** Nach der Erkundung des Namens, Alters und seiner Umstände der Entstehung wird die zentrale Botschaft des Ego-States herausgearbeitet. Die Haltung des Therapeuten ist wertschätzend und arbeitet mit der Unterstellung: »Jedes Teil der Selbst-Familie ist dazu da, dem System zu helfen.« Rücknahme der Trance und Reorientierung im Hier und Jetzt.
- **Ortung des Absenders der Botschaft**: Mit der Frage »Woher kennen Sie das? Von wem haben Sie das schon einmal gehört?« versuchen wir eine erste biografische Zuordnung. Wenn der Patient den Täter als Sender nennt, dann besteht die Möglichkeit, mit dem

Format für die täteridentifizierte Teilearbeit zu arbeiten. Wird eine dritte Person genannt, dann beginnt die Arbeit der Des-Identifikation. Auch hier gilt die Unterscheidung: Die Intention und Funktion des täterloyalen Introjektes wird anerkannt, aber die Botschaft wird klar und eindeutig als psychische Ausbeutung zurückgewiesen.

- **Des-Identifikation:** Huber (2003b) und Bruno Waldvogel (2006) schlagen zum *Perspektivenwechsel* vor, den Patienten durch gezielte Fragen dabei zu helfen, eine Außenperspektive einzunehmen, um die Botschaft ich-dyston zu machen: »Wenn das mit dem kleinen Kind Ihrer Freundin gemacht werden würde, würden Sie dann auch denken, die ist selbst daran schuld, die hat es nicht anders verdient, weil sie böse, schlecht und schmutzig ist?«
Der nächste Schritt zielt auf die Zeit der *Entstehung* des Implantates: »Glauben Sie denn, dass ein Kind schon mit so einer Botschaft ›Ich bin böse, schlecht und schmutzig‹ auf die Welt kommt, oder ist dies der Widerhall von Stimmen, die einmal außerhalb von ihm waren?« Als Letztes die *Funktion* des Implantates für den Absender: »Was könnte der Absender davon haben, welches seiner Probleme versucht er damit zu lösen, wenn er bewusst oder unbewusst dem Kind die Botschaft sendet: Du bist böse, schlecht und schmutzig?«
Auf der kognitiven Ebene der Psychoedukation können an dieser Stelle auch folgende Fragen diskutiert werden: Warum ist das mir passiert? Warum hat er das getan? Warum hat sie mich nicht geschützt? In diesem Zusammenhang sollten auch populäre Mythen über Missbrauch und die Frage kindlicher (Nicht-)Verantwortung für die Taten von Erwachsenen mit einer eindeutigen Parteilichkeit für das Kind angesprochen werden. Auch die Aufklärung über autonom ablaufende, physiologische Reaktionen des kindlichen und vor allem adoleszenten Körpers auf Erregung zur Schuldreduktion sollten hier angesprochen werden.
- **Neubewertung der Szene:** Das Erwachsenen-Selbst könnte nun das Kind, in unserem Fall die dreizehnjährige Elke, einladen, mit ihm zu einem angenehmen und sicheren Ort zu kommen. Nach einer leichten Tranceinduktion und Imagination dieses Ortes bitten wir den Erwachsenen, dem Kind die Zusammenhänge zu erklären. Dies kann im inneren Dialog, aber auch laut ausgesprochen erfolgen, sollte aber in einer kind- und altersgerechten Sprache und Logik

erfolgen – Ziel ist die Entlastung des Kindes von seinen Schuldgefühlen, von Natur aus schlecht zu sein. Hierbei kann es zu einer heftigen Abreaktion kommen, wenn Erwachsene und Kind begreifen, wie gemein die Ausbeutung durch Familienmitglieder gewesen oder immer noch ist.
- **Rettung der guten Anteile in den Mittätern:** Zu erkennen, wie sehr der eigene Vater, die Mutter, Geschwister usw. den Patienten wegen eigener psychischer Probleme ausgebeutet haben und letztlich zur Rettung des eigenen physischen und psychischen Überlebens bereit waren, ihn zu opfern, ist eine oft schreckliche Erkenntnis. Um zu verhindern, dass diese identitätsstiftenden Introjekte der Kindheit durch Hass völlig vernichtet werden – was wiederum zu Depression und Schuldgefühl führt –, ist es sinnvoll, Inseln guter Erinnerung herauszuarbeiten und zu verstärken. Die ausbeuterischen Anteile könnten visualisiert und mit der Methode der Tresortechnik sicher verwahrt werden. Die guten Anteile, d.h. die positiven Teil-Objekt-Repräsentanzen der frühen Bindungspersonen, könnten in einer neuen Gestalt (Märchenfigur, ideale Mutter, weise Frau, religiöse Gestalt usw.) verdichtet werden. An dieser Stelle ist die von Shirley Jean Schmidt entwickelte Ego-State-Methode »The Developmental Needs Meeting Strategy« (2004) sehr wirkungsvoll.

11.3.3 Umgang mit aggressiven Reaktionen auf das Trauma

Diese vorgestellte Arbeit mit täteridentifizierten und -loyalen Ego-States ist langwierig und bedarf eines zähen Durchhaltevermögens aufseiten des Therapeuten und des Patienten. Der Umgang mit den in einem Ego-State angesammelten aggressiven Reaktionen auf das Trauma ist dagegen einfacher zu bewerkstelligen. Unser Ziel ist, diesem Anteil Wertschätzung und Dank für seine Tätigkeit im Ensemble der Selbstschutzfunktionen nach Traumatisierung zukommen zu lassen und ihm zu helfen, sich in einen kraftvollen Unterstützer-State zu verwandeln. Als Metapher bietet sich da die Geschichte von Jim Knopf und Lukas dem Lokomotivführer an. Als die beiden Helden zusammen mit der Lokomotive Emma die kleine LiSi aus den Fängen des bösen

Drachens »Frau Mahlzahn« befreit hatten, verwandelte sich dieser auf dem Weg nach Peking in den »Goldenen Drachen der Weisheit«. So könnte aus der rauchenden, feuerspeienden Wut des Zorro-Ego-States auch ein energiegeladenes Helfer-State werden, frei nach dem Spontispruch: »Verwandelt Euren Hass in Energie!«

12. Ausblick: meine Ego-State-Philosophie

Nun sind wir ans Ende unserer Reise durch die Welt der Ego-States gelangt oder, um die Metapher der inneren Bühne noch einmal zu gebrauchen: es ist fürs Erste alles gesagt, das Stück ist zu Ende, der Vorhang beginnt sich zu schließen.

Alle Therapiemodelle, mit denen ich mich in den letzten 30 Jahren mehr oder weniger leidenschaftlich auseinandergesetzt und die ich zum Teil intensiv selbst erfahren und praktiziert habe, beleuchteten immer nur einen Aspekt, einen begrenzten Ausschnitt menschlicher Komplexität des Denkens, Fühlens und Handelns und weiterer Funktionen. Zu jeder dieser Komponenten wurde von unseren Großvätern und Vätern eine Therapieschule gegründet, deren Erkenntnisse und Glaubenssätze dann in der nächsten und übernächsten Generation zugespitzt, radikalisiert und manchmal auch dogmatisiert wurden. Für das Verhalten war nur die Verhaltenstherapie zuständig, für das Fühlen die Gestalttherapie, für das Körpererleben die Körpertherapie nach Downing, für die inneren Bilder das Katathyme Bilderleben, für das bewusste Denken die Kognitive Therapie, für das Unbewusste die Psychoanalyse, für den Menschen in der Gruppe, in der Paarbeziehung, in der Familie die jeweilige Therapieform und so weiter und so fort. So oft konnte man die Wahrheit gar nicht aufteilen, dass sie für jeden gereicht hätte. Jede beschrieb zwar nur einen Aspekt, gab sich aber selbstbewusst und wertete den anderen ab oder ignorierte ihn, um sich am Markt zu behaupten.

Es scheint mir, als sei diese Bewegung in den letzten Jahren zum Stillstand gekommen – gerade unter den Traumatherapeuten nehme ich eine erfreuliche Offenheit und Neugierde für das Denken des anderen wahr, ohne messianisches Sendungsbewusstsein und Wahrheitsüberzeugung. Das ist eine gute Nachricht.

Aber die Fülle der Beschreibungen unserer Wirklichkeit hat auch etwas sehr Faszinierendes. Jede dieser oben genannten Therapierichtungen hat in ihrem (Innen-)Welterklärungsmodell einen besonderen

Charme und vermittelt eine Art Stimmung oder poetisch gesagt: Duft, wenn man darüber nachdenkt, »was die Welt im Innersten zusammenhält« (Goethe, Faust 1). Wie lässt sich dieser Blickwinkel für die Ego-State-Therapie beschreiben?

Da Ego-State-Therapie ja viel mit Imagination und Assoziation zu tun hat, möchte ich wieder einen Bogen zum Anfang dieses Buches zurück schlagen und Ihnen meine Ego-State-Philosophie an einem Filmbeispiel nahebringen.

Der russische Regisseur Andrej Tarkowskij erzählt in seinem stark autobiografischen Film »Der Spiegel« (1975) in assoziativer Form die Geschichte eines ca. 40-jährigen Mannes mit dem Namen Aleksej, Sohn geschiedener Eltern, der Bilanz zieht über sein bisheriges Leben. Da wir ihn im Film nie sehen und seine Stimme aus dem Off kommt, schauen wir aus der Beobachterposition durch die Linse der Kamera mit ihm zusammen auf sein Leben und nehmen an seinen Gedanken teil. »Ja, in gewisser Weise schauen wir durch sein Bewusstsein hindurch in seine Vergangenheit und Gegenwart, die ihn nicht mehr loslässt, die ihn fesselt, die es ihm schier unmöglich macht, das zu finden, was man Identität nennt. Er schaut in den Spiegel seiner selbst. Wir schauen mit« (Ulrich Behrens 2006).

Dafür montiert Tarkowskij Bilder aus verschiedenen Zeitebenen zusammen und verwebt drei Geschichten in einer zum Teil poetisch-traumhaften Bildsprache ineinander: die Kindheitserinnerungen, die Chronik historischer Ereignisse in der Zeit zwischen 1930 und 1970, der Lebensspanne des Aleksej und philosophische Betrachtungen, die das Ganze aufeinander beziehen. Dieser hoch assoziative Film löst die historische Chronologie der Ereignisse auf, zerstört die Vorstellung eines linearen Lebens, bestehend aus übereinandergeschichteten biografischen Erinnerungen. »Zeit wird in diesem Kontext aus dem gewohnten Zusammenhang von sich abspulender, durch die Uhr bestimmter Zeit gerissen und in subjektivem Zeitempfinden aufgelöst. Die gewohnten und eingeübten Zeitebenen von Vergangenheit, Gegenwart und Zukunft verschwimmen« (ebenda).

Dies ist der Punkt, auf den es mir ankommt: In der Arbeit mit Ego-States löst sich für mich dieser biografisch-historische Zeitbegriff auf, die Vergangenheit in der Gegenwart ist eine subjektive Konstruktion – das im neuronalen Netzwerk stabilisierte Ego-State der Container dafür. Aus dem Nebeneinander der Ego-States wird eine subjektive Erzählzeit, eine Art Gleichzeitigkeit von Vergangenheit, Gegenwart und Zukunft – alle zusammen bilden das Selbstgefühl, die innere Selbst-Familie. In der Ego-State-Therapie ist mir, als passiere alles gleichzeitig, als seien alle Teile irgendwie zeitlos auf der inneren Bühne nebeneinander: das traumatisierte Kind mit vier Jahren, das Erwachsenen-Ego-State und das Täterintrojekt und die weise alte Frau mit 70 Jahren – das Leben verliert seine lineare Zeitlogik. Damit ist Ego-State-Therapie dem Traum näher als der Realität.

»Der Spiegel«, dieses verschachtelte, verschlüsselte Meisterwerk Tarkowskijs hat mir geholfen zu verstehen, was er meint, wenn er in seiner Filmtheorie vom »Film als Bildhauerei aus Zeit« (1985) spricht. Diese kunstfertig ineinandergefügten Bilder hatten Tarkowskij damals als Regisseur in der UdSSR den Vorwurf des »Subjektivismus« eingebracht.

Am Ende ein Auszug aus einem Gedicht von Arseni Tarkowskij, dem Vater von Andrej, mit dem Titel »Alles ist unsterblich«, aus dem im Film immer wieder zitiert wird:

> »Lebt im Haus, und das Haus wird
> nicht einstürzen. Ich werde euch
> jedes beliebige Jahrhundert her-
> beirufen, werde hineingehen und
> in ihm ein Haus bauen. Darum sind
> eure Kinder bei mir und eure Frauen
> an einem Tisch. Und es ist ein Tisch
> für Urgroßvater und Enkel.
>
> Die Zukunft geschieht jetzt.«
> *Arseni Tarkowskij*

Anhang 1–4

(Die Tests und Arbeitsblätter können Sie in DIN-A4-Größe von meiner homapage http://www.Jochen-Peichl.de, Downloads, herunterladen.)

Fragebogen zur ESD
von Alan Marshall

Bitte lesen Sie die 10 Fragen aufmerksam durch und machen Sie an der geeigneten Stelle bei JA oder NEIN ein Kreuz!

	JA	NEIN
1) Bemerken Sie manchmal mitten in einer Diskussion, dass sie sich »ausgeklinkt« haben, zwar passend mit dem Kopf nicken, aber das Gefühl haben, nicht wieder reinzukommen ins Gespräch, und befürchten, die anderen merken Ihnen etwas an?		
2) Haben Sie als Kind viel in Ihren Fantasien gelebt, so intensiv, dass Lehrer oder Eltern Sie dafür kritisiert haben, dass Sie irgendwie »in einer anderen Welt« lebten?		
3) Stört die Fantasie Ihr Leben als Erwachsener? Tagträumen Sie so heftig von schönen Dingen, dass es Ihren beruflichen Alltag oder Ihre Beziehungen gefährdet?		
4) Fühlen Sie sich manchmal wie jemand ganz anderes?		
5) Halten Ihre Freunde Sie für jemanden, der sich sehr leicht verändern kann, der jeden Tag irgendwie anders ist?		
6) Unterlaufen Ihnen eine Menge »Freud'sche« Fehlleistungen – Sie denken eine Sache sich so aus, aber Sie sagen oder schreiben etwas ganz anderes, manchmal sogar das Gegenteil?		
7) Haben Sie das Gefühl, dass Sie zu einem Teil von Ihnen keinen Zugang haben oder dass es Ihnen im Laufe der Entwicklung abhanden gekommen ist?		
8) Bemerken Sie im Zusammenhang mit Ihrem Sexleben Sachen, die Sie komisch finden, z. B. dass Sie es hassen, in einer Art und Weise berührt zu werden, die andere Menschen zu genießen scheinen?		
9) Haben Sie große Lücken in Ihrer Erinnerung an die Kindheit, wenn Sie versuchen, sich zurückzuerinnern?		
10) Sind Sie viel unentschlossener als die meisten Menschen, die Sie kennen?		

[Ein Wert von sechs und mehr »Ja«-Antworten spricht sehr für das Vorliegen einer Ego-State-Disorder.]
Vorsicht: Das ist kein standardisierter Test

Wie stabil fühle ich mich?

Bitte denken Sie noch einmal an die letzten Tage vor unserem Gespräch und beantworten Sie diese Fragen ganz spontan, ohne viel nachzugrübeln. Bitte machen Sie ein Kreuz in der Spalte, die am besten zutrifft.
Danke!

Frage	überhaupt nicht	selten	manch-mal	oft
1. Es gelingt mir, mich zu entspannen				
2. Ich kann für das Wohlergehen meines Körpers ausreichend sorgen				
3. Ich kann mit allen Sinnen meinen Körper bewusst wahrnehmen				
4. Ich kann mich und meinen Körper als ganz und integriert wahrnehmen				
5. Es gibt Bindungen und Beziehungen, die mir Sicherheit geben				
6. Ich habe Stärken, auf die ich bauen kann				
7. Es gibt Bindungen, die mir Unterstützung geben können				
8. Ich kann Stress, der in der Beziehung zu anderen entsteht, herunterregeln				
9. Ich kann für mich Dinge finden, die mich trösten können				
10. Ich kann belastende Gedanken aus meinem Kopf verscheuchen				
11. Ich kann mich gut selbst stärken und in mir verankern				
12. Ich kann Schuld- und Schamgefühle in mir ausreichend regulieren				

Name: .... Geb.-Datum......................

Wert:

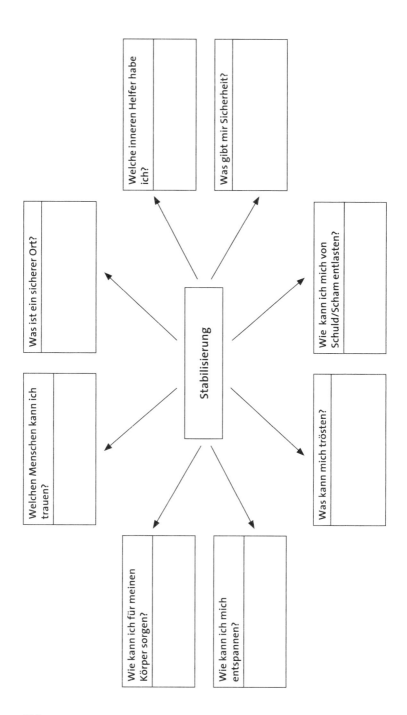

Patient ....

Der innere sichere Ort	Die inneren Helfer

Was tröstet mich?

Teilearbeit	
Erwachsenen-Selbst: – Name – Alter – Besonderheiten	Teil 3 Name: Alter: Geschlecht: Funktion:
Teil 1 Name: Alter: Geschlecht: Funktion:	Teil 4 Name: Alter: Geschlecht: Funktion:
Teil 2 Name: Alter: Geschlecht: Funktion:	Teil 5 Name: Alter: Geschlecht: Funktion:

Literatur

Abel G., Balow D. H., Blanchard E. B., Guild D. (1977). The components of rapist's sexual arousal. Archives of General Psychiatry, 35, S. 895–903

Abel G., Mittelman M. S., Becker J. (1985). Sexual offenders: Results of assessment and recommendations for treatment. In H. H. Ben-Aron, S. I. Hucker, C. D. Webster (eds.). Clinical Criminology, S. 191–205, Toronto, Ontario, Canada: MM Graphics

Ainsworth M. D. S., Blehar M. C., Waters E., Wall S. (1978). Patterns of attachment. A psychological study of the strange situation. Hillsdale, N. J.: Erlbaum

Beahrs J. O. (1982). Unity and multiplicity: Multilevel consciousness of self in hypnosis, psychiatric disorder and mental health. New York, NY: Brunner/Mazel

Beaulieu D. (2003). Eye Movement Integration Therapy (EMI): the comprehensive clinical guide. Williston VT: Crown House Publishing

Beaulieu D. (2005). Impact-Techniken für die Psychotherapie. Heidelberg: Carl-Auer-System Verlag

Behrens U. (2006). Die Zukunft geschieht jetzt. http://www.follow-me-now.de

Besser L. (2006). Screentechnik – Traumasynthese und Integration nach dem »KreST-Modell«. Weiterbildungsscript, www.zptn.de

Blizard R. A. (2001). Masochistic and sadistic ego states: dissociative solutions to the dilemma of attachment to an abusive caretaker. Journal of Trauma & Dissociation, Vol. 2 (4), S. 3–58

Bloch J. P. (1991). Assessment and treatment of multiple personality and dissociative disorders. Sarasota, F. L.: Professional Resource Press

Bohus M. (2004). Vortrag beim ersten Borderline-Trialog, BZK-Ansbach. Unveröffentlichtes Manuskript

Bowlby J. (1995). Bindung: Historische Wurzeln, theoretische Konzepte und klinische Relevanz. In: Die Bindungstheorie. Sprangler G., Zimmermann P. (Hrsg.). Stuttgart: Klett-Cotta

Bracha, H. St. (2004). Freeze, Flight, Fight, Fright, Faint: Adaptionist Perspectives on the Acute Stress Response Spectrum. CNS Spectrums Vol 9 (9), S. 679–685

Braun B. G. (1988). The BASK Model of Dissociation. Dissociation 1 (1), S. 4–23

Bradshaw J. (1992). Das Kind in uns. Wie ich zu mir selbst finde. München: Knauer

Bresler D. E. (1990). Meeting an inner adviser. In: D. C. Hammond (ed.): Handbook of hypnotic suggestions and metaphors. New York: Norton, S. 318–320

Brink A. (2001). Kombinierte Traumatherapie mit EMDR und Hypnosetherapie. www.traumatherapie.de/users/brink/maltatext.html

Bromberg P. M. (1993). Shadow and substance: A relational perspective on clinical process. In: (1998). Standing in the spaces: Essays on Clinical Process, Trauma and Dissociation. Hillsdale, NY: The Analytic Press, S. 165–187

Bromberg P. M. (1995). Psychoanalysis, dissociation, and personality dissociation. In: Bromberg P. M. (Hrsg.) (1998). Standing in the spaces: Essays on Clinical Process, Trauma, and Dissociation. Hillsdale, NY: The Analytic Press, S. 189–204

Bunge S. A., Ochsner K. N., Desmond J. E., Glover G. H., Gabrieli J. D. E. (2001). Prefrontal regions involved in keeping information in and out of mind. Brain 124, S. 2074–2086

Carlson V., Cicchetti D., Barnett D., Braunwald K. (1989). Disorganized/disoriented attachment relationships in maltreated infants. Developmental Psychology 25, S. 525–531

Davies J. M., Frawley M. G. (1994). Treating the Adult Survivor of Childhood Abuse. A psychoanalytic perspective. New York: Basic Books

Dell P. F. (2002). Why the diagnostic criteria for dissociative identity disorder should be changed. Journal of Trauma and Dissociation 2, S. 7–37

De Shazer S. (1989). Der Dreh – Überraschende Wendungen und Lösungen in der Kurzzeittherapie. Heidelberg: Carl Auer

Diagnostisches und statistisches Manual psychischer Störungen DSM-IV (1996). Göttingen, Bern, Toronto, Seattle: Hogrefe-Verlag

Dolan Y. M. (1991). Resolving sexual abuse. New York: Norton

Dulz B., Sachsse U. (2004). Dissoziative Identitätsstörung – eine nosologische Entität oder Variante der Borderline-Störung? In: A. Eckhardt-Henn, S. O. Hoffmann. Dissoziative Bewusstseinsstörungen. Stuttgart, New York: Schattauer, S. 342–354

Edelstien M. G. (1981). Trauma, Trance, and Transformation: A Clinical Guide to Hypnotherapy. New York: Brunner/Mazel Kap

Eidenschink, K. (2006). Der einäugige Riese: »Lösungsorientiertes Coaching«. Organisationsberatung, Supervision, Coaching 13 (2), S. 153–164

Emmerson G. (2003). Ego State Therapy. Williston: Cown House Publishing

Fanselow M. S., Lester L. S. (1988). A functional behaviouristic approach to aversively motivated behaviour: Predatory imminence as a determinant of the topography of defensive behaviour. In: Bolles R. C., Beecher M. D. (Hrsg.). Evolution and learning. Hillsdale, NJ: Erlbaum, S. 185–212

Federn P. (1956). Ich-Psychologie und die Psychosen. Frankfurt a. M.: Suhrkamp, 1978

Ferenczi S. (1927). Die Anpassung der Familie an das Kind. Bausteine III. 2. Aufl. Bern, Stuttgart, Wien: Huber, 1964, S. 347–366

Ferenczi S. (1930). Relaxationsprinzip und Neokatharsis. Bausteine III. 2. Aufl. Bern, Stuttgart, Wien: Huber, 1964, S. 468–489

Ferenczi S. (1933). Sprachverwirrung zwischen den Erwachsenen und dem Kind – die Sprache der Zärtlichkeit und der Leidenschaft. Bern, Stuttgart, Wien: Huber, 1964, S. 511–525

Forgash C. (2002). Deepening EMDR treatment effects across the diagnostic spectrum: Integrating EMDR and ego state work. Two-day workshop presentation, New York. Video (available through www.emdrandegostatevideo.com

Forgash C. (2004a). Healing the Heart of Trauma: Integrating EMDR and Ego State Therapy. Workshop bei: EMDR International Association Conference, Montreal

Forgash C. (2004b). Treating Complex Posttraumatic Disorder with EMDR and Ego State Therapy. The EMDR Practitioner Summer 2004 http://www.emdr-practitioner.net/practitioner_articles/forgash-06-2004.html

Forgash C. (2005). The Therapeutic Triad: Applying EMDR and Ego State Therapy in Collaborative Treatment. In: C. Forgash & M. Copeley (Eds.). Healing the Heart of Trauma: Integrating EMDR and Ego State Therapy. (Manuscript)

Frederick C., McNeal S. (1999). Inner Strengths: Contemporary Psychotherapy and Hypnosis for Ego-Strengthening. Lawrence Erlbaum Associates

Frederick C., McNeal S. (1999). From strength to strength. »Inner Strength« with immature ego states. American Journal of Clinical Hypnosis 33, S. 250–256

Freud A. (1936). Das Ich und die Abwehrmechanismen. Wien: Internationaler Psychoanalyse Verlag

Freud S. (1899). Über Deckerinnerungen. In: GW I. London: Imago 1952

Freud S. (1923). Das Ich und das Es. In: GW XIII. London: Imago 1952

Freud S. (1938). Die Ichspaltung im Abwehrvorgang. In: GW XVII. London: Imago 1952

Freud S. (1940). Abriß der Psychoanalyse. In: GW XVII. London: Imago 1952

Fraser G. A. (2003). Fraser's »Dissociative Table Technique« Revisited, Revised: A Strategy for Working with Ego States in Dissociative Disorders and Ego State Therapy. Journal of Trauma & Dissociation 4 (4), S. 5–28

Frisch M. (1964). Mein Name sei Gantenbein. Frankfurt a. M.: Suhrkamp Verlag

Gast U. (2004a). Dissoziative Identitätsstörung – valides und dennoch reformbedürftiges Konzept. In: Reddemann L., Hofmann A., Gast U. Psycho-

therapie der dissoziativen Störungen. Stuttgart, New York: Georg Thieme Verlag, S. 26–36
Gast U. (2004b). Der psychodynamische Ansatz zur Behandlung komplexer dissoziativer Störungen. In: A. Eckhardt-Henn, S. O. Hoffmann. Dissoziative Bewusstseinsstörungen. Stuttgart, New York: Schattauer, S. 395–422
Gast U. (2004c). Desorganisation und Reorganisation des Selbsterlebens: Die Dissoziative Identitätsstörung erkennen und behandeln. Vortrag Bad Mergentheim 29.10.2004. Unveröffentlichtes Manuskript
Goethe J. W. (2005). Faust I und II und Urfaust. Köln: Anaconda
Goodman L., Peters J. (1995). Persecutory alters and ego states: protectors, friends and allies. Dissociation, Vol. VIII (2), S. 91–99
Goulding M. (2000). »Kopfbewohner« oder wer bestimmt dein Denken? Paderborn: Junfermann Verlag
Gray J. A. (1988). The Psychology of Fear and Stress. 2nd ed. New York, NY: Cambridge University Press
Grunberger B. (1974). Gedanken zum frühen Über-Ich. Psyche, 28, S. 508–529
Hammond D. C. (1990). Handbook of hypnotic suggestions and metaphors. New York: Norton
Hartmann H. (1939). Ego Psychology and the Problem of Adaption. New York: Int. University Press 1958. Dt.: Ich-Psychologie und Anpassungsproblem. Stuttgart: Klett-Cotta, 1970
Hartman W. (1995). Ego State Therapy with sexually traumatized children. Pretoria: Kagiso Publishers
Haushofer M. (2004). Die Wand. Berlin: List Taschenbuchverlag
Heller D. P. (2000). Speaking the unspeakable: an expensive truth. An exploration into the dynamics of sadistic and non-sadistic sexual and physical violence. www.wisr.edu/publicationsfiles/speakingtheunspeakable.doc
Herman J. L. (1994). Die Narben der Gewalt. München: Kindler, Neuauflage: Paderborn: Junfermann, 2003
Hesse P. U. (2003). Teilearbeit: Konzepte von Multiplizität in ausgewählten Bereichen der Psychotherapie. 2. überarb. u. erw. Aufl. Heidelberg: Carl-Auer-Systeme Verlag
Hesse H. (2002). Das Glasperlenspiel. Frankfurt: Suhrkamp
Hilgard E. R. (1984). The hidden observer and multiple personality. International Journal of Clinical and Experimental Hypnosis 32, S. 248–253
Hilgard E. R. (1989). Eine Neo-Dissoziationstheorie des geteilten Bewusstseins. In: C. Kraiker, B. Peter (Hrsg.). Hypnose und Kognition, Band 6, Heft 2. München: MEG
Hilgard E. R. (1994). Neodissociation Theory. In: S. J. Lynn & J. W. Rhue (Hrsg.). Dissociation: Clinical and Theoretical Perspectives (S. 32–51). New York: Guilford Press

Hollander H. E., Bender S. S. (2001). ECEM (Eye Closure Eye Movements): Integrating Aspects of EMDR with Hypnosis for Treatment of Trauma. American Journal of Clinical Hypnosis 43 (3+4), S. 187–202

Holt R. R. (1967). Motives and Thought: Psychoanalytic Essays in honour of David Rapaport. Monograph 18/19, Vol 5, No 2/3

Howell E. F. (2002). Back to the »states«. Victim and Abuser States in Borderline Personality Disorder. Psychoanalytic Dialogues, 12 (6), S. 921–957

Huber M. (2003a). Trauma und die Folgen. Trauma und Traumabehandlung, Teil 1. Paderborn: Junfermann

Huber M. (2003b). Wege der Traumabehandlung. Trauma und Traumabehandlung, Teil 2. Paderborn: Junfermann

Jackson S. (1967). Subjective experience and the concept of energy. In: Perspectives in Biology and Medicine, 10, S. 602–626

Kernberg O. F. (1975). Borderline Conditions and pathological Narcissism. New York: Jason Aronson, dt. 1978

Kernberg O. F. (1981). Objektbeziehungen und Praxis der Psychoanalyse. Stuttgart: Klett-Cotta

Kluft, R. P. (1984a). Aspects of the Treatment of Multiple Personality Disorder. Psychiatric Annuals, 14, S. 51–55

Kluft, R. P. (1984b). Treatment of Multiple Personality Disorder (A Study of 33 Cases). In: B. G. Braun (Hrsg.). Psychiatric Clinics of North

Kluft, R. P. (1985). Childhood multiple personality disorder: Predictors, clinical findings, and treatment results. In: R. P. Kluft (ed.). Child-hoodantecedents of multiple personality disorder (S. 167–196). Washington, DC: American Psychiatric Press America, 17, S. 9–29. Philadelphia: Saunders.

Knauerhase N., Dulz B. (2006). Liebesbeziehungen bei Borderline-Patienten. PTT (2), S. 113–119

König W. H. (1981). Zur Neuformulierung der psychoanalytischen Metapsychologie: vom Energie-Modell zum Informations-Konzept. In: Mertens W. (Hrsg.). Neue Perspektiven der Psychoanalyse. Stuttgart: Kohlhammer

Lacan J. (1975). Das Spiegelstadium als Bildner der Ichfunktion, wie sie uns in der psychoanalytischen Erfahrung erscheint. In: J. Lacan: Schriften 1; Frankfurt: Suhrkamp Verlag (1949), S. 61–70

Lawrence M. (1998). EMDR as a Special Form of Ego State Psychotherapy: Part One and Two. Reprint from EMDRIA Newsletter. http://home.satx.rr.com/sjsandjgs/sfesp1.pdf

Lazarus A. A. (1989). The practice of multimodal therapy. Baltimore: Johns Hopkins University Press

Lang P. J., Bradley M. M., Cuthbert B. (1998). Emotion and motivation: Measuring affective perception. J Clinical Neurophysiology, 15, S. 397–408

Levine P. (1991). The Body as a healer: A revisioning of trauma and anxiety.

In: M. Sheets-Johnstone (ed.). Giving the body its due. Stonybrook NY: State University of New York Press

Levine P. (1998). Trauma-Heilung. Das Erwachen des Tigers. Essen: Synthesis

Lichtenberg J. D. (1988). Motivational-funktionale Systeme als psychische Strukturen. Forum der Psychoanalyse 7, S. 85–97

Lichtenberg J. D. (1990). Einige Parallelen zwischen den Ergebnissen der Säuglingsbeobachtung und klinischen Beobachtungen an Erwachsenen, besonders Borderline-Patienten und Patienten mit narzißtischer Persönlichkeitsstörung. Psyche, 44, S. 871–901

Liotti G. (1992). Disorganized/disoriented attachment in the etiology of the dissociative disorders. Dissociation 5 (4), S. 196–204

Liotti G. (1999). Disorganization of attachment as a model for understanding dissociative psychopathology. In: Solomon J., George C. (Hrsg.). Attachment Disorganization. New York: Guilford, S. 291–317

Liotti G. (2000). Disorganized attachment, models of borderline states, and evolutionary psychotherapy. In: P. Gilbert, K. Bailey (eds). Genes on the couch: Explorations in evolutionary psychotherapy. Hove: Brunner-Routlrdge, S. 232–256

Loch W. (1976). Psychoanalyse und Wahrheit. Psyche, 30, S. 865–898

Loch W. (1977). Die Krankheitslehre der Psychoanalyse. Stuttgart: S. Hirzel

Loftus E. F. (1997). Die therapierte Erinnerung. Bergisch Gladbach: Lübbe

Marshall A. (2006). Fragebogen zur Ego-State-Disorder. www.healthyplace.com/Communities/Personality_Disorders/wermany/reading_room/question.htm; letzter Zugriff 21.5.06

Mattheß H. (2006). Die Theorie der Strukturellen Dissoziation der Persönlichkeit. Workshop DeGPT Hannover

Main M., Solomon J. (1986). Discovery of a new, insecure disorganized/disoriented attachment pattern. In: Yogman M., Brazelton T. B. (Hrsg.). Affective development in infancy. Norwood, NJ: Ablex, S. 95–124

Main M., Solomon J. (1990). Procedures for identifying infants as disorganized/disoriented during the Ainsworth strange situation. In: Morin A. (2002). Right hemisphere self-awareness: A critical assessment. Consciousness and Cognition, 11, S. 396–401

McNeal S., Frederick C. (1993). Inner strength and other techniques for ego-strengthening. American Journal of Clinical Hypnosis 35, S. 170–178

Meissner W. W. (1984). The Borderline Spectrum. New York, London: Aronson

Milch W. (1998). Überlegungen zur Entstehung von Borderline-Störungen auf dem Hintergrund der Säuglingsforschung. Persönlichkeitsstörungen-Theorie u. Therapie, 1, S. 10–21

Missildine W. H. (1993). In dir lebt das Kind, das du warst. Stuttgart: Klett-Cotta

Modell A. (1963). The concept of psychic energy. Journal of the American Psychoanalytic Assoziation, 11, S. 605–618
Moreno J. L. (1989). Psychodrama und Soziometrie. Köln: Edition Humanistische Psychologie
Moreno J. L. (1997). Gruppenpsychotherapie und Psychodrama. Stuttgart: Thieme, 5., unveränd. Aufl.
Murray-Jobsis J. (1990b). Suggestions for creative self-mothering. In: D. C. Hammond (ed.). Handbook of hypnotic suggestions and metaphors. New York: Norton, S. 328
Murray-Jobsis J. (1990a). Renurturing: Forming positive sense of identity and bonding. In: D. C. Hammond (ed.). Handbook of hypnotic suggestions and metaphors. New York: Norton, S. 326–328
Myers C. S. (1940). Shell shock in France 1914–1918. Cambridge: University Press
Nijenhuis E. R. S., Spinhoven P., van Dyck R., van der Hart O., Vanderlinden J. (1998). Degree of somatoform and psychological dissociation in dissociative disorders is correlated with reported trauma. Journal of Traumatic Stress, 11, S. 711–730
Nijenhuis E. R. S., van der Hart O., Steele K. (2004a). Strukturelle Dissoziation der Persönlichkeitsstruktur, traumatischer Ursprung, phobische Residuen. In Reddemann L., Hoffmann A., Gast U. (Hrsg.). Psychotherapie der dissoziativen Störungen. Stuttgart: Georg Thieme Verlag, S. 47–72
Nijenhuis E. R. S., van der Hart O., Steele K. (2004b). Trauma-related Structural Dissoziation of the Personality. Trauma Information Pages website, January 2004. http://www.trauma-pages.com/nijenhuis-2004.htm
Nijenhuis E. R. S. (2004c). Traumatisch bedingte strukturelle Dissoziation der Persönlichkeit und Selbstorganisation. Eine evolutionäre psychobiologische Perspektive. Vortrag auf der überregionalen Herbsttagung in Bad Mergentheim 29./30. 10. 2004. Unveröffentlichtes Manuskript
Ochsner K. N., Bunge S. A., Gross J. J., Gabrieli J. D. E. (2002). Rethinking Feelings: An fMRI Study of the Cognitive Regulation of Emotion. Journal of Cognitive Neuroscience 14, 8, S. 1215–1229
Ochsner K. N., Gross J. J. (2005). The cognitive control of emotion. Trends in Cognitive Sciences 9 (5), S. 242–249
Oesterreich C. (2005). Nach dem Trauma: Nichts ist mehr wie zuvor! Wie können Traumata in die Lebenserzählung integriert werden? Systeme 19 (1), S. 46–71
Overkamp B. (2005). Differentialdiagnostik der dissoziativen Identitätsstörung (DIS) in Deutschland – Validierung der Dissociative Disorders Interview Schedule (DDIS). Inaugural-Dissertation zur Erlangung des Doktorgrades der Philosophie an der Ludwig-Maximilians-Universität München.

http://edoc.ub.uni-muenchen.de/archive/00004409/01/Overkamp-Bettina.pdf

Panksepp J. (1998). Affective Neuroscience. Oxford, New York: Oxford University Press

Peichl J. (2000). Verstrickungen in der Übertragung und Gegenübertragung bei der Therapie von Traumapatienten. Psychotherapeut 45 (6), S. 366–376

Peichl J. (2004). Wut und Angst als zentrale Affekte des Borderline-Patienten. Überlegungen zu einem 3-Ebenen-Modell der Ätiologie. Psychotherapie, 9 (1), S. 32–41

Peichl J. (2006). Die inneren Traum-Landschaften. Borderline; Ego-State; Täterintrojekt. Stuttgart: Schattauer Verlag

Perry B. D. (1994). Evolution of emotional, behavioural and physiological responses in children acutely exposed to violence. Vorgetragen auf dem 41. Annual. Meeting der Acedemy of Child and Adolescent Psychiatry, New York. Unveröffentlichtes Manuskript

Perry B. D. (1999). The memory of states: How the brain stores and retrieves traumatic experience. In: Goodwin I., Attions R. (Hrsg.). Splintered Reflections: images of the Body in Treatment. New York: Basic Books, S. 9–38

Perry B. D. (2001). The neurodevelopmental impact of violence in childhood. In: Schetky D., Benedek E. (Hrsg.). Textbook of child and adolescent forensic Psychiatry. Washington DC: American Psychiatric Press, Inc. S. 221–238

Perry B. D., Pate J. E. (1994). Neurodevelopment and the psychobiological roots of posttraumatic stress disorders. In: Koziol L. F., Stouts C. E. (Ed.). Neuropsychology of Mental Illness: A Practical Guide. Springfield, IL: Charles C. Thomas

Perry B. D., Pollard R. A., Blakley T. L., Baker W. L., Vigilante D. (1998). Kindheitstrauma, Neurobiologie der Anpassung und »gebrauchsabhängige« Entwicklung des Gehirns: Wie »Zustände« zu »Eigenschaften« werden. Analytische Kinder- und Jugendlichen-Psychotherapie, 99, S. 277–307

Phillips M., Frederick C. (2003). Handbuch der Hypnotherapie bei posttraumatischen und dissoziativen Störungen. Heidelberg: Carl-Auer-Verlag. Engl. Dies.: Healing the Divided Self. W.W. New York, London: Norton and Company, 1995

Phillips M. (2004). Joan of Arc meets Mary Poppins: Maternal Renurturing Approaches with Male Patients in Ego-State Therapy. American Journal of Clinical Hypnosis 47 (1), S. 3–12

Phillips M. (2006). Unraveling Complexity: Using Multi-Modal Approaches in Ego-State Therapy. United We Stand: 2. Weltkongress der Ego-State-Therapie; Pretoria, South Africa, 24 February, 2006

Phillips M., Frederick C. (2003). Handbuch der Hypnotherapie bei posttraumatischen und dissoziativen Störungen. Heidelberg: Carl-Auer-Verlag. Engl.

Dies.: Healing the Divided Self. W.W. New York, London: Norton and Company, 1995

Phillips M. (2000). Finding the Energy to Heal. W.W. Norton

Pizer S. A. (1998). Building bridges: the negotiation of paradox in psychoanalysis. Hillsdale, NJ: The Analytic Press

Proust M. (1964). Auf der Suche nach der verlorenen Zeit. Teil 1. Frankfurt a. M.: Suhrkamp Taschenbuch Verlag

Pohlen M. (2006). Freuds Analyse. Die Sitzungsprotokolle Ernst Blums. Reinbek: Rowohlt

Putnam F. W. (1989). Diagnosis and treatment of multiple personality disorder. New York, NY: The Guilford Press

Putnam F. W. (1995). Development of dissociative disorders. In: Cicchetti D., Cohen D. J. (Hrsg.). Developmental Psychopathology, Vol. 2. New York: John Wiley and Sons, S. 581 – 608

Rathbun J. M. (2003). Borderline Personality Disorder. http://www.toddlertime.com/dx/borderline/bpd-rathbun.htm

Rivera M. (1989). Linking the Psychological and the Social: Feminism, Poststructuralism and Multiple Personality. Dissociation II (1), S. 24 – 30

Reddemann L. (2004). Psychodynamisch Imaginative Traumatherapie. PITT – das Manual. Stuttgart: Klett-Cotta

Reddemann L., Sachsse U. (1997). Traumazentrierte Psychotherapie, Teil 1. Stabilisierung. PPT 3, S. 113 – 147

Ross C. A. (1989). Multiple personality disorder: Diagnosis, clinical features, and treatment. New York, NY: John Wiley & Sons

Roth G. (2003). Aus Sicht des Gehirns. Suhrkamp: Frankfurt a. M.

Sachsse U. (2004). Traumazentrierte Psychotherapie. Stuttgart, New York: Schattauer

Sachsse U. (2006). Beziehung als Trauma: der nicht sexuelle Missbrauch. PTT 2, S. 99 – 104

Salter A. (1995). Transforming trauma – a guide to understanding and treating adult survivors of child sexual abuse. Thousand Oaks, California: Sage Publications

Santoro J., Tisbe M., Katsarakes M. (1997). An Equifinality Model of Borderline Personality Disorder. www.aaets.org/article20.htm

Saunders E. A., Arnold F. (1993). A critique of conceptual and treatment approaches to borderline psychopathology. Psychiatry 56, S. 188 – 203

Schmidt G. (2004). Liebesaffären zwischen Problem und Lösung. Heidelberg: Carl Auer

Schmidt G. (2006). Systemische Therapie und der Ego-State-Ansatz. Arbeitsgruppe am 2. Weltkongress der Ego-State-Therapie in Pretoria, SA; Feb. 2006

Schmidt S. J. (2004). The Developmental Needs Meeting Strategy: An Ego State Therapy for Healing Childhood Wounds. www.DNMSInstitute.com

Schore A. N. (1994). Affect regulation and the origin of the self: The neurobiology of emotional development. Hillsdale, NJ: Erlbaum

Schore A. N. (1996). The experience-dependent maturation of a regulatory system in the orbital prefrontal Kortex and the origin of developmental psychopathology. Development and Psychopathology, 8, S. 59–87

Schore A. N. (1998). The experience-dependent maturation of an evaluative system in the Kortex. In: Pribram K. (Ed.). Brain and values: Is a biological science of values possible. Mahweh, NJ: Erlbaum, S. 337–358

Schore A. N. (2000a). Foreword to the reissue of Attachment and loss, Vol. 1: Attachment by John Bowlby. New York: Basic Books

Schore A. N. (2000b). Attachment and the regulation of the right brain. Attachment and Human Development, 2, S. 23–47

Schore A. N. (2000c). The self-organization of the right brain and the neurobiology of emotional development. In: Lewis M. D., Granic I. (Hrsg.). Emotion, development, and self-organization. New York: Cambridge University Press, S. 155–185

Schore A. N. (2001a). The effects of early relational trauma on right brain development, affect regulation, and infant mental health. Infant Mental Health J, 22, S. 201–269

Schore A. N. (2001b). The effects of a secure attachment relationship on right brain development, affect regulation, and infant mental health. Infant Mental Health J, 22 (1–2), S. 7–66

Schore A. N. (2001c). The Right Brain As the Neurobiological Substratum of Freud's Dynamic Unconscious. In: Scharff D. E. (Hrsg.). The Psychoanalytic Century. Other Press: New York, S. 61–88

Schore A. N. (2002). Dysregulation of the Right Brain: A Fundamental Mechanism of Traumatic Attachment and the Psychogenesis of Posttraumatic Stress Disorder. Australian and New Zealand Journal of Psychiatry, 36 (1), S. 9–30

Schulz von Thun F. (2006). Miteinander reden 2: Stile, Werte und Persönlichkeitsentwicklung. Reinbek: Rowohlt Taschenbuch Verlag, 26. Aufl.

Schwartz R. (1997). Systemische Therapie mit der inneren Familie. München: Pfeiffer

Siegel D. J. (1999). The Developing Mind: Toward a Neurobiology of Interpersonal Experience. The Guilford Press

Spiegel D. (1993). Multiple posttraumatic personality disorder. In: R. P. Kluft a.C.G. Fine (eds.). Clinical perspectives on multiple personality disorder. Washington DC: American Psychiatric Press, S. 87–100

Tarkowskij A. (1985). Die versiegelte Zeit. Frankfurt: Ullstein

Thöma H., Kächele H. (1985). Lehrbuch der psychoanalytischen Therapie. Band 1: Grundlagen. Berlin, Heidelberg, New York, Tokio: Springer

Trenkle B. (2004). Heilung des geteilten Selbst. Seminarausschreibung November 2004; Milton Erickson Institut, Rottweil

Van der Hart O. (1997). Dissoziative Identitätsstörungen. Fortbildungsseminar der Milton Erickson Gesellschaft MEG, München. Unveröffentlichtes Manuskript

Van der Kolk (1994). The body keeps the score: memory and the evolving psychobiology of posttraumatic stress. Harvard Review of Psychiatry 1 (5), S. 253 – 265

Van der Kolk B., Fisler R. E. (1995). Dissociation and fragmentary nature of traumatic memories: Overview and exploratory study. Journal of Traumatic Stress 8, S. 505 – 525

Wade T. C., Wade D. K. (2001). Integrative Psychotherapy: Combining Ego-State-Therapy, Clinical Hypnosis, and Eye Movement Desensitization and Reprocessing (EMDR) in a Psychosocial Developmental Context. American Journal of Clinical Hypnosis 43 (3 + 4), S. 233 – 245

Waldvogel B. (2006). Was sind Ego-States? Konzept und therapeutische Anwendung in der Therapie von Neurosen bis zur Dissoziativen Identitätsstörung. Unveröffentlichtes Manuskript

Wang S., Wilson J. P., Mason J. W. (1996). Stages of decomposition in combat-related posttraumatic stress disorder: A new conceptual model. Integrative Physiological and Behavioral Science 31, S. 237 – 253

Watkins J. G. (1971). The affect bridge: A hypnoanalytic technique. International Journal of Clinical and Experimental Hypnosis 20, S. 95 – 100

Watkins J. (1978). The Therapeutic Self. New York: Human Sciences Press

Watkins J. G., Watkins H. (1988). The management of malevolent ego states in multiple personality disorder. Dissociation 1, S. 67 – 72

Watkins J. G. (1992). The practice of clinical hypnosis, Vol. II: Hypnoanalytic techniques. New York: Irvington

Watkins J. G., Watkins H. (2003/1997). Ego-States Theorie und Therapie. Heidelberg: Carl-Auer-Verlag. Engl. Dies.: Ego States Theory and Therapy. New York, London: W.W. Norton and Company, 1997

Weiss E. (1960). The structure and dynamic of the human mind. New York: Grune and Stratton

Weiss E. (1966). Paul Federn (1871 – 1950): Theory of the psychoses. In: Alexander F., Eisenstein S., Grotjohn A. M. (Hrsg.). Psychoanalytic pioneers. New York: Basic Books